KANT ET WOLFF
HÉRITAGES ET RUPTURES

À LA MÊME LIBRAIRIE

Années 1747-1781. Kant. Avant la Critique de la raison pure, sous la direction de Luc Langlois, 2009.

L'année 1790. Kant. Critique de la faculté de juger. *Beauté, vie, liberté*, sous la direction de Christophe Bouton, Fabienne Brugère et Claudie Lavaud, 2008.

L'année 1793. Kant. Sur la politique et la religion, sous la direction de Jean Ferrari, 1995.

L'année 1795. Kant. Essai sur la paix, sous la direction de Pierre Laberge, Guy Lafrance et Denis Dumas, 1997.

L'année 1796. Kant. Sur la paix perpétuelle. De Leibniz aux héritiers de Kant, sous la direction de Simone Goyard-Fabre et Jean Ferrari, 1998.

L'année 1797. Kant. La métaphysique de mœurs, sous la direction de Simone Goyard-Fabre et Jean Ferrari, 2000.

L'année 1798. Kant. Sur l'anthropologie. Actes du colloque de Dijon, 9-11 mai 1996, publiés sous la direction de Jean Ferrari, 1997.

Années 1796-1803. Kant. Opus postumum, Philosophie, science, éthique et théologie, sous la direction de Ingeborg Schüssler, édité par Christophe Erismann, 2001.

Années 1781-1801. Kant. Critique de la raison pure*, Vingt ans de réception*, sous la direction de Claude Piché, 2002.

Kant. Les sources de la philosophie kantienne aux XVIIe *et* XVIIIe *siècles*, sous la direction de Robert Theis et Lukas K. Sosoe, 2005.

Kant et les Lumières européennes, sous la direction de Lorenzo Bianchi, Jean Ferrari et Alberto Postigliola, 2009.

KANT ET WOLFF

HÉRITAGES ET RUPTURES

Sous la direction de

Sophie GRAPOTTE

et

Tinca PRUNEA-BRETONNET

Cet ouvrage a été publié
avec le soutien financier du *Centre interdisciplinaire d'études et de recherches sur l'Allemagne* (CIERA).

PARIS
LIBRAIRIE PHILOSOPHIQUE J. VRIN
6, Place de la Sorbonne, V[e]
—
2011

Imprimé en France

ISSN 0249-7875

ISBN 978-2-7116-2353-2

www.vrin.fr

LISTE DES ABRÉVIATIONS

Les œuvres de Kant (voir ci-dessous la liste des sigles utilisés) sont citées dans l'édition de l'Académie de Berlin, *Kant's gesammelte Schriften*, de la manière suivante : la mention abrégée AK est suivie du numéro du tome en chiffres romains, puis de celui de la page en chiffres arabes. En outre, les références à la *Critique de la raison pure* mentionnent la pagination des éditions A et/ou B. Chaque auteur indique les traductions qu'il a utilisées ; OP renvoie à l'édition des *Œuvres Philosophiques* de Kant dans la collection de la « Bibliothèque de la Pléiade » (le tome est indiqué en chiffres romains, la page en chiffres arabes).

PRINCIPALES ABRÉVIATIONS DES OUVRAGES ET TEXTES DE KANT

Annonce-leçons	*Annonce de M. Emmanuel Kant sur le programme de ses leçons pour le semestre d'hiver 1765-1766*
Anthropologie	*Anthropologie du point de vue pragmatique*
CFJ	*Critique de la faculté de juger*
CRP	*Critique de la raison pure*
CRPratique	*Critique de la raison pratique*
Découverte	*Sur une découverte selon laquelle toute nouvelle critique de la raison pure serait rendue superflue par une plus ancienne*
Dissertation de 1770	*La dissertation de 1770*
FMM	*Fondements de la métaphysique des mœurs*
Grandeurs négatives	*Essai pour introduire en philosophie le concept de grandeurs négatives*

HGN	*Histoire générale de la nature et théorie du ciel*
Insuccès	*Sur l'insuccès de toutes les tentatives philosophiques en matière de théodicée*
L'unique fondement	*L'unique fondement possible d'une démonstration de l'existence de Dieu*
Logique	*Logique*
MM	*Métaphysique des mœurs*
Monadologie physique	*Monadologie physique*
Nova dilucidatio	*Nouvelle explication des premiers principes de la connaissance métaphysique*
Observations	*Observations sur le sentiment du beau et du sublime*
PPMSN	*Premiers principes métaphysiques de la science de la nature*
Progrès	*Les progrès de la métaphysique en Allemagne depuis le temps de Leibniz et Wolf*
Prolégomènes	*Prolégomènes à toute métaphysique future qui pourra se présenter comme science*
Recherche sur l'évidence	*Recherche sur l'évidence des principes de la théologie naturelle et de la morale*
Religion	*La religion dans les limites de la simple raison*
Rêves d'un visionnaire	*Rêves d'un visionnaire expliqués par des rêves métaphysiques*

PRINCIPALES ABRÉVIATIONS DES OUVRAGES ET TEXTES DE WOLFF

Anmerckungen	*Der vernünfftigen Gedancken von Gott, der Welt und der Seele des Menschen, auch allen Dingen überhaupt, anderer Theil, bestehend in ausführlichen Anmerckungen, und zu besserem Verstande und bequemerem Gebrauche derselben heraus gegeben*

Cosmologia	*Cosmologia generalis, methodo scientifica pertractata, qua ad solidam, inprimis Dei atque naturae, cognitionem via sternitur*
Deutsche Ethik	*Vernünfftige Gedancken von der Menschen Thun und Lassen, zu Beförderung ihrer Glückseeligkeit, den Liebhabern der Wahrheit mitgetheilet*
Deutsche Logik	*Vernünfftige Gedancken von den Kräfften des menschlichen Verstandes und ihrem richtigen Gebrauche in Erkäntniß der Wahrheit, den Liebhabern der Wahrheit mitgetheilet*
Deutsche Metaphysik	*Vernünfftige Gedancken von Gott, der Welt und der Seele des Menschen, auch allen Dingen überhaupt, den Liebhabern der Wahrheit mitgetheilet*
Deutsche Teleologie	*Vernünfftige Gedancken von den Absichten der natürlichen Dinge, den Liebhabern der Wahrheit mitgetheilet*
Discours préliminaire	*Discursus praeliminaris de philosophia in genere*
Logica	*Philosophia rationalis sive Logica, methodo scientifica pertractata et ad usum scientiarum atque vitae aptata. Praemittitur Discursus praeliminaris de philosophia in genere*
Ontologia	*Philosophia prima sive Ontologia methodo scientifica pertractata, qua omnis cognitionis humanae principia continentur*
Practica universalis	*Philosophia practica universalis, methodo scientifica pertractata*
Psychologia empirica	*Psychologia empirica methodo scientifica pertractata, qua ea, quae de anima humana indubia experientiae fide constant, continentur et ad solidam universae philosophiae practicae ac theologiae naturalis tractationem via sternitur*

Psychologia rationalis	*Psychologia rationalis methodo scientifica pertractata, qua ea, quae de anima humana indubia experientiae fide innotescunt, per essentiam et naturam animae explicantur, et ad intimiorem naturae ejusque autoris cognitionem profutura proponuntur*
Theologia naturalis	*Theologia naturalis methodo scientifica pertractata*

ALLOCUTION D'OUVERTURE DE JEAN FERRARI PRÉSIDENT DE LA SOCIÉTÉ D'ÉTUDES KANTIENNES DE LANGUE FRANÇAISE

C'est une vive frustration que j'éprouve à la pensée de ne pouvoir participer à ce beau colloque sur « Kant et Wolff : Héritages et Ruptures », dont Sophie Grapotte et Tinca Prunea-Bretonnet ont pris l'initiative et dont le programme si riche vient de me parvenir.

J'aurais aimé me joindre à ses travaux qui, par bien des aspects, correspondent à des recherches que je mène depuis longtemps. Sans doute suis-je puni d'avoir autrefois refusé de consacrer ma thèse principale à Christian Wolff, comme l'avait souhaité mon maître, Ferdinand Alquié, préférant la raison critique à la raison dogmatique. Je me suis souvent interrogé depuis sur la portée exacte de l'éloge que Kant fait de son illustre prédécesseur dans la « Préface » à la seconde édition de la *Critique de la raison pure* : « [...] nous devons suivre à l'avenir la méthode rigoureuse du célèbre Wolff, le plus grand parmi tous les philosophes dogmatiques [...] », qui fait contraste, dans cette même « Préface », avec son silence sur Descartes et Leibniz.

Je serai sans doute éclairé par la lecture des actes de cette rencontre qui prendront place dans la collection « Les Années Kant », dont les volumes paraissent chez Vrin, à l'initiative et sous le patronage de la Société d'Études Kantiennes de Langue Française.

Mon regret est d'autant plus vif de n'être point avec vous à Paris que j'aurais aimé saluer chaleureusement les éminents collègues allemands, canadiens, italiens, français..., dont la présence donne à ce colloque un éclat tout particulier.

Toutefois, ma satisfaction est grande, en tant que Président de la SEKLF, de voir parmi vous plusieurs membres de notre société, deux vice-présidents et des membres de son conseil d'administration.

Je transmets à toutes et à tous l'expression de mes sentiments très cordiaux et prie Sophie Grapotte et Tinca Prunea-Bretonnet d'accepter, une nouvelle fois, mes félicitations pour avoir pris l'initiative de l'organisation de cette rencontre dont les travaux, j'en suis sûr, constitueront un apport conséquent aux études kantiennes de langue française.

INTRODUCTION

Au XVIIIe siècle, la pensée de Christian Wolff est déterminante pour une large partie de la pensée allemande, le système wolffien embrassant tous les horizons du savoir à cette époque et le wolffianisme s'étant partout répandu, tant dans l'université qu'en dehors de celle-ci, au point que même les philosophes dits indépendants, comme Crusius par exemple, se positionnent par rapport à lui – ils sont alors ce qu'on appelle des « anti-wolffiens ».

Or, malgré cette prédominance de la pensée wolffienne et du wolffianisme, il est notoire que les commentateurs de Kant ont longtemps pris à la lettre sa critique du dogmatisme wolffien, contribuant ainsi, parfois, à la méconnaissance de la pensée wolffienne, souvent, en tous les cas, de son influence déterminante sur la formation de Kant et sur l'articulation de sa pensée. Certes originale et innovante, cette dernière n'est pourtant pas coupée du contexte de l'époque, mais, au contraire, étroitement liée par un dialogue permanent aux problématiques et aux questions philosophiques débattues au XVIIIe siècle.

Ces dernières décennies, cependant, les historiens de la pensée kantienne ont commencé d'analyser plus précisément et d'une manière plus nuancée le rapport de Kant à ses contemporains, notamment à Wolff et ses disciples. C'est ce sillon que ce volume se propose de continuer de creuser selon plusieurs axes thématiques.

Nous avons choisi d'intituler ce volume « Kant et Wolff : Héritages et Ruptures » afin de souligner d'emblée qu'il s'agit de déterminer, aussi précisément que possible, l'influence sur la pensée kantienne de celui que Hegel désigne dans ses *Leçons sur l'histoire de la philosophie* comme le « maître [*Lehrer*] des Allemands » et d'indiquer que cette influence doit être recherchée aussi bien sous la forme d'une reprise par Kant des thématiques, problématiques et positions de Wolff que sous celle de leur critique négative. En effet, il nous paraît important de ne pas limiter l'influence d'un auteur sur un autre à la seule reprise des thèses et conceptions de cet auteur, mais de l'élargir au positionnement effectué par rapport à lui.

Les différentes contributions rassemblées dans ce volume permettent ainsi de préciser comment la philosophie de Kant s'articule à celle de Wolff

– articulation qui peut être envisagée de quatre façons : implicite ou explicite, de reprise ou de rejet.

Afin de déterminer comment Kant se positionne par rapport à Wolff, on peut commencer par examiner les passages dans lesquels Kant mentionne expressément son prédécesseur. Selon le *Personenindex zu Kants Gesammelten Schriften* [1], on peut relever 137 occurrences du nom de Wolff (Christian Wolff) dans les 23 premiers tomes du corpus kantien – à simple titre de comparaison, on relève 111 occurrences du nom d'Aristote, 131 de Descartes, 334 de Leibniz ou encore 105 de Hume.

La seule considération du relevé d'occurrences du nom de Wolff dans l'opus kantien met en lumière que 63 de ces occurrences (donc un peu moins de la moitié) apparaissent dans les neuf premiers volumes des *Gesammelte Schriften*, autrement dit, dans ce qui est publié parmi les *Werke*, les *Œuvres* de Kant proprement dites (même si on y trouve déjà les cours de logique, de pédagogie et d'anthropologie). Ce qui suggère d'entrée que l'analyse du rapport de Kant à Wolff ne saurait faire l'économie de la *Correspondance* de Kant avec ses contemporains, du *Nachlaß* (lequel comprend les *Reflexionen*, les notes de Kant, les *Vorarbeiten* et *Nachträge*, les travaux préparatoires, les ébauches et les suppléments), ni non plus des *Vorlesungen* (tomes XXIV à XXIX de l'édition de l'Académie), les leçons de Kant, et ce, évidemment, avec toutes les mises en garde et précautions d'usage qui s'imposent.

Loin de nous l'idée de nous livrer à une présentation exhaustive de l'ensemble des passages dans lesquels Kant mentionne expressément Wolff dans ces 23 tomes, nous aimerions simplement en mentionner quelques-uns en guise de point de départ aux analyses rassemblées dans le présent volume.

La première chose qui nous a frappée à la lecture de ces passages, c'est que Kant fait régulièrement précéder le nom de Wolff de l'épithète « *berühmt* » : « *der berühmte Wolff* » (le célèbre Wolff, l'illustre Wolff) – même si l'usage de cette épithète est souvent ironique sous la plume de Kant, il fait certainement référence à l'importance de Wolff (et des wolffiens) dans l'université allemande au XVIIIe siècle.

De manière plus générale, la lecture de ces passages confirme que Wolff, aux yeux de Kant, illustre par excellence le "dogmatisme". Ainsi, la *Réflexion métaphysique* 4893 définit « Wolff [comme] une tête [*Kopf*] simplement dogmatique, [qui procède] mathématiquement » [2].

Davantage, aux yeux de Kant, Wolff est *le plus grand de tous les philosophes dogmatiques*. On l'imaginera sans peine : les passages dans lesquels Kant fait l'éloge de son prédécesseur ne sont pas les plus nombreux. Ce pourquoi il nous semble important de toujours garder à l'esprit le passage, peut-être

1. Gottfried Martin, *Allgemeiner Kantindex zu Kants gesammelten Schriften*, Bd. XX : *Personenindex zu Kants gesammelten Schriften.* Bearbeitet von K. Holger, E. Gerresheim, A. Lange und J. Goetze, Berlin, Walter de Gruyter, 1969.

2. Kant, *Reflexion zur Metaphysik* n° 4893, AK XVIII, 21 ; traduction de S. Grapotte.

le plus célèbre, dans lequel, une fois n'est pas coutume, Kant loue la méthode de son illustre prédécesseur, passage de la « Préface » à la seconde édition de la *Critique de la raison pure*, où il explicite en quoi la critique n'est pas opposée au *procédé dogmatique de la raison dans sa connaissance pure* (c'est-à-dire à la démonstration à partir de principes *a priori* sûrs), mais au *dogmatisme* (qu'il définit alors comme la présomption de progresser seulement avec une connaissance pure par concepts sans critique préalable d'un pouvoir de la raison). Kant reconnaît alors que dans le plan que prescrit la critique, c'est-à-dire dans le système futur de la métaphysique, il devra suivre

> la méthode rigoureuse [*strengen*] du célèbre Wolff, le plus grand parmi tous les philosophes dogmatiques, le premier à montrer par son exemple (et par cet exemple il devint l'instigateur en Allemagne d'un esprit de profondeur [*Gründlichkeit*] non encore éteint) comment en établissant légitimement les principes, en déterminant clairement les concepts, en recherchant la rigueur des preuves, en se gardant des sauts téméraires dans les conséquences, il faut prendre le chemin sûr d'une science ; il était de ce fait éminemment apte à porter à ce point une science comme est la métaphysique, s'il lui était venu à l'esprit de se préparer d'abord le champ par la critique de l'instrument, c'est-à-dire de la raison pure elle-même : un manque qui ne doit pas être tant imputé à lui qu'à la façon de penser de son époque [1].

Cela étant dit, le jugement de Kant sur le dogmatisme wolffien est souvent des plus sévères. Selon l'*Annonce de la prochaine conclusion d'un traité de paix perpétuelle en philosophie*,

> le *dogmatisme* (par exemple celui de l'école wolffienne) est un oreiller pour s'endormir, et c'est la fin de toute vivacité, laquelle est justement le bienfait de la philosophie [2].

Dans l'« Abrégé d'une histoire de la philosophie » de son cours de *Logique*, Kant souligne que la méthode dogmatique propre à Leibniz et à Wolff est

> gravement fautive [*fehlerhaft*]. Elle comporte même tant d'illusion qu'il est tout à fait nécessaire de suspendre le procédé tout entier et de lui en substituer un autre : *la méthode critique de philosopher*, qui consiste à enquêter sur le procédé de la raison elle-même, à analyser l'ensemble de la faculté humaine de la connaissance et à examiner jusqu'où peuvent bien s'étendre ses limites [3].

C'est, et les différentes contributions rassemblées ici le mettront clairement en évidence, le reproche récurrent que Kant adresse à Wolff : ne pas avoir procédé à une critique de la raison pure, une critique de notre pouvoir de connaître, reproche qui conduit Kant à comparer l'œuvre wolffienne à un « *Magazin der Vernunft* ». Selon la *Réflexion métaphysique* 5035 : Wolff a fait

1. CRP, B XXXVI-XXXVII, AK III, 22 ; OP I, 752.

2. *Annonce de la prochaine conclusion d'un traité de paix perpétuelle en philosophie*, AK VIII, 415 ; OP III, 422.

3. *Logique*, AK IX, 32 ; trad. fr. L. Guillermit (Paris, Vrin, 1989), p. 34.

de grandes choses en philosophie, mais il étendit la connaissance sans l'examiner, la modifier et la transformer (*umformen*) par une critique particulière. Ses œuvres sont donc très utiles comme un « *Magazin der Vernunft* » [1], mais pas une architectonique de cette même raison.

Si l'on se fie aux quelques textes que nous venons de mentionner, la tentation est grande d'opposer purement et simplement Kant et son « illustre » prédécesseur – comme, par exemple, le fit un auteur anonyme dans la *Berliner Monatsschrift*, selon Johann Erich Biester, le professeur Hegewisch de Kiel (historien), qui opposa ainsi les philosophies wolffienne et kantienne :

> [alors que la première] est fièrement dogmatique, se hâte de conséquence en conséquence, de preuve en preuve, et avec quelle prétention elle produit la vérité ; [la philosophie kantienne], au contraire, met en garde, connaît les difficultés et les signale, elle est ainsi vraiment instructive et profitable [2].

Reste maintenant à voir si les différentes contributions rassemblées dans ce volume, contributions qui examinent le rapport de Kant à Wolff dans les principaux champs de la philosophie kantienne, confirment la volonté kantienne de rompre avec la pensée wolffienne ou, au contraire, conduisent à nuancer ce premier jugement – peut-être un peu trop radical –, à minimiser le fossé apparemment creusé entre les deux philosophies.

Kant lui-même, d'ailleurs, dans une lettre à Kästner du 5 août 1790, semble rapprocher son projet de celui de ses prédécesseurs, Leibniz et Wolff. Dans cette lettre, en effet, Kant prend soin d'expliquer :

> Les efforts que j'ai consacrés jusqu'à présent à la *Critique* ne visent aucunement, comme cela pourrait le sembler, à travailler contre la *philosophie leibnizo-wolffienne* (car je trouve qu'elle est déjà délaissée depuis longtemps), mais seulement à emprunter un détour que ces deux grands hommes [...] ont considéré comme inutile, avant de rejoindre la voie d'un procédé conforme aux règles scolastiques et, par cette voie même, mais seulement par le lien de la philosophie théorique à la philosophie pratique, à conduire précisément au même but. Ce dessein apparaîtra plus clairement si je vis assez longtemps pour, comme j'en ai l'intention, élaborer la métaphysique en un système cohérent [3].

Sophie GRAPOTTE, Tinca PRUNEA-BRETONNET

1. *Reflexion zur Metaphysik* n° 5035 (vers 1776-1778), AK XVIII, 68.
2. Lettre de Johann Erich Biester à Kant du 7 mars 1789, AK XI, 11 ; trad. fr. : *Correspondance* (Paris, Gallimard, 1991), p. 339.
3. Lettre de Kant à Kästner du 5 août 1790, AK XI, 186 ; trad. fr., p. 426-427.

CONFÉRENCE INAUGURALE

DE L'ACCUEIL CORRECT DES IDÉES D'AUTRUI. CULTURE DE LA CONVERSATION ET DE LA LECTURE DE WOLFF À KANT

> Il ne suffit que de quelques instants pour ruiner la culture, apothéose de l'humanité, mais il faudra des siècles pour la regagner, une fois dévastée.
>
> Max Kommerell, *Jugend ohne Goethe* (1931)

Il appartient fondamentalement à notre existence humaine, durant notre vie entière et sous quelque forme que ce soit, de nous confronter aux idées d'autrui. Parfois, elles rencontrent notre accord, parfois, elles nous sont étranges ou inaccessibles, parfois encore, elles provoquent notre opposition, de sorte que nous nous sentons, à vrai dire, défiés. Tout cela fait partie de la réalité élémentaire de notre vie. Et pourtant, nous ne nous faisons pas de cheveux blancs à ce sujet. Il semble que cela va sans dire. Ce n'est que rarement que nous apparaît à l'esprit le fait que l'accueil correct des idées d'autrui exige une culture particulière.

Cette culture a été dévastée par les grandes idéologies du vingtième siècle, par le national-socialisme autant que par le communisme. Cependant, le prélude à cette dévastation n'est pas récent. Elle est anticipée par une certaine forme culturelle qui a imperceptiblement préparé la voie aux idéologies totalitaires. Rappelons ici, comme un exemple pris parmi beaucoup d'autres, la déclaration publique de Fichte au sujet de Carl Christian Erhard Schmid, son plus proche collègue à Iéna : je « déclare Monsieur Schmid, en ce qui me concerne, *non-existant* en tant que *philosophe* » [1]. Au début, cette déclaration a effrayé les contemporains. Jäsche, par exemple, y a découvert la manifestation

1. Johann Gottlieb Fichte, *Vergleichung des vom Hrn. Prof. Schmid aufgestellten Systems mit der Wissenschaftslehre*, dans J. G. Fichte-Gesamtausgabe der Bayerischen Akademie der Wissenschaften, *Werke*, vol. 3, p. 266.

d'un « terrorisme littéraire » [1]. Or, au fil du temps, ce style est devenu une routine. On pourrait citer ici d'innombrables phrases similaires, provenant des auteurs les plus célèbres. Pour eux tous, la discussion avec la personne pensant différemment n'avait pas pour but de la convaincre, mais était destinée à emporter l'accord du grand public, qu'il s'agissait de conquérir à tout prix. Celui qui pensait autrement n'était qu'un élément perturbateur ou un motif occasionnel d'articuler (ou de reformuler) ses propres convictions. Il n'était qu'un moyen d'arriver au but. Mais c'est un autre sujet.

Nous allons plutôt retracer une forme culturelle qui a modelé la pensée dans une grande partie de l'Europe pendant au moins trois générations – *grosso modo*, de Wolff à Kant – mais qui a été quasiment oubliée entretemps. Elle a surtout trouvé sa forme littéraire dans les logiques de l'époque, à savoir les *Vernunftlehren*, comme le dit – ce n'était d'ailleurs probablement pas un accident – la « traduction » allemande. Ce n'était pourtant pas les règles de la propre pensée qui se trouvaient au cœur de ces traités, mais plutôt les règles de l'accueil des pensées d'autrui, particulièrement en disputation et en lecture – c'est-à-dire, relativement au débat oral et écrit. Ces deux formes de communication représentent le thème principal des réflexions qui suivent, divisées par conséquent en deux parties. Face à la multitude des textes originaux existants, il va de soi que cette exposition ne peut être que fragmentaire. Une étude exhaustive exigerait, en effet, un recueil complet (autant que possible) des textes relevant des logiques du XVIIIe siècle.

I. De l'accueil des idées d'autrui en disputation

Tout d'abord, les réflexions présentées dans cette première partie exigent quelques courts préambules concernant le fond historique à partir duquel doit être lu le chapitre de Wolff nommé « De la méthode de disputer » (*De Methodo disputandi*), voire la section entière intitulée « De l'usage et du profit de la logique en communicant la vérité avec autrui » (*De usu Logicae in veritate cum aliis communicanda*) [2], subdivisée en cinq chapitres. Selon une tradition lointaine, le XVIIIe siècle disposait d'une institution fixe, établie surtout dans les universités allemandes : ce que l'on nommait disputation – comme nous avons aujourd'hui le *talk-show* à la télé. La disputation se déroulait après la remise du travail écrit, devant le public universitaire. C'était généralement une affaire purement scolaire, souvent un devoir imposé, stérile et ennuyeux, comme la majeure partie de la vie académique. Pourtant,

1. [Gottlob Benjamin Jäsche], *Stimme eines Arktikers über Fichte und sein Verfahren gegen die Kantianer*, s. l., 1799 (réimpression Bruxelles, 1974), p. 98.

2. Christian Wolff, *Philosophia rationalis sive Logica, methodo scientifica pertractata et ad usum scientiarum atque vitae aptata* (= *Logica*), Frankfurt und Leipzig, [3]1740 ([1]1728), p. 706-797 (réimpression dans : Christian Wolff, *Gesammelte Werke*, éd. par Jean École *et al.*, Abt. II, Bd. 1, Hildesheim, 1983). – Pour simplifier, les œuvres latines de Wolff seront citées selon les paragraphes courants.

l'excitation et les cataclysmes ne manquaient pas. Ce n'est pas par hasard que Wolff cite maintes fois l'exemple du problème du meilleur des mondes possibles (ses remarques à ce sujet représentent probablement les meilleurs commentaires concernant sa notion de monde, objet de nombreuses recherches actuelles [1]). Voilà donc le contexte immédiat qui doit être pris en considération par chaque interprétation des exposés de Wolff et de ses successeurs, de ses adversaires ainsi que de ses disciples, sur les règles du débat. Leur importance positive surpasse toutefois le cadre immédiat. Elles enseignent de manière exemplaire comment se comporter envers les idées d'autrui en disputation et comment ne pas le faire. Car lorsqu'elle n'est pas soumise à des règles, la discussion sur la vérité tombe au rang d'un spectacle public.

Selon Wolff, une première règle conversationnelle essentielle est de veiller à ce que l'accord entre les adversaires à propos du sens des notions utilisées, le « *Consensus disputantium in notionibus* » (§ 1086), soit garanti, afin d'éviter un malentendu chronique dans la conversation. Chacun des interlocuteurs « doit prendre chaque expression singulière dans le même sens » (« *terminos singulos in eodem significatu accipere* [...] *debet* » ; *ibid.*). En conséquence, il faut éviter les « notions vagues et confuses » (*notiones vagas easque confusas* ; § 1030).

À défaut d'une telle concordance, une « querelle sur les mots » (*Wort-Streit*) [2], ou « logomachie », comme l'écrit Wolff dans sa *Logique latine* (§ 1029), est inévitable. Remarquons, pour étouffer les malentendus, que « logomachie », dans ce contexte, désigne non seulement une dispute sur la signification de certains mots ou sur quelque subtilité, mais encore une dispute sur la chose même – par conséquent une dispute qui empêche les adversaires de pénétrer au cœur du problème, dans la mesure où chacun associe au même mot un sens différent et, en fin de compte, rate l'argumentation de son opposant.

Une deuxième règle très importante pour Wolff interdit la « *Consequentien-Macherey* » [3], la querelle fondée sur les conséquences. Sa démarche consiste à lier la position opposée à des conséquences que l'adversaire lui-même n'a jamais visées et qui, en vérité, ne résultent pas de sa position – et ce, avec l'intention de présenter sa conception « comme ridicule ou même dangereuse » (*ridiculam, vel periculosam* ; § 1045). La raison historique de cette règle est la longue et passionnelle dispute de Wolff avec les piétistes de Halle, particulièrement avec Joachim Lange. Or, aujourd'hui comme hier, la « *Consequentien-Macherey* » – ou, pour parler plus généralement, l'imputation – est un moyen prisé par la polémique.

1. Voir sur cette thématique aujourd'hui : Chang Won Kim, *Der Begriff der Welt bei Wolff, Baumgarten, Crusius und Kant. Eine Untersuchung zur Vorgeschichte von Kants Weltbegriff von 1770*, Frankfurt am Main, 2004.

2. Christian Wolff, *Vernünfftige Gedancken von den Kräfften des menschlichen Verstandes und ihrem richtigen Gebrauche in Erkäntniß der Wahrheit, den Liebhabern der Wahrheit mitgetheilet* (= *Deutsche Logik*), Halle, 1713, p. 242 (dans Christian Wolff, *Gesammelte Werke*, éd. par Jean École *et al.*, Abt. I, Bd. 1, éd. par Hans Werner Arndt, Hildesheim, 1965, p. 242).

3. *Deutsche Logik*, p. 239.

Citons brièvement quelques autres règles conversationnelles, qui n'en sont pas moins importantes. Parmi ces règles, Wolff inclut naturellement la règle d'obéir à la méthode « scientifique » (ou mathématique) au cours du développement de ses arguments, de même que – en concordance consciente avec Descartes (§ 1010) – la règle de suspendre toute opinion préconçue ou, pour parler plus banalement, tout préjugé. Quelques phrases de Wolff font presque penser à Georg Friedrich Meier et à ses *Contributions à la doctrine des préjugés humains* (*Beyträge zu der Lehre von den Vorurtheilen des menschlichen Geschlechts*) de 1766 :

> tout préjugé de notre esprit doit être examiné, pour que nous soyons convaincus de sa vérité, fausseté ou probabilité [*judicia omnia, quae memoriae mandavimus, ad examen revocanda, ut veritatis, falsitatis, vel probabilitatis eorum convincamur* ; § 1012].

Toutes ces règles conversationnelles ont été conservées jusqu'à Kant, dans les manuels de logique, en tant que bien commun des générations suivantes. Se déploie, dans ce domaine, comme en d'autres, la puissance paradigmatique, voire oppressante de Wolff. Cela concerne, cependant, une règle qui, à première vue, n'appartient pas à la logique, mais plutôt à la philosophie morale. Cette règle joue déjà un rôle important dans la *Logique allemande*. Selon Wolff, il faut s'abstenir de tout ce qui « pourrait exaspérer notre adversaire » [1] :

> En plus, notre réfutation ne doit exprimer rien d'autre que l'honnêteté et la passion pour la vérité et contre l'erreur, et jamais la jalousie, la supériorité ou l'envie de nuire à l'adversaire ; en un mot : la vertu et non le vice [2].
>
> Par suite, il ne reste pas de place pour des paroles qui sentent l'humiliation ou l'injure [*Nullus adeo locus est verbis, quae contumeliam, vel injuriam redolent* ; § 1056].

En d'autres termes, tout cela ne fait qu'éveiller les affections de l'adversaire, « la colère de même que la haine » (*iram pariter ac odium* ; *ibid.*), et le détourner d'une vérification neutre des arguments, une stratégie tout à fait contre-productive lors de la quête commune de la vérité. Wolff sépare, tout à fait sciemment, ce genre d'argumentation, purement guidée par un intérêt cognitif, d'une argumentation issue de la philosophie morale :

> En logique, on se contente de donner des raisons logiques ; les raisons morales n'ont pas de place ici [*In Logica logicas damus rationes, iisque contenti sumus : morales non sunt hujus loci* ; § 1074] [3].

Comme nous l'avons mentionné plus haut, toutes ces règles vont s'établir en tant qu'éléments constituants, quoique avec des différences d'accent, dans les manuels de logique des générations ultérieures. Cela vaut également et

1. *Deutsche Logik*, p. 239.
2. *Deutsche Logik*, p. 240.
3. Cf. *Logica*, § 1082.

avant tout pour cette dernière thématique, pour les remarques de Wolff au sujet de la morale, respectivement, des vertus et des vices lors de la disputation. Feder, par exemple, détermine dans ses *Institutiones logicae et metaphysicae* six « lois » de la disputation, « qui se laissent déduire facilement à partir de la nature de la vérité et de l'intelligence humaine » (*leges aliquas, ex veritatis et intellectus humani natura facile derivandas*) [1]. Les lois quatre et cinq enjoignent à « contredire avec modération et bienveillance et [à] traiter le contradicteur comme son prochain » (*Modeste ac benevolo animo contradicere, atque contradicentem alterum ferre*) [2] et à « prévenir de cette manière et de quelqu'autre manière l'échauffement des esprits » (*Hacque et alia quacunque ratione ne animi exasperantur, cavere*) [3]. C'est, pour ainsi dire, du Wolff en abrégé.

Particulièrement remarquables dans ce contexte sont les *Elementa philosophiae instrumentalis* de Budde, un penseur qui a bien gardé ses distances avec la philosophie de Wolff. Budde revient souvent sur la matière en question et reconnaît même l'existence de vices spécifiques chez les disputeurs. Selon lui, les quatre principaux « vices *communs* des deux adversaires » (Communia *utrique disputantium vitia*) sont :

> – lorsqu'ils n'ont pas compris et aperçu la thèse convenablement [*si thesin non rite cognitam atque perspectam habeant*] ;
>
> – lorsqu'ils s'éloignent de celle-ci en disputant et font des références inappropriées au sujet [*si inter disputandum ab ea dilabantur, eaque afferant, quae ad rem non faciunt*] ;
>
> – lorsqu'ils traitent le sujet avec éclat et vacarme [*si cum strepitu atque tumultu rem agant*] ;
>
> – lorsqu'ils pèchent soit par brièveté, soit par prolixité [*si nimia sermonis aut brevitate aut prolixitate peccant*] [4].

Par la suite, Budde explique de manière similaire les péchés *spécifiques* des deux parties opposées, de l'*opponens* ainsi que du *respondens*, qui, respectivement, cherchent à combattre ou à défendre une certaine affirmation.

De manière générale, nous rencontrons ici, une fois de plus, l'héritage de Wolff, quoique avec une attitude plus pratique et dans un langage propre. En ce qui concerne la matière, Wolff et Budde sont d'accord sur ce point.

Lesquels des auteurs cités (et non-cités) Kant a-t-il lu ? – c'est difficile à dire, à l'exception du *Grundriß der Philosophischen Wissenschaften* de Feder,

1. Johann Georg Heinrich Feder, *Institutiones logicae et metaphysicae*, Göttingen, ^{3}1787 (^{1}1777), p. 133 (§ 104).

2. *Institutiones logicae et metaphysicae*, p. 134 (§ 104).

3. *Ibid. Cf.* Johann Georg Heinrich Feder, *Logik und Metaphysik*, Hanau und Leipzig, 1775, p. 228 (§ 99) : « Il faut éviter tout ce qui s'oppose à l'usage libre de la raison, ne pas s'exciter, et se garder d'y provoquer autrui ».

4. Johann Franz Budde, *Elementa philosophiae instrumentalis, seu institutionum philosophiae eclecticae tomus primus*, Halle, ^{9}1725 (^{1}1703), p. 243 (§ XXIV) ; réimpression dans Johann Franz Budde, *Gesammelte Werke*, Walter Sparn (éd.), vol. 1, Hildesheim, 2006.

qui lui a servi de manuel pour ses cours à l'université dans la matière nommée « *Philosophische Enzyklopädie* » [1]. Or, chez Kant également, les règles conversationnelles de Wolff réapparaissent en tout point. Les six volumes du *Kant-Index* sur le corpus logique publiés jusqu'à présent renseignent en abondance sur le sujet. C'est pourquoi nous n'allons exposer qu'un seul passage de ce qu'on appelle la *Logique viennoise,* un cours datant probablement de 1782 [2]. Cette dernière montre quelle importance avait pour Kant l'idée de Wolff que c'est la logique même (et non seulement la morale) qui prescrit aux adversaires des règles concernant leur conversation :

> En la recherche de la vérité, tous les hommes ont un intérêt commun, et en conséquence il faut participer à un tel débat par sympathie et compassion, en cherchant à indiquer non l'erreur d'autrui, mais sa justesse. Il est vrai que cette attitude coopérative est d'origine morale et non logique. Or, c'est la logique même qui détermine les règles de celle-ci en tant que maximes correctes [3].

Kant avait compris qu'une telle culture de l'échange d'idées devait perpétuellement être de nouveau adoptée. C'est pourquoi elle constituait un sujet important de ses cours, et un sujet sur lequel il revenait constamment. Les notes de ses manuscrits en témoignent à l'envi [4].

II. De l'accueil des idées d'autrui en lecture

Nous allons au moins toucher une seconde partie importante de la logique de Wolff, avec ses 170 pages, la plus grande section de sa *Logica practica* et même de sa *Logique latine* en général. Car le livre est la seconde forme importante qui nous oblige à faire face aux idées d'autrui, mais sa maîtrise correcte ne va pas sans problèmes. La *Sectio*, subdivisée en six chapitres, porte le titre complexe « *De usu Logicae in libris conscribendis, dijudicandis et legendis* » [5], c'est-à-dire « De l'usage et du profit de la logique pour la rédaction, le jugement et la lecture de livres ». Cette œuvre a également un fond historique lointain. Aujourd'hui, on aperçoit la proportion dans laquelle elle reflète la vive activité de recenseur de Wolff dans les *Acta eruditorum* [6]. Au moins deux générations ont été durablement inspirées par cette seule partie de

1. *Cf.* Immanuel Kant, *Enciclopedia filosofica*, Testo tedesco a fronte, éd. par Giuseppe Landolfi Petrone et Laura Balbiani, Milano, 2003, p. 22 *sq.* et p. 221 *sq.*

2. Voir Immanuel Kant, *Logica di Vienna*, éd. par Bruno Bianco, Milano, 2000, p. LII.

3. AK XXIV, 828. Les *Nachschriften* des cours de Kant sont citées d'après l'édition de l'Académie Royale des Sciences et des Lettres de Berlin (et successeurs).

4. *Cf.* Norbert Hinske, *Kant als Herausforderung an die Gegenwart*, Freiburg und München, 1980, p. 57 *sq.*

5. Wolff, *Logica*, *op. cit.*, p. 537.

6. *Cf.* Christian Wolff, *Sämtliche Rezensionen in den Acta eruditorum (1705-1731)*, éd. par Hubert A. Laeven et Lucy J. M. Laeven-Aretz, 5 vol., dans : Christian Wolff, *Gesammelte Werke*, Abt. II, Bd. 38, Teil 1-5, Hildesheim, 2001.

sa *Logique latine*, dont le chapitre sur la lecture des livres va devenir un sujet majeur de la logique des Lumières.

Malgré une certaine prolixité, la partie en question est une mine de maximes, en lesquelles se manifeste l'esprit des Lumières, assez souvent oublié de nos jours – et pourtant d'une actualité brûlante. Citons par exemple l'avertissement de Wolff de ne pas « confondre ses jugements de l'observé avec l'observation même » (*ne sua de iis, quae observat, judicia cum observatione confundit* ; § 771 [1]), ou son scepticisme envers l'usage d'étymologies (§ 914). En outre, la suggestion de Wolff que le lecteur d'un livre s'applique à « comprendre les faits et les propositions théoriques qui y sont décrits et à chercher à en tirer un bénéfice personnel pour l'avenir » (*ut, quae in iis narrantur facta, vel traduntur dogmata, intelligat & memoriae mandet sibi profutura* ; § 902) apparaît aussi distinctive qu'influente.

S'assimiler autant que possible à autrui et à ses pensées, quelle que soit sa conception, et ne pas substituer à ses assertions une signification qu'il ne leur a pas lui-même donnée – c'est l'une des prescriptions les plus importantes de cette logique des Lumières. Par conséquent, Wolff écrit déjà dans sa *Logique allemande* :

> Si nous voulons comprendre correctement l'auteur d'une œuvre [...], il est particulièrement important de veiller à ce que nous associions à ses mots les notions que lui-même y associe [...]. Car, lorsque cela n'est pas le cas, nous lui prêtons une conception fausse et lui attribuons ce qu'il n'a pas dit ; une faute qui arrive trop souvent [2].

Ce qui est dit en une seule phrase dans la *Logique allemande* reparaît dans la *Logique latine* en une multitude de paragraphes. Les formules du § 922, qui cherche une « définition de l'équité et de l'iniquité pour l'interprétation » (*Aequitatis & iniquitatis in interpretando definitio*), sont particulièrement remarquables :

> On appelle *interprète équitable* (ou impartial) celui, qui [...] n'associe aux mots d'un auteur aucun autre sens que celui qui doit leur être attribué [Aequus in interpretando *appellatur, qui verbis autoris non alium tribuit sensum, quam quem iisdem convenire*]. Inversement, un *interprète inéquitable* est celui qui associe aux mots d'un auteur un sens erroné, dont il ne peut pas démontrer qu'il leur est attribué [*E contrario* iniquus in interpretando *est, qui verbis autoris tribuit sensum erroneum, quem iisdem convenire demonstrare nequit*].

Celui qui ne cherche pas à satisfaire à ce critère a rompu tous les liens avec les Lumières et ouvre la voie au despotisme de l'arbitraire.

Néanmoins, Wolff reconnaît sans doute la possibilité d'assimiler les idées d'autrui à partir d'une perspective supérieure. C'est le cas quand le lecteur dispose d'une notion plus distincte d'une chose que l'auteur même. Au § 929, Wolff écrit :

1. Cf. *Logica*, *op. cit.*, § 778.
2. *Deutsche Logik*, p. 227.

> Quand l'auteur associe à certaines expressions une notion confuse, le lecteur, au contraire, une notion distincte, et quand les deux se représentent la même chose, alors le lecteur comprend le sens de l'auteur, mais, au-delà, il est capable de l'exprimer mieux [*Quodsi autor cum quibusdam terminis conjungit notionem confusam, lector autem distinctam, & utraque eadem res repraesentatur* ; *lector mentem autoris intelligit & melius explicat*] ; il est donc évident que le lecteur, qui, en interprétant une proposition de l'auteur, introduit une notion distincte au lieu d'une notion confuse, est capable de mieux exprimer le sens de cette proposition que celui-ci même [*patet utique, quod lector in interpretanda propositione autoris notionem distinctam confusae substituens mentem ejusdem melius explicet, quam ab ipsomet fieri poterat*].

Le cas crucial pour ce genre d'interprétation est, selon ce que dit Wolff dans l'*Ontologie latine*, précisément la notion de vérité transcendantale, ou de transcendantal en général, riche en traditions :

> La notion distincte de vérité transcendantale, ou métaphysique, que nous avons donnée ne contredit pas la notion confuse de celle-ci qu'ont eue les scolastiques [*Notio veritatis transcendentalis seu metaphysicae distincta, quam dedimus, non contrariatur notioni confusae ejusdem, quae Scholasticis fuit* ; § 502] [1].

Il suffit de prendre en considération le passage sur la lecture des livres du cours « *Philosophische Enzyklopädie* » de Kant pour constater le profond enracinement, direct ou indirect, de la pensée de Kant dans la tradition en question, et ce, malgré l'écart entre les situations historiques et les caractères différents :

> Il faut garder en mémoire les livres scientifiques, il faut se rappeler les avoir lus, en relèvent les œuvres historiques, philosophiques. // Pour chaque livre, il faut essayer de découvrir l'idée de l'auteur [2]. C'est une charge importante et difficile. Souvent, l'auteur n'a pas assez connu sa propre idée, cependant la trouver est d'autant plus difficile [3].

La thèse célèbre de la *Critique de la Raison Pure* « qu'il n'est pas rare d'arriver, par le rapprochement des pensées qu'un auteur a voulu exprimer sur son objet, à le comprendre mieux qu'il ne s'est compris lui-même, faute d'avoir suffisamment déterminé son idée et pour avoir été conduit ainsi à parler ou même à penser contrairement à son but » (B 370), ne contient pas de nouveauté substantielle. Elle n'est pas non plus une spécificité de la philosophie critique. Elle ne fait que reproduire une thèse de Wolff et ne peut être

1. Christian Wolff, *Philosophia prima, sive Ontologia, methodo scientifica pertractata, qua omnis cognitionis humanae principia continentur*, Frankfurt und Leipzig, [2]1736 ([1]1730) ; *cf.* § 428, 527 ; réimpression dans Christian Wolff, *Gesammelte Werke*, éd. par Jean École *et al.*, Abt. II, Bd. 3, Hildesheim, [1]1962, [2]1977.

2. *Cf.* Feder, *Logik und Metaphysik*, *op. cit.*, p. 219 (§ 95) : « Si possible, il faut, dès le début, chercher à se renseigner sur l'intention avec laquelle un livre a été écrit ».

3. AK XXIX, 28. Une collection de citations de Kant se rapportant à cet argument se trouve dans : Norbert Hinske, « Kant über Lesen und Bücher », dans *Insel-Almanach auf das Jahr 1964*, Frankfurt am Main, 1963, p. 132-140.

comprise convenablement qu'à partir de ce fond historique. Pourtant, ce n'est pas nécessairement Wolff qui a conduit Kant à cette pensée. Chez Reusch, par exemple, qui a condensé les 170 pages de Wolff en 40, se trouvent des formules similaires :

> si l'auteur a associé à ses expressions des notions confuses de la même chose que le lecteur comprend nettement, alors celui-ci comprend le sens de celles-là, et même mieux que ne le développe l'auteur [*auctor si terminis tribuit notiones confusas eiusdem rei, quam lector distincte concipit : hic illius mentem intelligit* ; *atque melius quidem, quam auctor explicat*] [1].

La raison pour laquelle un grand nombre d'interprètes, de Schleiermacher à Heidegger, ont considéré et considèrent toujours la formule en question comme une thèse originale de Kant et de sa philosophie critique, résulte de leur connaissance insuffisante du contexte historique. En vérité, cette thèse prouve une fois de plus – cela dit sans vouloir suspendre la profonde césure impliquée par la philosophie critique – combien les racines wolffiennes de la philosophie de Kant sont étendues et fermes. Voilà qui est en même temps une réhabilitation de Wolff.

Norbert HINSKE
(Université de Trier)

(*Traduction de l'allemand par Dimitar Dinev*)

1. Johann Peter Reusch, *Systema logicum antiquiorum atque recentiorum item propria praecepta exhibens*, Jena, ^{4}1760 (^{1}1734), p. 883 (§ 815).

PHYSICO-THÉOLOGIE

LA PHYSICO-THÉOLOGIE DU JEUNE KANT. AVEC WOLFF, AU-DELÀ DE WOLFF

On connaît sinon l'admiration du moins le respect de Kant à l'égard de la preuve dite physico-théologique de l'existence de Dieu. Ainsi lisons-nous dans la *Critique de la raison pure* :

> Cet argument mérite d'être toujours nommé avec respect. C'est le plus ancien, le plus clair et le mieux approprié à la raison humaine commune. Il vivifie l'étude de la nature, en même temps qu'il en tire sa propre existence et qu'il y puise toujours de nouvelles forces. Il conduit à des fins et à des desseins là où notre observation ne les aurait pas découverts par elle-même, et il étend notre connaissance de la nature grâce au fil conducteur d'une unité particulière dont le principe est en dehors de la nature. Mais ces connaissances réagissent à leur tour sur leur cause, c'est-à-dire sur l'idée qui les inspire, et elles renforcent notre croyance en un suprême auteur du monde jusqu'à en faire une irrésistible conviction [1].

Ce jugement de Kant est comme l'écho de l'intérêt qu'il avait lui-même porté, dans sa jeunesse, à cette preuve. Si la chose elle-même, à savoir la démonstration de l'existence de Dieu à partir de l'ordre et de l'harmonie dans la nature, est ancienne, le discours physico-théologique au sens étroit du terme a connu un rayonnement remarquable à partir de 1665, année de la parution des *Tentamina physico-theologica* de Samuel Parker [2]. À partir de cette date, la physico-théologie fait son chemin et la littérature abonde en traités à ce sujet, les uns plus curieux et exotiques que les autres [3].

À Königsberg, Martin Knutzen, un des maîtres de Kant et, d'après certains témoignages, celui qui a exercé la plus grande influence sur lui – en tout cas celui qui lui a fait découvrir les écrits de Newton – avait fondé en 1748 une société physico-théologique qui, si elle n'a existé qu'une seule année, a eu

1. CRP, A 623 / B 651, AK III, 415 ; OP I, 1232 *sq.*

2. Le *terme* même semble être apparu une première fois seulement en 1652 dans le sous-titre d'un ouvrage de W. Charleston, *The Darkness of Atheism Dispelled by the Light of Nature* et dont le sous-titre était *A Physico-theological Treatise*.

3. *Cf.* W. Philipp, *Das Werden der Aufklärung in theologiegeschichtlicher Sicht*, Göttingen, Vandenhoeck & Ruprecht, 1957.

probablement comme membre fondateur le jeune Kant lui-même [1]. Comme le signale H. J. Waschkies, Knutzen lui-même avait été d'abord assez réservé vis-à-vis de la physico-théologie et ce n'est que dans les *Vernünftige Gedanken von den Cometen*, parus en 1744, qu'on voit apparaître chez lui un revirement.

Si donc, on peut supposer que c'est au contact des écrits de Knutzen, voire au contact de Knutzen, que Kant est devenu sensible à la problématique physico-théologique, il n'en reste pas moins que ses propres travaux à ce propos contiennent encore des traces venues d'autres lectures, notamment de Derham, Whiston, John Ray, Maupertuis [2].

C'est essentiellement dans deux écrits, l'*Allgemeine Naturgeschichte und Theorie des Himmels*, parue sans nom d'auteur en 1755, et dans l'*Einzig möglicher Beweisgrund zu einer Demonstration des Daseins Gottes*, paru en 1763, que Kant développe ses conceptions physico-théologiques.

Les deux écrits s'inscrivent dans des cadres théoriques différents : le premier est un essai de philosophie naturelle, le second d'ontologie ou d'ontothéologie. Aussi la présence d'un discours physico-théologique doit-elle être interprétée différemment selon l'un et l'autre, et cela en dépit de la grande similitude quant au contenu.

I. LA PHYSICO-THÉOLOGIE DE L'*HISTOIRE GÉNÉRALE DE LA NATURE*

Dans l'*Allgemeine Naturgeschichte*, la problématique physico-théologique s'articule dans le cadre large d'une interrogation cosmologique d'inspiration newtonienne. Le sous-titre de l'ouvrage donne une première information quant au statut de l'œuvre : *Versuch von der Verfassung und dem mechanischen Ursprunge des ganzen Weltgebäudes nach Newtonischen Grundsätzen abgehandelt.*

Nous allons esquisser d'abord très succinctement les contours de cette cosmologie pour nous interroger ensuite sur la présence de la pensée wolffienne qui n'y est repérable, nous semble-t-il, que de façon *subliminale*.

Ce sont les principes de la philosophie naturelle de Newton, tels qu'ils ont été exposés dans les *Philosophiae naturalis principia mathematica* de 1687 qui servent à Kant de base à partir de laquelle il va développer une théorie cosmologique et cosmogénétique du monde. Le principe en est simple ; Kant l'évoque dès la « Préface » :

> Je prends la matière du monde entier dans une dispersion générale, et j'en fais un parfait chaos. Je vois la matière se former d'après les lois bien établies de l'attraction, et modifier ce mouvement sous l'effet de la répulsion. Je jouis du plaisir de voir, sans l'aide de fictions arbitraires, sous l'action des lois bien

1. *Cf.* H. J. Waschkies, *Physik und Physikotheologie des jungen Kant*, Amsterdam, Grüner, 1987, p. 14. Il est curieux que M. Kühn omet complètement de mentionner cette société dans sa biographie sur Kant (*Kant. Eine Biographie*, München, Beck, 2003).

2. *Cf.* Waschkies, *Physik und Physikotheologie des jungen Kant*, *loc. cit.*, p. 50.

établies du mouvement, naître un tout bien ordonné, qui paraît tellement semblable au système du monde que nous avons devant les yeux que je ne puis m'empêcher de le tenir pour identique [1].

Dans une formule qui rappelle Voltaire qui opposait Descartes et Newton, Kant dira : « *Donnez-moi seulement de la matière, je vais avec cela vous bâtir un monde* » [2].

Kant envisage donc une explication (non une description) intégrale de la constitution *et* de la genèse de l'univers sur la base de principes ou de causes mécaniques. En tant qu'explication *intégrale*, celle-ci exclut tout recours à des principes non mécaniques.

> [...] tout [...] peut se ramener aux causes mécaniques les plus simples, et on peut avec assurance espérer les découvrir, parce qu'on peut les faire reposer sur les raisons les plus faciles et les plus claires [3].

Il faut saisir la pointe de cette remarque. Les *Gründe* dont parle Kant, les principes ou causes de la formation des corps célestes et de leurs mouvements, ce sont des causes *physiques* et non simplement des principes mathématiques. Qu'est-ce à dire ? On sait que Newton avait tenté, dans les *Principia*, conformément à une tendance qui remonte jusqu'à Bacon, de ramener l'explication des phénomènes, à leur description mathématique, donc de mathématiser la physique. Des principes mathématiques, il faut distinguer les principes non mathématiques ou physiques. Or, en ce qui concerne ces derniers, Newton s'était imposé une restriction méthodologique. Dans le commentaire de la 8e définition des *Principia*, il note :

> *Voces autem attractionis, impulsûs, vel propensionis cujuscunque in centrum, indifferenter & pro se mutuò promiscuè usurpo* ; *has vires non physicè sed mathematicè tantùm considerando. Unde caveat lector, ne per hujusmodi voces cogitet me speciem vel modum actionis, causamve aut rationem physicam, alicubi definire* [je considère sans distinction et comme interchangeables les termes d'attraction, d'impulsion, de tendance vers un centre, en ne considérant point ces forces en un sens physique, mais seulement en un sens mathématique. Que le lecteur prenne garde et ne pense pas que par ces termes je définisse la manière ou le mode de l'effet et la cause ou le principe physique] [4].

Il est vrai que la connaissance des causes physiques est ce qui est visé en dernière instance, mais Newton pense qu'elles demeurent provisoirement inconnaissables. Dans le fameux « *Scholion generale* » des *Principia*, il note :

1. HGN, AK I, 225 *sq.* ; OP I, 42.
2. HGN, AK I, 229 ; OP I, 46. La référence à Voltaire est indiquée par le Père Marty dans sa traduction de la « Préface » de l'*Histoire générale* dans l'édition des œuvres de Kant de la Pléiade (*cf.* OP I, 1477).
3. HGN, AK I, 230 ; OP I, 47.
4. Isaac Newton, *Philosophiae naturalis principia mathematica*, dans *Opera quae exstant omnia*, Stuttgart-Bad Cannstatt, Frommann Holzboog, 1964, II, 5.

> *Hactenus Phaenomena caelorum & nostri maris per vim gravitatis exposui ; sed causam gravitatis nondum assignavi* [...] *Rationem verò harum Gravitatis proprietatum ex Phaenomenis nondum potui deducere, & hypotheses non fingo* [Jusqu'ici, j'ai exposé les phénomènes des cieux et de notre mer au moyen de la force de gravitation ; mais je n'ai pas encore assigné la cause de la gravitation [...]. Je n'ai pu encore parvenir à déduire, il est vrai, des phénomènes la raison de ces propriétés de la gravité, et je ne forge point d'hypothèses] [1].

En cela, Kant va se montrer plus hardi. Michel Puech dira que « Kant se montre [...] en un sens plus newtonien que Newton » et « qu'il reprend exactement le problème cosmologique là où Newton l'avait laissé » [2]. Il faut cependant savoir aussi que le débat sur la cosmogenèse est plus ancien et que l'hypothèse cosmogénétique remonte, comme l'a montré récemment André Charrak, jusqu'à Descartes [3]. Kant lui-même ne semble d'ailleurs pas ignorer ceci quand il écrit : « On ne me privera pas d'ailleurs du droit dont Descartes a toujours joui auprès de juges équitables, quand il s'aventurait à expliquer la formation des corps célestes à partir de lois purement mécaniques » [4].

Dans l'*Histoire générale*, il y va d'une théorie des causes physiques du devenir cosmique et du comportement des phénomènes, donc d'une véritable *explication de la nature* dans sa totalité et non plus d'une simple description de son comportement actuel. Kant dira qu'il pense avoir montré le chemin sur lequel « la partie physique de la science de l'univers peut encore espérer à l'avenir cette perfection à laquelle Newton a porté sa moitié mathématique » [5].

La thèse qu'il va soutenir radicalisera la notion même de loi en lui conférant une véritable signification universelle. Or, en cela, il va dépasser le terrain de la simple science mathématique et se placer sur celui de la cosmologie au sens métaphysique du terme. Ceci va le dispenser d'ailleurs de conférer la précision mathématique à ses explications [6]. Les forces fondamentales de la matière que sont l'attraction et la répulsion et dont Newton a donné la version mathématique pour les phénomènes sont comprises par Kant comme des forces qui sont inscrites *dans la matière même*, c'est-à-dire qui lui sont *essentielles* [7]. Or, c'est ce que Newton avait précisément nié.

Une telle radicalisation va ouvrir la voie à la théologie naturelle sous la forme d'une physico-théologie. Essayons de suivre Kant sur cette trajectoire. Dès la « Préface » de l'*Histoire générale*, il rend attentif à une *difficulté*

1. Newton, *Philosophiae naturalis principia mathematica*, dans *Opera omnia* III, 173 *sq.*

2. *Kant et le problème de la causalité*, Paris, Vrin, 1990, p. 227.

3. A. Charrak, *Contingence et nécessité des lois de la nature au XVIIIe siècle. La philosophie seconde des Lumières*, Paris, Vrin, 2006, p. 173 *sqq.*

4. HGN, AK I, 228 ; OP I, 45.

5. HGN, AK I, 230 ; OP I, 48.

6. *Cf.* HGN, AK I, 235 ; OP I, 52.

7. Serait-ce là une version remaniée de la *vis insita* dont parle Hamberger dans ses *Elementa physices* (1727) et qui furent une des sources d'information de Kant dans les années 40 ? (*Cf.* Michel Puech, *Kant et le problème de la causalité*, *loc. cit.*, p. 221). Cf. *Monadologie physique*, Praenotanda, AK I, 475.

théologique que semble contenir une approche cosmologique qui introduit l'idée d'une législation universelle de la nature. En effet, par là on semble exclure « la main immédiate de l'Être suprême » [1]. L'argument de ceux qui pourraient s'opposer à une telle entreprise est formulé de la manière suivante :

> Si le système du monde avec tout son ordre et toute sa beauté n'est qu'un effet de la matière laissée à ses lois générales de mouvement, si la mécanique aveugle des forces de la nature s'entend à se développer de façon si merveilleuse à partir du chaos et parvient d'elle-même à une telle perfection, alors la preuve qu'il y a un Auteur divin, preuve que l'on tire de la beauté de l'univers, perd toute force. La nature se suffit à elle-même ; le gouvernement divin n'est pas nécessaire [2].

Ce qui frappe dans cette présentation, c'est qu'elle insiste sur l'annulation du *gouvernement* divin dans le cours actuel des choses. En d'autres termes, radicaliser l'idée d'une législation universelle inscrite dans la nature même de la matière reviendrait à restreindre voire à annuler le gouvernement de Dieu et mènerait, en fin de compte, au naturalisme et à l'athéisme.

Or, la thèse d'un Dieu qui aurait créé le monde d'après un plan préétabli et qui n'interviendrait plus dans son cours, proche de Leibniz, avait également été soutenue par Wolff, notamment dans sa *Métaphysique allemande*.

Wolff y note en effet (§ 1032) que Dieu poursuit ses intentions grâce à l'essence et la nature des choses. Or, leur essence en fait des machines (§ 557), ce qui veut dire : des êtres complètement déterminés. Ayant créé ces choses-ci et non pas d'autres afin que ces événements-ci se produisent et non point d'autres, Dieu poursuit à travers le fonctionnement mécanique et donc naturel du monde son dessein (à savoir la plus grande perfection du monde) et n'a plus besoin d'intervenir dans le gouvernement de celui-ci ; en retour, celui qui explique de manière raisonnable le monde tel qu'il fonctionne, c'est-à-dire son fonctionnement mécanique, peut conclure de là à la sagesse divine (§ 1011). En revanche, si le monde n'était pas une machine et que les événements se produiraient de façon non mécanique, on aurait affaire à du surnaturel. Dans ce cas, le monde serait à considérer, non comme l'œuvre de la sagesse de Dieu, mais ne serait plus que l'œuvre de sa *puissance* (*cf.* § 1038).

L'objection précédemment décrite correspond également à une thèse de la *théologie luthérienne* au sujet de la Providence divine. C'est entre autres la position soutenue par les adversaires de Wolff à Halle, et notamment par Joachim Lange. La Providence divine est présente dans « l'ici et le maintenant ». Kant parlera à ce propos de la « main immédiate de Dieu ». D'où l'insistance, dans la théologie de type luthérien, sur le *gouvernement* de Dieu. À l'opposé des luthériens, les *théologiens réformés* – Calvin et Zwingli –, davantage attentifs à la science et à l'idée d'une législation universelle de et dans la nature, rattachent la Providence divine au décret de la *création*. C'est

1. HGN, AK I, 221 ; OP I, 37.
2. HGN, AK I, 222 ; OP I, 38.

en créant que Dieu a inscrit ses desseins dans les choses [1]. D'où l'insistance, chez les Réformés, sur le Dieu *créateur*. Or, la position de Wolff s'inscrit dans cette ligne réformée, et ce malgré le fait qu'il ait été luthérien.

En ce qui concerne maintenant Kant, il est intéressant de savoir, d'un point de vue biographique, qu'il a passé près de trois ans (1748-1751) comme précepteur dans la maison d'un pasteur *réformé* [2]. On est autorisé à supposer, nous semble-t-il, que sa propre position en la matière contient des éléments provenant de sources et d'horizons intellectuels différents : la théologie réformée, Wolff, Knutzen.

Dans la « Préface » de l'*Histoire générale*, Kant fait valoir – et l'on pourrait presque croire qu'il avait sous les yeux la *Métaphysique allemande* de Wolff – que

> si les lois générales d'action de la matière sont également une conséquence du projet suprême, elles ne peuvent vraisemblablement avoir d'autres déterminations que celles qui tendent à remplir d'elles-mêmes le dessein que la sagesse suprême s'est proposé ; ou bien, s'il n'en va pas ainsi, ne devrait-on pas être tenté de croire que, du moins, la matière et ses lois générales seraient indépendantes, et que la puissance souverainement sage, qui a su s'en servir de façon si glorieuse, est assurément grande, mais cependant pas infinie, assurément puissante, mais pas pleinement suffisante [*allgenugsam*] [3].

Un peu plus loin, il formule de façon catégorique la thèse qu' « *il y a un Dieu précisément parce que la nature, même dans le chaos, ne peut pas procéder autrement que de façon régulière et ordonnée* » [4].

Les remarques précédentes se sont appuyées principalement sur la « Préface » de l'*Histoire générale*. C'est au huitième chapitre de la deuxième partie de l'œuvre que Kant expose son argumentation proprement physico-théologique. Elle ne fait que confirmer ce qui vient d'être dit à propos de la « Préface » de l'écrit. Dès la première phrase nous lisons :

> On ne peut pas regarder l'univers sans reconnaître l'ordonnance excellente de son organisation, et les marques sûres de la main de Dieu dans la perfection de ses relations… .

À cette première affirmation s'ajoute une seconde :

> Il faut que la sagesse suprême en ait fait le projet, et qu'une puissance infinie l'ait exécuté, autrement il serait impossible de rencontrer dans la constitution de l'univers tant d'intentions convergeant vers une fin [5].

1. Voir, à ce propos, l'étude éclairante de M. Büttner, « Zum Gegenüber von Naturwissenschaft (insbesondere Geographie) und Theologie im 18. Jahrhundert. Der Kampf um die Providentiallehre innerhalb des Wolffschen Streites », *Philosophia naturalis* 14, 1973, p. 95-113 ; ici p. 97 *sqq*.

2. *Cf.* Kühn, *Kant. Eine Biographie*, *loc. cit.*, p. 119.

3. HGN, AK I, 223 ; OP I, 39.

4. HGN, AK I, 228 ; OP I, 45.

5. HGN, AK I, 331 *sq.* ; OP I, 91.

Cette affirmation sera précisée ultérieurement dans ce sens que l'ordre de la nature découle de lois universelles inscrites dans l'essence même de la matière.

De cela résulte que le projet de la sagesse suprême – on aura remarqué la priorité de la sagesse par rapport à la puissance – est inscrit dans l'essence de la matière et que ni le développement du système depuis un état initial jusqu'à sa forme actuelle ni son fonctionnement actuel n'ont besoin d'une intervention divine. Rien dès lors dans la nature ne donne lieu à penser à une quelconque intervention divine.

Ce qu'il est intéressant de noter dans les deux citations précédentes, c'est que deux ordres d'idées s'y retrouvent :

Le premier est de nature *scientifique* : l'univers, considéré dans son ensemble, présente une organisation parfaite qui repose sur des lois générales ou lois mécaniques. Kant soutient que ces lois ne sont pas seulement à la base du système constitué, mais aussi à la base de la constitution du système. C'est grâce à ces lois, et grâce à elles seules, que le système du monde existe en tant que système.

Le deuxième ordre d'idées recourt à la *téléologie*. On rencontre dans la constitution du système non seulement une simple organisation mécanique, mais des intentions convergeant vers une fin. Le texte laisse provisoirement en suspens en quel sens il faut comprendre cette finalité.

Or, les deux ordres d'idées, celui d'une nature fonctionnant intégralement selon des lois mécaniques et d'une nature dans laquelle il y a convergence vers une fin, ne sont pas à considérer indépendamment l'un de l'autre : en effet, la fin même de cette nature n'est rien d'autre que la production de l'ordre de l'univers. Il s'agit donc d'une finalité immanente à la nature elle-même [1].

C'est sur ce point que Kant va se distancier de la position wolffienne. En effet, pour ce dernier, le sage créateur a produit toutes choses afin que l'homme, grâce à elles, le connaisse, lui le Créateur [2]. Pour Wolff, le monde n'a pas sa fin en lui-même, mais il est le miroir de la perfection divine. Dans ce sens, Wolff dira que la finalité du monde est de révéler la gloire de Dieu [3].

Il est vrai que Kant ne néglige pas complètement cet aspect de la glorification de Dieu. Il dira que la nature glorifie Dieu [4], mais ce n'est pas en cela que consiste sa finalité – il s'agit là d'une sorte d'effet latéral de la cosmologie.

II. La physico-théologie dans *L'unique fondement possible d'une démonstration de l'existence de Dieu*

C'est dans la seconde section de *L'unique fondement* que Kant développera de façon extrêmement détaillée et systématique une argumentation physico-

1. *Cf.* HGN, AK I, 334 ; OP I, 94.
2. *Cf.* C. Wolff, *Deutsche Teleologie*, GW I, 7, « Préface », s.p.
3. *Cf.* C. Wolff, *Deutsche Metaphysik*, GW I, 2.2, § 1045.
4. *Cf.* HGN, AK I, 333 ; OP I, 93 ; *cf.* aussi AK I, 338.

théologique. Cette section est la plus longue de l'écrit, ce qui est, à première vue, assez paradoxal étant donné que cet argument n'est précisément pas l'unique argument possible dont parle le titre de l'écrit. En effet, ce dernier est un argument *a priori* – différent d'ailleurs de l'argument *a priori* traditionnel parce qu'il ne part pas du concept préconçu de Dieu compris comme être absolument parfait et qui contiendrait en lui, à titre de réalité, l'existence, mais développe, à partir de la notion du possible, l'affirmation de l'existence d'un être absolument nécessaire. *A priori*, l'argument l'est en raison du fait qu'il se construit exclusivement à partir de la pensée et du pensable.

L'argument physico-théologique en revanche est un argument dit *a posteriori*. Kant l'introduit de la manière suivante :

> lorsque, grâce à une étude attentive des propriétés essentielles des choses qui nous sont connues par l'expérience, nous apercevons jusque dans les déterminations nécessaires de leur possibilité interne une unité dans la diversité et un accord dans des éléments disparates, nous pourrons remonter par la méthode *a posteriori* au principe de toutes les possibilités, et nous pourrons trouver en ce principe le concept fondamental d'un être absolument nécessaire, dont nous sommes partis d'abord par la voie de l'*a priori* [1].

Nous constatons sans peine dans cette formulation une autre diction que dans l'*Histoire générale* : de scientifique, le discours est maintenant carrément *ontologique* : il y est question de déterminations de la possibilité des choses, du principe de toute possibilité, du concept de l'Être nécessaire. On peut dire que, de ce point de vue, *L'unique fondement* présente le versant métaphysique (sous sa forme ontologique et cosmologique) de la version scientifique de la physico-théologie de l'*Histoire générale*. Ceci ne signifie nullement que le discours dit scientifique soit absent de cet écrit ; bien au contraire, Kant l'insère dans sa démarche – il va même exposer assez longuement sa cosmogonie de 1755 [2] (n'oublions pas que l'*Histoire générale* avait paru sans nom d'auteur et que c'est dans *L'unique fondement* que Kant présente sa thèse cosmologique pour la première fois de façon « officielle »).

Nous ne pourrons pas entrer dans le détail de la démarche kantienne ; aussi allons-nous nous attacher à quelques points plus importants qui nous permettront de voir sur quel point précis Kant va aller *au-delà* de la position wolffienne.

Une notion centrale de l'ontologie kantienne est, comme chez Wolff, celle du *possible*. Le possible est, d'un point de vue formel, ce qui ne se contredit pas. Wolff s'était arrêté dans son *Ontologie* à cette caractéristique purement logique du possible. Or, Kant va avancer ici d'un pas et envisager un aspect matériel du possible – ce qui est, à vrai dire, la condition même de la possibilité logique. Ce qui constitue l'aspect matériel d'un possible, ce sont les réalités ou les data qui le constituent. Tout possible est donc constitué *ontologiquement* de réalités. Grâce à elles, un possible est une « chose » (*Ding*), un *ens*.

1. *L'unique fondement*, AK II, 92 ; OP I, 350.
2. Cf. *L'unique fondement*, 2e section, 7e considération, AK II, 137 *sqq.* ; OP I, 405 *sqq.*

Qu'est-ce à dire pour les choses matérielles ou les corps ? D'une manière générale, Wolff distingue, dans l'*ens* entre des *essentialia*, des *attributa* et des *modi* [1]. Les *essentialia* constituent l'essence d'une chose ; les attributs sont ce qui appartient de manière constante à une chose mais sont *déterminés* par l'essence (par exemple les trois côtés égaux dans le triangle équilatéral) ; les modes sont ce qui ne répugne pas à l'essence, mais n'est pas déterminé par celle-ci – déterminé voulant dire ici découlant analytiquement, et donc sur la base du principe de contradiction, de l'essence. En ce qui concerne le corps, celui-ci est un *ens compositum* [2] – son essence consistant dans la manière dont ses parties sont reliées entre elles [3]. Or, tout *ens compositum* et donc tout corps est étendu [4], ce qui veut dire qu'il a une configuration et grandeur déterminée et occupe un espace déterminé [5], c'est-à-dire qu'il possède des propriétés géométriques [6] et est mesurable. Par ailleurs, tout corps a une *vis inertiae* qui n'est pas déterminée par l'étendue [7]. Enfin, tout corps a une *potentia activa* [8] qui résulte de son essence et qui est donc, ontologiquement parlant, de l'ordre des attributs.

Cette constitution ontologique du corps est donc absolument nécessaire, ce qui veut dire qu'elle repose sur le principe de contradiction. En revanche, les forces *actives* des corps ne font pas partie de l'essence du corps [9] parce qu'elles ne sont pas déterminables sur la base de l'étendue et de la *vis inertiae*. Comment faut-il dès lors concevoir leur statut ontologique ? Il faudra les considérer comme des modes. Il en résulte que la *conjonction* des corps, en d'autres termes, l'ordre de la nature qui repose sur ces forces n'est pas nécessaire, lui non plus, parce qu'il ne repose pas sur le principe de contradiction mais sur un autre principe, à savoir celui de convenance ou de raison suffisante [10]. Dès lors, les lois qui régissent la conjonction et donc l'ordre de la nature ne sont pas absolument nécessaires elles non plus. Dans la *Cosmologia*, Wolff dira : « *Leges motus non sunt absolute necessariae, sed contingentes* » [11]. Dans la *Theologia naturalis,* il dira que ces lois sont imposées par Dieu aux corps au moment de la création [12]. Il en résulte *e converso* que c'est sur la base de la *contingence* de l'ordre de la nature et de son harmonie que l'on conclut à l'existence de Dieu. Dès la « Préface » de la

1. *Cf.* C. Wolff, *Ontologia*, GW II, 3, § 143.
2. Cf. *Cosmologia*, GW II, 4, § 119.
3. Cf. *Cosmologia*, § 140.
4. Cf. *Ontologia*, § 619.
5. Cf. *Cosmologia*, § 122-124.
6. Cf. *Ontologia*, § 628.
7. Cf. *Cosmologia*, § 131.
8. Cf. *Cosmologia*, § 142.
9. Cf. *Cosmologia*, § 147.
10. Cf. *Cosmologia*, § 527.
11. *Ibid.* On consultera utilement à ce propos la présentation que fait Jean École de la « théorie du monde en général » dans *La Métaphysique de Christian Wolff*, tome 1, Hildesheim, Olms, p. 219 *sqq*.
12. Cf. *Theologia naturalis. Pars prior*, GW II, 7.2, § 826.

Cosmologie, Wolff rend attentif à cette perspective théologique en disant que c'est par la *contingence* de l'univers et de l'ordre de la nature que l'on remonte à Dieu [1].

En proposant le montage que l'on vient de décrire, Wolff réussit – en principe du moins – à éviter le reproche de fatalisme. Fataliste, sa thèse l'aurait été en effet, s'il avait fait reposer l'ordre sur l'essence des corps, car alors cet ordre reposerait sur le seul *entendement* divin soumis au principe de contradiction. Or, en interprétant les forces actives comme des *modes* et, en conséquence, les lois de la nature comme étant *indépendantes* des essences immuables en Dieu, l'ordre de la nature devient contingent ou n'a qu'une nécessité hypothétique puisqu'il dépend d'un *décret* divin (qui aurait pu être différent). Il en résulte *e converso* qu'à partir de l'ordre *contingent* de la nature, on peut conclure, précisément en se basant sur le principe de raison suffisante, à l'existence d'un Être ordonnateur.

Dans la *Ratio praelectionum*, Wolff écrit que l'argument qui consiste à conclure de l'ordre *nécessaire* à un auteur qui l'aurait institué, est vicieux. L'argument n'est correct que si l'on précise qu'il s'agit d'un ordre contingent [2].

Or, ce sera sur ce point du statut ontologique de l'ordre de la nature que Kant soutiendra une autre thèse. D'après lui, les lois du mouvement sont « absolument nécessaires à la matière » [3], c'est-à-dire qu'elles font partie de l'essence même de la matière. Dès lors, l'ordre de la nature, son harmonie et sa beauté acquièrent également le statut de nécessité [4], une thèse qui ne fait que reprendre ce qui avait déjà été soutenu dans l'*Histoire générale*.

Le débat physico-théologique se joue dès lors autour de cette opposition entre un ordre contingent et un ordre nécessaire de la nature. Quelles en sont les pointes ?

En fait, il y en a deux dont la seconde seulement nous semble renvoyer à un débat plus direct avec Wolff.

1. Pour Kant, la méthode de la physico-théologie traditionnelle conduit à poser, sur la base de la thèse de la contingence de l'ordre de la nature, l'existence d'un auteur de la connexion des choses, mais non point de l'*origine* de la matière même, c'est-à-dire un *créateur*. Il s'agit là, aux yeux de Kant, d'un défaut considérable qui fait « courir à tous ceux qui se contentent seulement de cette méthode le risque de tomber dans l'erreur que l'on nomme athéisme raffiné, consistant à considérer Dieu comme un artisan qui ordonne et façonne la matière, et non comme un Créateur qui l'a tirée du néant et l'a constituée » [5]. Cette critique ne nous paraît pas toucher directement Wolff.

1. Cf. *Cosmologia*, Praefatio, p. 9*.
2. Cf. *Ratio praelectionum*, GW II, 36, c. III, § 41.
3. *L'unique fondement*, AK II, 100 ; OP I, 359.
4. Le problème est plus délicat, il est vrai, lorsqu'il s'agit des êtres organiques.
5. *L'unique fondement*, AK II, 122 *sq.* ; OP I, 388.

2. Il en va autrement pour ce qui suit : d'après Wolff, les essences des choses sont dans l'entendement divin. Wolff dira que Dieu est la *source* des essences [1] voire la source de toute perfection [2] – Kant d'ailleurs va répéter exactement la même chose dans la *Nova dilucidatio* (*fons*) [3] et dans *L'unique fondement* [4]. Or, s'il en est ainsi, il n'est guère plausible d'exclure les forces fondamentales de l'essence de la matière même ou des corps (en termes newtoniens : l'attraction et la répulsion) grâce auxquelles ceux-ci se constituent en un monde.

Dans la *Métaphysique allemande*, Wolff semble proche d'une telle thèse quand il affirme que la force efficiente des corps est déterminée par l'essence même d'une chose [5], donc est, ontologiquement parlant, de l'ordre des *attributs* (et non des modes qui, eux, sont contingents). Or, s'il en est ainsi, il faut conclure à une nécessité (non hypothétique) de l'ordre de la nature effectivement existant.

La différence fondamentale entre Kant et Wolff nous paraît toutefois résider dans une conception différente de la matière et des corps. Wolff soutient à ce sujet avant tout une conception *géométrique* (même s'il affirme que tout corps est doté d'une *vis inertiae* qui doit même être présupposée par l'étendue [6]) qui, de soi, est insuffisante pour expliquer la conjonction des corps et qui, de ce fait, nécessite déjà au niveau de la cosmologie le recours à une construction théologique, tandis que Kant soutient une conception *dynamique* qui, du point de vue de l'explication strictement cosmologique, peut faire l'économie d'un tel recours. En cela, Kant se place résolument sur le terrain de la physique newtonienne [7]. Pour lui, les corps se définissent en termes de *forces*. Il s'agit là d'une thèse qu'il soutient dès son premier écrit sur les *Forces vives* : tout corps a une force essentielle [8] qui est même plus fondamentale que son étendue. L'étendue et l'espace ont leur fondement dans la force des substances : sans la force, il n'y aurait aucun changement, sans celui-ci aucun ordre et sans celui-ci aucun espace [9]. La conséquence cosmologique d'une telle conception est évidente : si les forces constituent l'essence des corps, l'ordre de la nature qui en découle est *nécessaire*. Il est clair que cette « ontologie des corps » est compatible avec une physique qui, de fait, fonctionne en pure autonomie (même si Newton renvoie à la main de Dieu). Mais dans cette donne, le lien entre la nouvelle physique et la théologie devient ténu, même si Kant tente de le « sauver » par le biais de la thèse des essences des choses matérielles dans l'entendement divin. En fait, en voulant substituer une

1. Cf. *Deutsche Metaphysik*, § 975.
2. *Deutsche Metaphysik*, § 977.
3. Cf. *Nova dilucidatio*, AK I, 396 ; OP I, 126.
4. Cf. *L'unique fondement*, AK II, 132 ; OP I, 399.
5. Cf. *Deutsche Metaphysik*, § 628.
6. Cf. *Cosmologia*, § 131.
7. *Cf.* M. Puech, *Kant et la causalité*, *loc. cit.*, p. 38 *sqq.*
8. Cf. *Pensées sur la véritable évaluation des forces vives*, § 1, AK I, 17.
9. Cf. *Pensées sur la véritable évaluation des forces vives*, § 9, AK I, 23.

nouvelle physico-théologie – une « méthode améliorée » – à celle de Wolff, Kant en annonce la fin.

Robert THEIS
(Université du Luxembourg)

LOGIQUE ET GNOSÉOLOGIE

« LA LOGIQUE GÉNÉRALE DE WOLFF EST LA MEILLEURE QUE NOUS POSSÉDIONS »[1]. SENS ET PORTÉE D'UN HOMMAGE DU PROFESSEUR KANT[2]

Dans les cahiers d'étudiants de Kant, on trouve à maintes reprises un éloge adressé à l'œuvre logique de son illustre prédécesseur[3]. Avant la *Logik Jäsche*, la *Logik Pölitz* avait dit de la logique générale de Wolff qu'elle était « la meilleure que l'on ait »[4]. La *Logik Busolt* avait affirmé de manière lapidaire « la logique de Wolf[f] est la meilleure »[5] et la *Wiener Logik* « La logique Wolffii est la meilleure que l'on trouve »[6]. La *Warschauer Logik* stipulait quant à elle, au sujet de la logique générale de Wolff, qu'elle « *est la meilleure que nous ayons* »[7] ou, ce qui revient au même, « la meilleure que l'on trouve »[8].

Cette affirmation répétée du caractère insigne de l'*opus logicum* wolffien appelle quelques commentaires. Le contexte dans lequel elle intervient mérite tout d'abord d'être interrogé. Que signifie l'inscription de l'éloge dans une

1. *Logique*, trad. fr. L. Guillermit, Paris, Vrin, 1989, p. 20-21.

2. Parler de Wolff et de Kant comme de professeurs n'a rien de négatif. C'est précisément ce statut qui a fait d'eux des figures de premier plan de l'*Aufklärung*. Voir à cet égard, par ex., F. Paulsen, *Die deutschen Universitäten und das Universitätsstudium*, Hildesheim, Olms, 1966, p. 6 : « Des hommes comme *Fichte*, *Schelling*, *Hegel* et *Schleiermacher* ont agi sur leur temps en tant que professeurs académiques avant tout : leur influence en tant qu'écrivains ne fut pas si grande ; une grande part de leurs écrits a paru seulement après leur mort, d'après des notes en vue des conférences ou à partir des cahiers de leurs élèves. *Kant* et *Chr. Wolff* furent de même des professeurs d'université ».

3. Disons une fois pour toutes que le fait qu'on retrouve plusieurs fois le même éloge dans les cahiers ne signifie pas que Kant l'ait dit autant de fois. En effet, les recoupements entre les nombreux manuscrits indiquent parfois que certains d'entre eux furent probablement la source des autres ou, en tout cas, qu'ils découlaient tous vraisemblablement d'une unique leçon consignée. Voir à cet égard l'irremplaçable travail philologique de N. Hinske et de ses collaborateurs dans les *Kant-Index* parus, et paraissant encore, chez Frommann-Holzboog.

4. AK XXIV.2, 509.

5. AK XXIV.2, 613.

6. AK XXIV.2, 796.

7. Kant, *Logik-Vorlesung. Unveröffentliche Nachschriften*, Tillmann Pinder (éd.), Hamburg, Meiner, 2 vol. (cités ici I et II), 1998 ; II, 516.

8. *Logik-Vorlesung*, II, 517.

section introductive dédiée à l'histoire de la philosophie ? En outre, où se situe donc la précellence wolffienne devant les autres auteurs cités ? L'examen contextuel permettra de tirer quelques enseignements.

D'autres passages des cours de logique kantiens devront néanmoins être pris en considération pour se faire une idée précise des mérites reconnus à Wolff. Pour entrer dans le détail des qualités attribuées à ce dernier, il convient en effet de se pencher sur certaines des quelque cent mentions qui y sont faites au maître de Halle et de Marbourg [1]. Pourquoi Kant précise-t-il tardivement que c'est la logique générale de Wolff qui se signale particulièrement ? Faut-il y incorporer la logique pratique wolffienne, part principale de l'œuvre latine [2] ?

Il s'agit également de garder à l'esprit que la louange est assortie de réserves. Au travers d'exemples donnés par Kant, on voit nettement se profiler les manques locaux du système wolffien. Les exemples allégués permettent d'ailleurs de documenter un autre point, à savoir la connaissance que le maître de Königsberg avait des textes de son aîné. À quelles œuvres Kant renvoie-t-il lorsqu'il rend hommage à Wolff ? Certains éléments de réponses pourront se dessiner grâce à la lecture des cours de logique.

I. Le contexte de l'hommage rendu à Wolff

1) Dans la Logik Pölitz

Le court paragraphe consacré à la dénomination et à l'histoire de la logique laisse une large part, comme on pouvait s'y attendre, à Aristote, « qui est considéré comme le père de la logique, du moins par nous ». Même si Kant est peu amène sur le legs de ce géniteur putatif à sa descendance, il l'honore tout de même sur deux points : s'être intéressé aux « concepts les plus généraux qui se situent au fondement de la logique » et avoir permis que la postérité y puise « la dénomination de différentes opérations de l'entendement ». Quelque chose comme une logique générale, une discipline séparée, a commencé d'émerger avec Aristote.

1. Pour ce qui est des références directes, on en compte 86 dans les leçons publiées par l'Académie (*cf.* N. Hinske (dir.), *Kant-Index*, Band 14 : *Personenindex zum Logikcorpus*, Stuttgart-Bad Cannstatt, Frommann-Holzboog, 1991, p. XXVI) et 31 dans l'édition de la *Logik-Vorlesung. Unveröffentliche Nachschriften* réalisée par Pinder (*op. cit.*, ici II, p. 716). Un autre renvoi à Wolff, peu flatteur cette fois, se trouve dans un autre cours préliminaire à la philosophie, datant sûrement de la fin des années 1770 : « Wolff était un philosophe spéculatif, mais non un philosophe architectonique et un guide de la raison. Il n'était, à proprement parler, absolument pas un philosophe […] », *Enciclopedia filosofica, testo tedesco al fronte*, édition de G. Landolfi Petrone et L. Balbiani, Milan, Bompiani, 2003, p. 106.

2. Même si J. École divise la logique wolffienne en trois parties (formelle, de la vérité, méthodologique) dans son commentaire (*cf.* GW II, 1.2, p. VIII), la *Logica* n'en comporte explicitement que deux, dont la pratique, commençant à la p. 385 du t. 2 cité, est la plus longue.

L'époque moderne ne doit pas à Malebranche ou à Locke d'avoir poursuivi sur la voie tracée car, selon Kant, ils n'ont pas « traité d'une logique proprement dite ». Ce sont plutôt Leibniz et Wolff qui ont « considéré la logique générale en totalité » [1]. On voit ici se dessiner un leitmotiv de la vision kantienne de l'histoire de la philosophie, à savoir le découpage de l'époque moderne en traditions distinctes. Tout se passe comme si Locke n'avait commencé d'avoir une réception allemande que tardivement [2], et que Wolff n'était qu'à inscrire dans le sillage d'Aristote et de Leibniz.

La continuité dessinée par Kant entre Aristote et Wolff permet d'ailleurs de comprendre qu'on ait pu à l'occasion lier les logiques des deux auteurs. Aucune mention n'est faite ici à Reusch et à son *Systema logicum*, ni à Corvinus, comme cela est fait ailleurs dans la *Logik Dohna-Wundlacken* [3], mais on peut à bon droit se demander si la lecture de Wolff comme continuateur d'une tradition dogmatique et formaliste n'est pas suggérée à Kant par certains des logiciens de l'*Aufklärung* [4].

2) Dans la Logik Busolt

Dans le très court paragraphe dévolu à l'histoire de la logique, le nom de Wolff n'apparaît qu'une fois. Les raisons pour lesquelles sa logique est dite la meilleure ne se montrent pas ici clairement. On peut cependant supposer deux choses, qui ne remettent nullement en cause ce qui a été dit précédemment mais qui continuent d'abonder dans le même sens.

Par contraste avec la *Recherche de la vérité* de Malebranche, qui est dite contenir « plus de métaphysique que de logique », il est fort probable que l'*opus logicum* wolffien soit considéré comme exempt de ce défaut. Aussi le maître de Halle et de Marbourg ne tomberait-il pas sous le coup de la critique kantienne selon laquelle la plupart des logiciens passés n'ont pas posé « à la logique les bornes appropriées ». Wolff se serait distingué en dissociant, autant que faire se peut, logique et métaphysique. Sa logique n'aurait pas fait plus que ce qu'elle devait faire.

La question se pose à l'inverse de savoir si Wolff a entendu convenablement la tâche propre de la discipline qui nous intéresse. Sa logique aurait-elle justement fait ce qu'on attendait d'elle ? Le texte de la *Logik Busolt* évoque laconiquement que cette matière « est pour ainsi dire l'anatomie de l'entendement » [5]. Wolff se serait distingué en pénétrant le mécanisme des

1. AK XXIV.2, 509.

2. Notamment au travers du prisme des *Nouveaux essais*. Sur cette réception tardive, *cf.* G. Tonelli, « Early Reactions to the Publication of Leibniz' *Nouveaux Essais* (1765) », *Proceedings of the Third International Kant-Congress*, L. W. Beck (dir.), 1972, p. 561-567.

3. AK XXIV.2, 701.

4. Dans le *Systema logicum* de Reusch (GW III, 26), on ne trouve pas d'histoire de la logique à proprement parler. Toutefois, les prolégomènes s'inscrivent dans la continuité de Leibniz (cité p. 1), de Wolff (p. 6) et d'Aristote (p. 9), non sans quelque aménagement dans ce dernier cas, il est vrai.

5. AK XXIV.2, 613.

opérations de l'esprit. Sa logique offrirait ainsi l'avantage de fournir une présentation précise et circonstanciée des actes de pensée [1].

3) Dans la Wiener Logik

Ce point serait d'ailleurs confirmé par le texte de la *Wiener Logik*. Si Locke, comme Malebranche, s'est distingué par son traitement du contenu de l'entendement, ce par quoi il faut avant tout entendre sa provenance, sa source, par contraste, c'est par le traitement de la forme de l'entendement que Wolff a affirmé son excellence. Le penseur s'est cantonné au domaine précis qui revient à la logique, sans déborder de son sujet pour appréhender autre chose.

Quelques pages plus loin, de nouvelles informations nous sont fournies. Locke est explicitement désigné comme celui qui « traite la philosophie psychologiquement, *i. e.* comme quelqu'un qui décompose les pouvoirs de connaître » [2]. Et Kant d'ajouter aussitôt de manière lapidaire : « Depuis son époque, on a commencé d'étudier l'âme humaine dans notre patrie ». La question se pose de savoir s'il faut également inscrire Wolff dans ce courant de pensée.

Bien d'autres leçons de logique n'abondent pas dans ce sens : si à Locke est reconnu le mérite d'avoir étudié subjectivement, eu égard à leur provenance ou à la conscience que nous en avons, les représentations, à Wolff est reconnu celui de les avoir saisies objectivement, en se demandant ce qu'était l'entendement pris en lui-même. Le philosophe allemand se voit placé en continuateur de Leibniz plutôt qu'en celui de Locke. La systématicité et la solidité seraient bien plutôt les qualités qui contribuent à faire de sa logique la meilleure d'entre toutes.

4) Dans la Warschauer Logik

La *Warschauer Logik*, dernière étape de notre enquête sur le contexte de l'éloge kantien, même si elle a vraisemblablement été consignée auparavant, va d'ailleurs clairement dans ce sens. Leibniz s'y voit honoré en les termes suivants : « Eu égard à la perspicacité et à la dist[inction], il a été le plus grand parmi les phi[losophes] qui ont jamais écrit » [3]. La manière de philosopher wolffienne serait ainsi tout entière la continuation et l'aboutissement de l'institution leibnizienne du dogmatisme en philosophie.

Locke, pour être taxé également de dogmatisme et pour être aussi honoré à titre d'améliorateur de la philosophie spéculative, reçoit un traitement à part. La grande utilité de son œuvre majeure fut que « *l'on commença de mieux étudier l'âme* et soi-même ». Le recoupement des sources permet d'affirmer

1. L'état fragmentaire des notes prises, comme leur statut même de notes, rend tout jugement catégorique hasardeux. L'équité envers Kant oblige ainsi à préciser que le vocabulaire de l'anatomie pourrait bien davantage renvoyer à Locke qu'à Wolff. La phrase inscrite dans le cahier d'élève serait alors simplement une bribe, les déclarations explicites de Kant n'ayant pas été consignées.

2. AK XXIV.2, 804.

3. II, 529.

avec plus de certitude qu'il y a bien une vision dualiste, assortie d'une assignation nationale, de l'histoire de la pensée. L'éloge de Wolff semble ainsi bien ressortir à la logique plus qu'à la philosophie en général : c'est avant tout en tant que systématicien des opérations de l'esprit, investigateur solide de ce qu'est l'entendement, que ce dernier s'y est fait un nom.

L'interprète honnête se doit tout de même d'émettre des réserves sur la vision kantienne de l'histoire de la logique ou, plus généralement, de la philosophie. Il est en effet bien difficile de ne pas reconnaître dans les textes wolffiens des influences venues de Locke, ou du moins des points de convergence avec ce dernier [1]. D'ailleurs, l'un des premiers utilisateurs du terme de théorie de la connaissance, Ernst Reinhold, placera côte à côte Locke et Wolff parmi les précurseurs de la discipline nouvelle [2].

II. CONSIDÉRATIONS ULTÉRIEURES SUR LES MÉRITES RECONNUS À WOLFF

1) L'esprit de solidité

Si Kant tait l'apport de Wolff à l'élucidation de l'origine de nos idées, c'est en fait principalement parce qu'il met en avant ses qualités méthodiques. Dans la *Logik Bauch*, ce point apparaît de manière saillante. Wolff y est dit, à la différence du critique Locke, un dogmatique. Et Kant de le célébrer ainsi : « c'est un philosophe [de] haut rang. [Son] ordre mathématique est si excellent que, quand [même ses] matières seraient fausses, sa méthode mathématique demeure pourtant de valeur » [3]. Les mérites de Wolff en logique se situent ainsi avant tout au niveau de la rigueur démonstrative. Si l'on y ajoute la solidité, la distinction dans les termes, tous les éléments requis pour la systématicité sont présents.

Dans la *Logik Philippi* se trouve un développement relativement long et éloquent, qui rassemble tous les traits mentionnés ci-dessus :

> la distinction, la précision des définitions, l'ordre des preuves, tout cela qu'il a introduit en philosophie, rend le nom de Wolff digne qu'on s'en souvienne ; et même si l'on cherche désormais à tout rendre de nouveau confus, en ce que l'on tient pour très pénible de se soumettre à une telle méthode contraignante, les esprits allemands y sont pourtant déjà si habitués que cette méthode ne

1. On sait qu'il existe une recension de Locke par Wolff dans les *Acta eruditorum*. J. École, en outre, a rappelé comment l'abstraction wolffienne était plus proche de celle mise en avant par Locke et Condillac que de celle prônée par St. Thomas (*La métaphysique de Christian Wolff*, t. 1, Hildesheim, Olms, 1990, p. 136). Enfin, M. Puech a mis en avant la synthèse opérée par Wolff entre empirisme et métaphysique traditionnelle (*Kant et la causalité. Étude sur la formation du système critique*, Paris, Vrin, 1990, p. 72 *sq.*).

2. Voir, par ex., la deuxième mouture du *System der Metaphysik*, Iéna, Mauke, 1842, p. 30-31.

3. I, 29.

> s'éteindra pas facilement ; et cela donne espoir que ce sera en Allemagne plutôt qu'ailleurs que de nouvelles inventions seront faites en philosophie [1].

Ces formules ne sont pas sans rappeler celles de la *Critique de la raison pure* sur l'esprit de solidité du plus grand des philosophes dogmatiques, esprit auquel J.-P. Paccioni a consacré, il y a peu, tout un ouvrage [2]. Elles renseignent ainsi sur la filiation entre les deux penseurs, malgré les importantes réserves sur l'application de la méthode mathématique en philosophie. Elles n'en constituent pas moins une pique contre la philosophie allemande contemporaine : faire l'éloge de Wolff des décennies après sa mort, c'est aussi sauter par-delà des intermédiaires et refuser un autre héritage.

Aussi nous paraît-il clair que l'hommage appuyé à Wolff sonne également comme une remontrance adressée à Meier. La *Logik Blomberg* peut ainsi documenter ce point. Tandis que Meier y plaide pour une liaison des perfections logique et esthétique [3], Kant remarque qu'on ne trouve chez Wolff que la première et nullement la seconde. Et l'enseignant de conclure, non sans dédain pour ceux qui écrivent des livres agréables : « tout ce qui nous excite et touche porte préjudice à notre pouvoir de juger » [4]. Quoique Kant ait souscrit une dette importante envers Meier, son auteur en logique, notamment dans la langue usitée [5], le philosophe préfère se réclamer du style aride de Wolff.

2) L'inscription de Wolff dans une histoire de la philosophie n'en fait pas un philodoxe

On voit en l'occasion que Kant pratique une distinction d'importance entre Wolff et ses successeurs, appelés parfois explicitement wolffiens. Les reproches adressés à ceux-là ne rejaillissent pas constamment sur celui-ci. Lorsqu'on porte le regard sur la *Logik Hechsel*, on voit Kant tantôt séparer le maître de ses épigones, tantôt les rejeter dos à dos. Ainsi l'enseignant s'en prend-il aux élèves de Wolff pour avoir nommé, à tort, confuse une représentation indistincte, à tort parce que « le contraire de la confusion n'est pas la distinction mais l'ordre » [6]. À l'inverse, dans d'autres critiques, c'est, il est vrai, tout un mouvement de pensée qui est rejeté : distinguer des représentations serait entendu tant par Wolff que par ses épigones « analytiquement seulement » [7].

1. AK XXIV.1, 335.
2. J.-P. Paccioni, *Cet esprit de profondeur. Christian Wolff, l'ontologie et la métaphysique*, Paris, Vrin, 2006.
3. Voir aussi la préface à la *Vernunftlehre* (t. 1, G. Schenk (dir.), Halle, Hallescher Verlag, 1997, p. VIII) : « Dans la manière de l'exposé, je me suis le plus possible appliqué à lier l'une avec l'autre distinction, solidité et grâce ».
4. AK XXIV.1, 60.
5. *Cf.* N. Hinske, *Zwischen Aufklärung und Vernunftkritik. Studien zum Kantschen Logikcorpus*, Stuttgart-Bad Cannstatt, Frommann-Holzboog, 1998, p. 28-30.
6. II, 305.
7. II, 345-346.

Notons que la justesse historique du propos n'est pas importante ici [1], seule comptant la conception que Kant se fait de Wolff. Or ladite conception tend à individualiser fortement son illustre devancier. Le plus souvent, Wolff se voit cité pour lui-même comme un auteur de référence, ou au milieu d'autres grands noms du panthéon philosophique. La *Logik Blomberg* ne laisse aucun doute à ce sujet. Wolff y est cité à côté de Descartes, Malebranche et Leibniz comme l'un de ceux qui, récemment, ont amélioré la discipline au point d'apparaître sous les traits de « véritables pères de la philosophie » [2]. Auparavant, le même penseur, en sa qualité de vrai philosophe, était discerné d'avec les suiveurs qui « s'occupent simplement de digérer » [3], qui ne possèdent qu'une connaissance historique de la pensée d'autrui.

Que le nom de Wolff se rencontre fréquemment dans des pages dévolues à l'histoire de la logique ou, plus généralement, de la philosophie n'autorise en rien à le dévaloriser sous prétexte que la philosophie n'est nullement consubstantielle à son histoire. Kant, assurément, ne milite pas pour que ses étudiants se reposent sur la doctrine wolffienne, deviennent des philodoxes ou des sectateurs. Il n'envisage pas non plus de présenter cette doctrine comme un marchepied par lequel il faudrait passer pour accéder à l'élément du concept [4]. Toutefois, il n'en cite pas moins son devancier comme un véritable penseur, quelqu'un qui a su penser par lui-même, qui a entrepris sans crainte de faire un usage autonome de ses facultés. Connaître son Wolff par cœur ne fait pas de soi un philosophe, pour renvoyer aux lignes célèbres de l' « Architectonique de la raison pure » [5]. Cela est vrai, du moins si l'on n'est pas Wolff soi-même [6]. De nombreuses pointes polémiques contre les zélateurs du wolffianisme révèlent par contraste la qualité de penseur par ses propres forces que possédait le maître.

1. La critique est étonnante par rapport à Meier. La contraposition par Kant de l'ordre et de la confusion pourrait reposer, nous semble-t-il, sur une interprétation personnelle des tout premiers paragraphes du *Kurzer Unterricht von der mathematischen Lehr-Art*, présents aussi bien dans l'*Auszug aller mathematischen Wissenschaften* que dans les *Anfangsgründe* : après un § 1 insistant sur l'ordre, lequel commence avec des définitions, Wolff, au § 2, en vient à parler à propos des mêmes définitions de distinction, degré supérieur de clarté des notions. Puisque Kant rejette l'idée que le sensible soit de l'intelligible confus, il déplacerait donc la confusion sur le plan intellectuel et la ferait porter sur l'emmêlement des propositions. La citation kantienne se montrerait ainsi porteuse d'enseignement, non sur Meier, mais sur la doctrine propre, nourrie de Wolff.

2. AK XXIV.1, 37.

3. AK XXIV.1, 31.

4. Sur l'intérêt des contenus logiques et métaphysiques wolffiens et sur le nécessaire passage par la fixité d'entendement pour parvenir à la spéculation *via* la dialectique, *cf.* G. W. F. Hegel, *Textes pédagogiques*, trad. fr. B. Bourgeois, Paris, Vrin, 1990, p. 160-161 et 143 *sq.*

5. *Cf.* CRP, A 836 / B 864, AK III, 540-541.

6. Où l'on voit que philodoxie et philosophie en son *Schulbegriff* ne sont pas identiques : Kant peut reprocher à Wolff d'avoir été un technicien de la raison, un expert ou un spécialiste de la philosophie, sans le taxer de surcroît de philodoxie. Voir aussi à ce sujet la remarque de N. Hinske dans *Kant-Index, Stellenindex und Konkordanz zur « Wiener Logik »*, vol. 5.1, Stuttgart-Bad Cannstatt, Frommann-Holzboog, 1999, p. XCIV.

3) Les manques locaux de la doctrine wolffienne de la raison

Le statut de philosophe de premier rang est sans nul doute reconnu à Wolff par Kant. Toutefois, c'est certainement le sort des grands penseurs que de se tromper à l'occasion [1]. Il ne faut dès lors pas s'étonner de lire des critiques acerbes concernant des points de doctrine dans les cours de logique kantiens. Dans nombre de manuscrits qui nous ont été conservés, les reproches locaux pleuvent contre certains développements logiques wolffiens. S'il fallait les ranger sous une appellation unique, on pourrait dire que ces jugements négatifs portent tous sur la conception logico-mathématique que Wolff se fait de la philosophie.

Au maître de Halle et de Marbourg, il est reproché d'avoir été outrecuidant, d'avoir fait montre de trop de confiance en lui alors qu'il écrivait. L'absence d'amendement s'est montrée dans le caractère cumulatif de ses ouvrages. Plutôt que d'approfondir des vérités aperçues et exposées, Wolff, trop sûr du caractère définitif de ses assertions, a préféré élargir l'horizon des connaissances, s'étendre, pour ne pas dire s'étaler. La *Logik Philippi* le dit laconiquement : « il faut toujours améliorer les choses philosophiques. Wolff a trop écrit » [2]. La critique fait implicitement fond sur la prétention wolffienne à n'enseigner que des propositions entièrement déterminées et bien démontrées.

Des textes plus tardifs apportent d'autres exemples : Wolff aurait trop misé sur l'adéquation, la perfection des concepts, alors que cette dernière n'est pas un deuxième degré de distinction mais un degré bien plus haut ; il aurait également abusivement distingué entre définitions réelle et nominale alors que les deux vont de pair ; il aurait enfin trop accordé à la similitude, *Ähnlichkeit*, en ne la concevant que spéculativement, c'est-à-dire à la façon des mathématiciens qui appellent semblables des figures qui se tracent d'une manière unique, sans voir l'aspect divers de deux figures données [3]. La simple exposition des concepts philosophiques, opposée à la présentation *in concreto* et *in individuo* des concepts mathématiques, constitue le levier critique implicite dont Kant fait usage.

Le dernier exemple fourni ci-dessus a, en outre, ceci d'intéressant qu'il renvoie *expressis verbis* à l'*Auszug aller mathematischen Wissenschaften*. Kant connaissait très bien ce dernier ouvrage pour en avoir été enseigné comme pour l'avoir enseigné [4]. Les deux autres exemples présentés peuvent

1. A. Schopenhauer (Cf. *Die Welt als Wille und Vorstellung*, « Kritik der Kantischen Philosophie », Stuttgart, Francfort, Suhrkamp, 1986, p. 561) rappelle à bon droit qu'il est plus facile de montrer les fautes et les manques d'un grand esprit que de se faire une idée distincte et complète de son développement. Ce que Schopenhauer pensait de Kant peut fort bien être transposé à Wolff.

2. AK XXIV.1, 397.

3. Voir, par ex., *Logik Pölitz*, AK XXIV.2, 540, puis *Logik Busolt*, AK XXIV.2, 658 et 615.

4. Sur cet aspect biographique, voir, par ex., M. Kühn, *Kant. Eine Biographie*, trad. all. M. Pfeiffer, Munich, Beck, 2003, p. 68 et 133.

très bien avoir été pris à cette source [1]. D'ailleurs, on pourrait dire la même chose d'une autre mention faite dans la *Logik Dohna-Wundlacken* [2] aux traductions wolffiennes de scholie et de corollaire en allemand [3]. Alors qu'il entre dans les détails de la logique wolffienne, Kant se réfère en fait fréquemment à ses conceptions mathématiques. Ce procédé n'est en rien blâmable quand on sait avec quelle force Wolff a proclamé un monisme méthodique dans toutes les disciplines philosophiques [4]. Il révèle clairement les différentes conceptions du philosopher que nourrissaient les deux auteurs.

III. Un éloge de la logique générale wolffienne

1) Qu'est-ce que la logique générale ?

On voit ainsi se dessiner une figure très particulière de la logique wolffienne. Les exemples sont souvent pris dans les développements mathématiques, même si d'autres sources wolffiennes, notamment cosmologiques, psychologiques ou morales, peuvent être mises au jour. En outre, jamais rien n'est dit de la fondation en raison de la logique par Wolff. L'ontologie et la psychologie, les deux disciplines rectrices de la logique, ne sont jamais convoquées lorsqu'il est question de cette dernière. Est-ce à dire que Kant aurait mal lu la *Logica*, dont le *Discours préliminaire sur la philosophie en général* constituait la première partie [5] ? Il est fort possible que cette œuvre, du moins dans son intégralité, n'ait jamais retenu son attention ou alors qu'il ne lui ait pas prêté plus d'attention que cela, la considérant comme un simple document historique.

On comprend dès lors pourquoi l'éloge wolffien porte sur la logique générale plutôt que sur la logique tout court, ainsi qu'on la comprenait couramment au dix-huitième siècle [6]. C'est surtout au niveau de la méthode ou des opérations de l'esprit, la simple appréhension, le jugement et le raisonnement, que Kant porte le regard lorsqu'il honore la mémoire de son prédécesseur. En l'occasion, ce sont les actes de l'esprit pris en lui-même que Kant a en vue, sans porter attention à ce que Wolff peut par ailleurs, dans ses ouvrages de

1. *Cf.* l'*Auszug aus den Anfangsgründen aller mathematischen Wissenschaften*, Francfort et Leipzig, Rengerische Buchhandlung, 1737, respectivement p. 2 et p. 72-73. Ce point n'a pas été pris en compte par A. Pelletier lorsqu'il déclare que Kant renvoie en l'occurrence à la *Logica* (*cf.* « La théorie kantienne de la définition dans les *Leçons de logique* », *Les sources de la philosophie kantienne aux XVIIe et XVIIIe siècles*, R. Theis et L. Sosoe (dir.), Paris, Vrin, 2005, p. 175-184 ; ici, p. 181).

2. *Cf.* AK XXIV.2, 768.

3. Cf. *Auszug*, p. 9 pour ce qui est du corollaire.

4. Cf. *Discours préliminaire sur la philosophie en général*, trad. fr. Th. Arnaud, W. Feuerhahn, J.-F. Goubet et J.-M. Rohrbasser (dir.), Paris, Vrin, 2006, § 134, p. 171-172.

5. Les fondements ontologiques et métaphysiques de la logique ouvrent pourtant cette œuvre, conformément aux déclarations du § 89 du *Discours préliminaire*, p. 129-130.

6. G. Schenk (*op. cit.*, t. 3, p. 847-848) rappelle comment la logique de l'*Aufklärung* comporte aussi des aspects pratiques, que les opérations intellectuelles soient liées à la faculté de désirer ou que des motifs didactiques, pédagogiques ou éthiques y apparaissent.

psychologie comme de logique, dire de l'origine de nos notions, de nos propositions ou de nos syllogismes [1]. La logique générale wolffienne n'est rien comme un outil spécial, un instrument pour une discipline spécifique. Sa généralité tient aussi à son aspect formel, à ce qu'elle prend en compte l'objet en général et non l'objet dont il y a expérience.

Un texte comme la *Logik Bauch*, comptant parmi les plus anciens cahiers d'étudiants sur la logique, laisse très nettement voir les contours de la logique générale. Elle n'a rien à voir avec l'observation de soi, aussi la psychologie ne peut-elle lui servir de fondement [2]. Plus loin est dit quelque chose qui va dans le même sens : « ceux [qui] divisent [la] logique en naturelle e[t] artificielle la divisent mal » [3]. La logique est une science, et elle n'a rien à voir avec l'appréhension commune de soi. Sa fonction dogmatique ne peut aucunement s'accommoder d'une dérivation empirique. En outre, la logique générale

> traite d[e] la forme géné[rale] d[e] la raison. Elle [ne] m'apprend [pas] comment naissent les concepts ma[is] elle décompose seulement l[es] opérations de la raison lorsqu'elle veut [se] servir d[es] concepts. Par ex., comment on juge o[u] ce qu'est un jugement en général, [voire] ce qu'est un raisonnement [4].

La logique générale est donc une anatomie *a priori* de la raison, sans dérivation empirique et sans référence à une expérience possible.

2) Quelle place pour une logique pratique ?

Si jamais la logique générale venait à sortir du cadre de canon qui lui est réservé, de grandes difficultés s'ensuivraient. Pour citer encore la *Logik Bauch*, voici comment cela est présenté :

> si l[a] logique géné[rale] est appliquée et devient pratique, elle devient un organon de la connaissance. Veux-je cependant la rendre pratique, sans égard à

1. Dans la *Logica* II, le chap. 1 de la première section de la première partie (GW II, 1.2, p. 125-142) traite des trois opérations de l'esprit. En plus des définitions de la simple appréhension, du jugement et du raisonnement, on y trouve des développements explicites sur l'origine des notions, la qualité intuitive ou discursive des jugements, la formation des notions universelles grâce aux deux autres opérations, etc. Dans la *Psychologia empirica* maintenant, c'est le chap. III de la troisième section de la première partie (GW II, 5, p. 235-337) qui est consacré aux trois opérations de l'esprit en particulier. La dépendance de la connaissance symbolique par rapport à la connaissance intuitive dans la simple appréhension ne tarde pas à y être énoncée. De longs développements sont par ailleurs consacrés à la formation des jugements et des raisonnements.

2. *Cf.* I, 9.

3. I, 22. La notion de fondement de la connaissance, tout comme celle d'expérience, est comprise de manière différente par Kant et par Wolff. Le propos kantien ne peut donc être dit une critique de Wolff, même s'il présente une théorie cohérente. Que Kant refuse au philosophe d'être l'historiographe de la raison humaine pour en faire son législateur peut se tenir. La position alternative n'en est pas moins tenable pour elle-même, aussi diverse qu'elle puisse être par ailleurs (que l'on pense ainsi à l'histoire pragmatique de la raison chez Platner ou chez Fichte !).

4. I, 29.

tous les objets, elle devient simplement dialectique [et] ne fournit que de la vraisemblance [1].

Rien comme une logique générale pratique n'est possible ; la logique générale ne peut jamais fonctionner comme un art d'inventer. Soit il faut considérer une logique spéciale, pouvant fonctionner comme un organon, soit il faut renoncer à avoir quelque chose comme une logique pratique, une contradiction *in adjecto* survenant. Dès lors se pose la question de savoir ce qu'est devenue la partie de la logique que la tradition, wolffienne notamment, appelait pratique et dans laquelle se glissaient de riches enseignements méthodologiques [2].

Meier avait divisé sa logique de façon à ce que l'aspect pratique se retrouve surtout dans les trois dernières divisions, sous les chapitres de la méthode, de l'exposé et du caractère [3]. Les aspects grammatical, rhétorique et éthique n'étaient en rien absents chez lui. Or ce qui frappe dans les cours de logique kantiens, c'est que la partie pratique de la logique est réduite à la portion congrue, comme dans les *Logik Blomberg* et *Philippi*, quand elle ne disparaît pas tout à fait. Certes, il se peut que ce soient des raisons contingentes qui expliquent que les leçons publiées ne laissent pas apparaître ce que Kant professait. Seulement, d'autres raisons, doctrinales cette fois, font comprendre pourquoi la logique pratique disparaît entièrement comme telle, pour être retravaillée et intégrée partiellement à une théorie de la méthode.

Dans un manuscrit plus tardif, daté de la décennie 1780, celui de la *Logik Hechsel*, on voit clairement les considérations sur la logique pratique s'affiner et faire écho à un texte comme la *Critique de la raison pure* [4]. Kant y déclare sans ambages : « il ne faut pas diviser la logique en parties théorique et pratique mais en dogmatique et technique » [5]. Or les appellations techniques, l'usage des termes de l'école viennent s'inscrire dans des considérations architectoniques. La logique pratique se voit en partie vidée de sa substance car son origine est empirique, psychologique, et en partie reformulée en considérations systématiques, relativement à l'emploi des philosophèmes ou à l'apprentissage du philosopher. Car on ne peut philosopher sans langue philosophique ni sans parties de la philosophie. Si un véritable système, comprenant les fins

1. I, 22.

2. G. Tonelli a développé à cet égard une thèse tout à fait intéressante : la logique pratique serait passée dans la *Critique de la raison pure* sous forme de théorie de la méthode et de logique spéciale ; l'ensemble de la *Critique* elle-même serait une méthodologie ou une logique spéciale (*cf.* l'article du même nom dans *Kant's* Critique of Pure Reason *Within the Tradition of Modern Logic*, édition de D. Chandler, Zürich, New York, 1994, p. 1-10, en particulier p. 3 et 6). Sur l'origine du terme de *Methodenlehre* chez Kant, voir aussi E. Conrad, *Kants Vorlesungen als neuer Schlüssel zur Architechtonik der* Kritik der reinen Vernunft (« Die Ausarbeitung der Gliederungsentwürfe in den Logikvorlesungen als Auseinandersetzung mit der Tradition »), Stuttgart-Bad Cannstatt, Frommann-Holzboog, 1994, p. 75 *sq.*

3. Pour une analyse circonstanciée de son œuvre logique, voir R. Pozzo, *Georg Friedrich Meiers "Vernunftlehre". Eine historisch-systematische Untersuchung*, Stuttgart-Bad Cannstatt, Frommann-Holzboog, 1995.

4. Ce point a déjà été vu par l'éditeur des leçons, T. Pinder.

5. II, 285.

essentielles de la raison humaine, est davantage que la simple forme d'un système, du moins a-t-il besoin « d'une espèce de logique technique » [1]. Le philosophe kantien, en sa qualité de philosophe et non de simple amateur de la vérité, se doit de se mettre à l'école de la pensée pour penser par lui-même. Avec la simple technique, il n'aurait qu'une forme privée de matériau, mais sans elle, le matériau ne pourrait croître de manière organique pour se présenter comme système.

La critique est souvent peu amène envers l'œuvre logique de Kant. Pourtant, un connaisseur comme Herbart lui avait su gré d'avoir donné les contours exacts d'une théorie pure de la logique, d'une logique générale proprement dite. Certes, la logique transcendantale n'était pas du goût de son successeur à Königsberg [2], mais la logique formelle restait, quant à elle, mise hors de cause. On peut pousser le trait plus loin en saluant l'audace de Kant lorsqu'il a rompu en conscience avec l'héritage wolffien. En en finissant avec l'idée de logique pratique, Kant a réellement opéré un tournant majeur dans l'histoire de la pensée. Excluant les considérations pratiques de la logique proprement dite, il a permis à de nouveaux domaines, tels ceux de la didactique ou de la théorie de la connaissance [3], de se constituer en disciplines et d'être objets d'étude pour eux-mêmes.

Jean-François GOUBET
(RECIFES, Université d'Artois)

1. II, 285. Où l'on voit qu'il faudrait sans doute cesser de traduire *Vernunftkünstler* (*cf.*, par ex., CRP, A 839 / B 867) par l'improbable artiste de la raison pour lui préférer quelque chose comme technicien de la raison ou comme homme de l'art de penser, c'est-à-dire spécialiste de l'*ars rationis*. Et également modérer l'opposition tranchée entre les deux types de système que présente l' « Architectonique », puisqu'il faut garder à l'esprit qu'on ne peut apprendre à philosopher qu'en exerçant une critique sur des tentatives passées, c'est-à-dire, au fond, aussi sous bénéfice d'inventaire. En prenant appui sur la *Logique viennoise*, vraisemblablement contemporaine de la *Critique de la raison pure*, B. Bianco arrive à cette même conclusion dans son article « Schulbegriff und Weltbegriff der Philosophie in der *Wiener Logik*. Ein Beitrag zum Verständnis von Kants Philosophie- und Wissenschaftsbegriff », *Vernunftkritik und Aufklärung. Studien zur Philosophie Kants und seines Jahrhunderts*, hrsg. von M. Oberhausen unter Mitwirkung von H. P. Delfosse und R. Pozzo, Stuttgart-Bad Cannstatt, Frommann-Holzboog, 2001, p. 41-57, plus particulièrement p. 45 : « En effet, on ne peut si simplement laisser de côté les exigences scientifiques-techniques du savoir pour l'amour de leur pertinence éthique : la scientificité représente plutôt la condition, certes non suffisante, mais nécessaire toutefois de ce savoir ».

2. Sur la restriction de la logique par Kant et Herbart et sur les reproches adressés par le second au premier, voir, par ex., le § 34 et la remarque au § 35 du *Lehrbuch zur Einleitung in die Philosophie*, Hambourg, Meiner, 1993, p. 81-83.

3. Même si le terme de *gnoseologia* se trouve déjà chez Baumgarten et si la didactique, aux côtés de la pédagogie, est déjà présente chez Niemeyer, dont Kant est contemporain, ces disciplines n'arriveront à maturité philosophique qu'au début du dix-neuvième siècle.

LES DEGRÉS CONCEPTUELS DANS LES LOGIQUES DE WOLFF ET DE KANT

Depuis l'époque médiévale, les traités de logique se divisent habituellement en trois parties principales, dont chacune aborde une composante de la pensée humaine : la notion, le jugement et le raisonnement. D'après cette tripartition traditionnelle, l'étude de la notion ou du concept est, la plupart du temps, présentée dès le départ, car le concept est considéré comme l'élément sémantique le plus simple et le plus fondamental. La proposition est composée de termes – qui tirent leur signification de concepts –, laquelle, comme relation prédicative, compose à son tour le raisonnement. Tant à l'époque médiévale que moderne, la signification devait d'abord tirer son origine du concept, avant d'être interprétée sous forme propositionnelle ou argumentative. Cette primauté du concept est également commune aux traités de logique de l'*Aufklärung*. De Leibniz à Kant, en passant notamment par Wolff, Meier et Lambert, la notion constitue l'objet premier des discours logiques et méthodologiques [1]. Chez Wolff, en particulier, les caractéristiques de la notion sont examinées dès le début de la *Deutsche Logik* et de la *Logica*. Dans ces ouvrages, la notion est étudiée à partir de deux perspectives principales : d'une part, on y examine l'aspect matériel, c'est-à-dire la notion dans son rapport à l'objet représenté. Selon Wolff, les différences génériques et spécifiques constituent l'essentiel de cette composante matérielle, où les individus sont regroupés et compris en genres et en espèces selon des attributs essentiels [2]. D'autre part, il faut également expliquer la notion d'après ses déterminations formelles, c'est-à-dire la

1. La manière dont Leibniz aborde ces problèmes a évidemment eu une influence importante sur les logiques de l'*Aufklärung*. Les *Meditationes de cognitione, veritate, et ideis* de 1684 (A VI, 4, p. 585-88) ont été un texte déterminant, notamment pour Wolff et Meier. Mais d'autres textes, dont le *De arte combinatoria* de 1666 (A VI, 1, p. 176-79) dans lequel Leibniz traite du rapport entre concept et proposition en vue d'établir une *Characteristica Universalis*, ont fort probablement été lus par certains à l'époque, ce qui témoignerait d'une influence plus large de la logique leibnizienne. Il faut aussi noter l'importance d'un autre précurseur, Joachim Jungius, dont la *Logica Hamburgensis* a été longuement commentée par Leibniz lui-même (A VI, 4, p. 1211-98) et lue par plusieurs autres logiciens allemands du XVIIIe siècle.

2. *Logica*, § 103-104, GW II, 1.2, p. 165-166.

manière dont est représenté l'objet de connaissance dans l'entendement [1]. Les différents modes de représentation de l'objet constituent l'essentiel de la logique wolffienne des notions, où il s'agit avant tout de déterminer quels sont les critères qui permettent de parvenir à une connaissance certaine. À partir de concepts adéquats, il sera possible de former des jugements vrais et des raisonnements valides. En réalité, il s'agit de distinguer les niveaux conceptuels d'adéquation suivant les critères épistémologiques de clarté et de distinction.

Pour sa part, Kant s'est également intéressé aux déterminations formelles du concept. Héritier des travaux de Wolff et des wolffiens – en particulier, de la *Vernunftlehre* de Meier sur laquelle il a basé une partie de son enseignement [2] –, Kant aborde le problème des degrés de distinction conceptuelle. Dans plusieurs parties de ses cours de logique, Kant explique comment les déterminations formelles reposent sur des critères épistémologiques qui rendent les notions plus ou moins parfaites ; à la manière de Wolff et de Meier, les degrés conceptuels de la connaissance sont discutés à partir des critères classiques de clarté et de distinction. Dans la présente analyse, j'examinerai la théorie générale des types de notion telle qu'elle se présente chez Wolff et Kant. Plus précisément, j'expliquerai comment sont utilisés les critères méthodologiques qui rendent possible la distinction conceptuelle. On constatera que Kant se démarque en partie de Wolff, notamment parce qu'il met l'accent sur la précision et la complétude plutôt que sur la clarté comme critères qui fonderaient la distinction formelle en logique.

I. La gradation des notions

Wolff indique dans la *Logica* que l'idée d'une gradation des notions ou des connaissances proviendrait au départ de la philosophie cartésienne. En effet, Descartes fut l'un des premiers à proposer les critères de clarté et de distinction pour démarquer les types d'idées ou de notions, notamment dès le *Discours de la méthode* [3]. Toutefois, chez Descartes, il s'avère que la clarté et la distinction doivent être appliquées ensemble pour pouvoir fonder la connaissance de manière certaine. Les autres contenus cognitifs comportent trop d'obscurité ou de confusion pour être considérés en tant que fondement épistémologique indubitable. Il n'y aurait donc en principe qu'un seul type valide pour établir la certitude dans la pensée cartésienne, celui qui relie nécessairement clarté et distinction [4]. Wolff mentionne alors d'autres sources au XVIIe siècle qui proposent une authentique théorie des types conceptuels et sur lesquels il compte

1. *Logica*, § 77, GW II, 1.2, p. 155.
2. *M. Immanuel Kants Nachricht von der Einrichtung seiner Vorlesungen*, AK II, 310-311.
3. *Discours de la méthode*, AT VI, p. 18-22.
4. *Principes de philosophie*, AT VIII, p. 21-22. Wolff soulève d'ailleurs les limites de la méthode cartésienne pour expliquer en quoi diffèrent les types de notion : « Etenim Cartesius, qui nullam differentiam notionis clarae atque distinctae ab obscura et confusa assignavit, in confusa acquievit notione notionis clarae et distinctae », *Logica*, § 88, GW II, 1.2, p. 159.

baser sa propre doctrine. La *Logica Hamburgensis* de Joachim Jungius, parue en 1638, mais surtout les *Meditationes de cognitione, veritate, et ideis* de Leibniz de 1684 sont mentionnées par Wolff en tant qu'ils contiendraient un véritable modèle de la gradation des connaissances [1]. Il est vrai que Leibniz propose dans les *Meditationes* de distinguer les types de notion selon leur niveau de clarté et de distinction [2]. Plusieurs degrés cognitifs sont ainsi identifiés dans une progression analytique, de la perception obscure jusqu'à l'intuition, afin de catégoriser chacun selon leur perfection notionnelle.

C'est à partir de ces sources doctrinales, principalement des écrits leibniziens, que Wolff et Kant abordent les degrés de distinction. On remarque de prime abord que les structures théoriques générales et la terminologie utilisée, issues avant tout des pensées cartésienne et leibnizienne, sont souvent reproduites telles quelles dans les ouvrages de Wolff et de Kant. On peut donc dès maintenant dresser un tableau d'ensemble de ce modèle des degrés de connaissance – surtout à partir des textes de Wolff qui sont sans conteste les plus fidèles à la doctrine de ses prédécesseurs – pour ensuite montrer les divergences théoriques entre ces deux logiques.

La première distinction principale sépare les notions obscures des notions claires. La notion obscure constitue pour les logiciens de l'*Aufklärung* le plus faible niveau de représentation : à partir de ce degré conceptuel, il serait impossible de reconnaître l'objet représenté dans l'esprit. Cette caractéristique est notamment soulevée dans la *Deutsche Logik* de Wolff :

> Au contraire, la notion est obscure lorsqu'elle ne peut servir à reconnaître la chose de nouveau. [...] lorsque nous voyons une plante étrangère dans un jardin et que nous ne pouvons nous rappeler correctement si c'est précisément la même que nous avons vue ailleurs, ou que nous avons entendue désignée par un certain nom, alors aurons-nous seulement de cette dernière une notion obscure [3].

La notion obscure forme de toute évidence un contenu cognitif, mais celui-ci ne suffit pas à différencier un objet, soit dans la perception externe, soit subséquemment par un acte de remémoration. Il existe d'ailleurs pour Wolff des degrés d'obscurité, selon les défauts de la perception, l'inexactitude des termes employés ou la faiblesse de la mémoire [4]. Mais, de manière générale, la notion obscure demeure un type cognitif qui ne saurait véritablement identifier l'objet représenté. Ensuite, par opposition à ce premier degré, Wolff distingue le critère de clarté. Contrairement à la notion obscure, la notion claire permet à l'entendement de reconnaître l'objet à partir de certaines marques. Par exemple, l'esprit possède une notion claire des couleurs, car il peut en distinguer les différentes teintes et les reconnaître quand elles se présentent à

1. *Logica*, § 77, GW II, 1.2, p. 155.
2. *Meditationes*, A VI, 4, p. 586-588.
3. *Deutsche Logik*, § 9, GW I, 1, p. 126-127. Sauf indications contraires, il s'agit de mes traductions.
4. *Deutsche Logik*, § 10-12, GW I, 1, p. 127-128.

lui [1]. Il est possible de différencier et de reconnaître les objets et leurs propriétés à l'aide de marques sensibles, du moins de manière minimale, et c'est pourquoi elles se situent à un degré supérieur de connaissance par rapport aux notions obscures. C'est précisément la nature des marques, sensibles ou explicites, qui déterminera à quel niveau se situe ultérieurement la notion dans l'ordre des connaissances.

À la manière de Descartes et de Leibniz, Wolff et Kant ajoutent par la suite une deuxième dichotomie épistémologique, qui différencie cette fois-ci les notions confuses des notions distinctes. Cette autre opposition sert d'abord à expliquer la manière dont un objet ou une propriété se reconnaît dans l'esprit, c'est-à-dire à diviser les niveaux de discernement conceptuel : soit la chose est identifiée par des marques détaillées, soit elle l'est seulement de manière sensible et non explicite. Encore une fois, Wolff mentionne cette différence dans la *Deutsche Logik* :

> Quand la notion est claire, soit nous sommes capables d'expliquer à autrui les marques à partir desquelles une chose est reconnue ou du moins de nous les représenter les unes par rapport aux autres de manière particulière, soit nous nous sentons incapables de faire une telle chose. Dans le premier cas la notion claire est distincte, dans l'autre elle est cependant confuse [2].

Ainsi, quand elle est distincte, la notion claire contient les marques détaillées qui permettent d'expliquer à soi-même ou à autrui la manière de reconnaître l'objet. Au contraire, quand elle est confuse, la notion claire ne parvient à l'identifier qu'à l'aide de marques sensibles, non explicites. Pour illustrer le type confus de représentation, l'exemple des couleurs est encore une fois tout à fait éloquent : l'esprit distingue les couleurs lorsqu'elles se présentent dans l'expérience sensible, mais il serait impossible d'expliquer comment nous reconnaissons le rouge ou le bleu par des réquisits ou des marques détaillés. On reconnaît le rouge, soit en percevant cette couleur dans le sens externe par désignation directe, soit en se rappelant avoir eu une telle perception dans le passé [3]. De même, il n'est pas envisageable d'expliquer à autrui en quoi consiste la couleur ou toute autre qualité sensible, tels les odeurs ou les sons, si ce n'est en partageant avec d'autres une expérience sensible similaire. Notre connaissance des qualités sensibles est donc claire, parce qu'il est possible de les distinguer dans le sens externe, mais confuse parce qu'aucune explication détaillée de celles-ci ne saurait être fournie [4].

1. *Deutsche Logik*, § 9, GW I, 1, p. 126-127.
2. *Deutsche Logik*, § 13, GW I, 1, p. 128.
3. *Logica*, § 88, GW II, 1.2, p. 158-159.
4. Leibniz soulevait déjà le caractère non explicite des qualités sensibles. Par exemple, un aveugle ne saurait avoir une représentation claire des couleurs, car il ne peut en faire l'expérience ; toutefois, une connaissance distincte des couleurs, par la description des qualités mécaniques, lui demeure tout à fait accessible (*Meditationes*, A VI, 4, p. 586). Sur l'explication mécanique des qualités sensibles, voir *Nouveaux Essais sur l'entendement humain*, 3.4.16, A VI, 6, p. 299-300.

Au contraire, les notions claires *et* distinctes comportent les marques qui rendent explicite l'identification de la chose et de ses propriétés. Autrement dit, une notion distincte peut faire l'objet de l'analyse logique et être traduite en des termes univoques par l'entremise de marques explicites. Cette caractéristique se trouve entre autres mentionnée dans la *Logik Blomberg* de Kant :

> La distinction d'une notion est une propriété de la perfection logique. L'acte de rendre distinct se produit dans l'analyse. Mais si je rends une notion distincte qui contient par exemple plusieurs marques, alors je devrai essayer d'écarter toute tautologie parmi ces marques ; ainsi je défendrai la précision des marques, c'est-à-dire que je restreindrai la quantité des marques sans toutefois nuire à la qualité [1].

Ici, Kant exprime une idée que partage Wolff et la tradition wolffienne, à savoir que la distinction est proprement le critère de possibilité de l'analyse logique. Sans distinction, l'esprit demeure à un niveau sensible et confus de représentation, impropre à l'analyse conceptuelle. Plus précisément, le critère de distinction permet deux choses : 1) la distinction permet d'énoncer un contenu cognitif de manière univoque dans le langage, car les marques qu'elle comporte peuvent être définies. Contrairement aux marques sensibles et confuses, les marques de la notion distincte se regroupent facilement dans une définition. Wolff donne dans la *Deutsche Logik* l'exemple de l'horloge : pour expliciter l'horloge, il faut la définir à partir des marques qui en expriment l'essence, c'est-à-dire les concepts de machine, d'heure, d'aiguille, etc. [2]. En d'autres mots, la distinction permet l'énonciation des marques sous forme définitionnelle. 2) La notion distincte doit comprendre les marques ou réquisits suffisants à la reconnaissance de l'objet. Pour qu'une notion soit distincte, il faut que les prédicats qu'elle renferme puissent identifier une chose parmi toutes les autres. Ainsi, on pourra distinguer l'horloge en énumérant les marques explicites qui la particularisent de manière suffisante par rapport aux autres choses matérielles. Autrement, il s'agit, comme dans le cas des couleurs, d'une identification non explicite qui pourrait entraîner la confusion des choses et de leurs propriétés.

Finalement, Wolff et Kant insistent sur une dernière dichotomie importante, complétant ainsi cette théorie des degrés de connaissance. Toujours dans une progression analytique qui vise à chercher davantage de détails conceptuels, la notion distincte peut atteindre deux autres niveaux, l'adéquat et l'inadéquat. Dans le premier cas, la notion est à ce point distincte que ses propres réquisits peuvent également être énoncés de manière explicite. À plusieurs endroits, Wolff utilise l'exemple des figures géométriques pour illustrer en quoi consistent les notions adéquates. La définition qu'on donne en mathématique du carré, c'est-à-dire une figure quadrilatérale, équilatérale et rectangle, est non seulement distincte, parce qu'elle permet d'identifier le carré

1. *Logik Blomberg*, § 268, AK XXIV, 263.
2. *Deutsche Logik*, § 13, GW I, 1, p. 128.

par rapport à toute autre figure géométrique, mais aussi adéquate, car chacun de ses réquisits – figure, quadrilatéral, équilatéral, rectangle – fait à son tour l'objet d'une représentation distincte [1]. Au contraire, la notion inadéquate ne présente pas un ensemble de propriétés explicites ; certains de ses réquisits demeurent confus, même si la notion dans sa totalité peut être définie, puisqu'elle remplit les conditions épistémologiques générales d'explication et de distinction de l'objet. Par exemple, le concept d'or est souvent évoqué comme archétype de représentation inadéquate : il est possible à partir de ses marques, le jaune, la malléabilité ou le poids, de distinguer l'or des autres types de métaux, mais il serait difficile d'expliciter de façon distincte chacune de ces propriétés, comme le jaune qui est de toute évidence une qualité sensible, en les représentant sous forme définitionnelle [2]. Il existe aussi pour Wolff des degrés d'adéquation selon que les marques explicites sont plus ou moins nombreuses, ce qui rend la définition plus ou moins parfaite [3]. Toutefois, on peut ici simplement dire que l'adéquation en logique consiste surtout à expliciter les propriétés contenues dans une définition. Si certaines de ses propriétés sont confuses comme dans l'exemple de l'or, alors la notion est inadéquate, si elles sont toutes distinctes comme dans le cas des figures géométriques, alors la notion est adéquate [4].

On trouve également d'autres critères cognitifs chez les différents philosophes qui se sont intéressés à la question, notamment chez Meier qui tente de compléter le tableau par certaines ramifications [5]. Mais, dans le cadre de la présente étude comparative, les trois dualités précédentes suffiront : en résumé, une notion est d'abord soit obscure, soit claire, selon qu'elle permet de reconnaître un objet dans la perception externe. Ensuite, elle est soit confuse, soit distincte, suivant que cette reconnaissance cognitive est exhaustive ou non, c'est-à-dire s'il est possible de différencier entièrement l'objet représenté des autres. Finalement, une notion est soit inadéquate, soit adéquate, dépendamment de la distinction des marques contenues dans la définition. On peut affirmer sans hésitation que Wolff et Kant semblent s'entendre sur l'organisation générale héritée principalement de la philosophie leibnizienne. Mais on verra que leurs positions achoppent sur certains points, en particulier sur la manière dont la progression analytique doit s'interpréter pour expliquer le lien entre les différents degrés de représentation.

1. *Logica*, § 95, GW II, 1.2, p. 161-162.

2. Chez Wolff, cet exemple semble directement emprunté au texte leibnizien : *Meditationes*, A VI, 4, p. 586-87.

3. *Deutsche Logik*, § 17, GW I, 1, p. 131.

4. L'adéquation, comme complément d'une théorie des types de connaissance, semble avoir été proposée au départ par Spinoza qui tentait de parachever le modèle cartésien : *Éthique*, II, prop. XL.

5. Par exemple, Meier distingue les connaissances détaillées et déterminées comme types de la représentation distincte : *Vernunftlehre*, § 181-183.

II. Le critère de clarté chez Wolff

Dans ce schéma cognitif, on peut d'emblée constater qu'une préséance paraît être donnée à l'un des critères : la distinction nous semble à première vue plus centrale, car c'est elle qui détermine les niveaux supérieurs de connaissance. Sans distinction, il serait impossible de parvenir à des définitions scientifiquement acceptables, car les types obscurs et confus ne sauraient être exprimés par des marques détaillées et, à plus forte raison, faire l'objet de l'analyse logique. Autant pour Wolff que pour Kant, l'analyse conceptuelle devient envisageable à proprement dit avec les notions distinctes [1]. D'ailleurs, le niveau cognitif ultime d'adéquation se manifesterait lorsque les réquisits d'une notion seraient énoncés de manière distincte. De façon générale, la distinction organiserait donc les types de connaissance, puisqu'elle assurerait, d'une part, la transformation des contenus confus en définitions explicites et, d'autre part, la poursuite de l'analyse logique jusqu'au degré d'adéquation conceptuelle.

Néanmoins, dans la méthodologie wolffienne, cette primauté du critère de distinction ne serait qu'apparente, puisqu'il s'avère que les conditions épistémologiques de la distinction sont déjà contenues, du moins en principe, dans la perception claire. De la même manière que la distinction rend possible l'adéquation, la clarté serait, dès le départ, la condition logique de la distinction conceptuelle. Dans la *Deutsche Logik*, Wolff indique à cet égard les moyens à appliquer pour obtenir des notions distinctes. En complément à la gradation des connaissances, Wolff élabore ainsi des critères méthodologiques qui nous permettraient de raisonner à l'aide de marques distinctes et explicites :

> Nous saisissons une notion distincte, lorsque la chose, que nous nous représentons, ne contient en elle pas trop de choses différentes : mais celles que nous y trouvons doivent bien se différencier les unes des autres, et finalement nous considérons en particulier deux choses : d'abord, toutes les choses qu'on différencie relativement l'une de l'autre, et ensuite ce qu'on retient d'une chose par rapport à l'autre, en prenant garde à l'ordre et à la liaison [2].

Pour parvenir à la distinction notionnelle, il faut essentiellement deux choses : d'une part, que l'esprit conçoive les objets à partir d'un nombre limité de marques afin que celles-ci soient distinguées aisément. D'autre part, que l'esprit prenne garde à l'ordre et à la liaison de ces marques qui rendront possible la distinction des objets et des propriétés. Autrement dit, Wolff affirmerait dans ce passage qu'une notion est conçue de manière explicite lorsque l'esprit est capable de porter son attention sur les quelques marques essentielles qu'elle comporte ainsi que sur leur liaison prédicative. La distinction cognitive serait par conséquent inaccessible si les prédicats étaient difficiles à concevoir ou en trop grand nombre. De plus, pour atteindre le niveau cognitif

1. « Die Deutlichkeit ist das Allerwichtigste in der Definition », *Wiener Logik*, AK XXIV, 921.

2. *Deutsche Logik*, § 19, GW I, 1, p. 132.

d'adéquation, il serait nécessaire d'appliquer les mêmes critères jusqu'à l'analyse complète de la notion [1].

De cette manière, les conditions de l'adéquation seraient comprises dans la distinction. Mais on peut aussi affirmer, par rapport à cette régression logique, que les conditions de la distinction sont d'emblée contenues dans la connaissance claire. Si l'on se souvient bien, la clarté consiste d'abord et avant tout à avoir une conception directe de l'objet, laquelle permet de le distinguer dans l'expérience sensible. En d'autres mots, notre attention est alors capable, comme dans le cas des couleurs, de reconnaître un objet selon des marques sensibles. Or, pour transformer une marque sensible en marque explicite, il faut appliquer les critères méthodologiques décrits précédemment, qui permettront à l'esprit de se concentrer sur un nombre limité de prédicats et sur leurs liaisons mutuelles. Du clair jusqu'au distinct, et ensuite du distinct jusqu'à l'adéquat, l'attention est dirigée sur des prédicats de plus en plus parfaits, mais aussi de plus en plus simples, ce qui offre une connaissance plus adéquate de la réalité. Au fondement de la définition s'effectue un travail cognitif qui saisit par l'attention les marques d'un objet de manière claire et distincte. D'ailleurs, le lien fondamental qu'entretient la distinction avec la clarté est énoncé par Wolff dans la *Deutsche Metaphysik*, parue quelques années après la *Deutsche Logik*. Dans la section de l'ouvrage consacrée à la perception, Wolff indique comment la représentation distincte s'effectue nécessairement depuis la conception claire :

> En effet, on remarque que nos pensées contiennent à tout moment beaucoup de choses. Lorsque nous pensons à une chose, et que nos pensées sont claires relativement à ses parties ou à la variété des pensées, ce qui s'y trouve ainsi emprunte la distinction à cette clarté. Nous avons alors des pensées claires des parties, si bien que nous pouvons les différencier l'une de l'autre, même si nous ne sommes pas capables de déterminer la véritable différence ; de cette manière nous avons une pensée distincte du tout [2].

La gradation des connaissances paraît donc pour Wolff être un développement analytique qui part du critère de clarté et qui s'étend aux degrés supérieurs. La représentation de marques explicites repose de manière ultime sur la perception claire et attentive des prédicats qu'elles renferment. La clarté cognitive rend explicites des notions qui devront elles-mêmes être conçues distinctement si l'on veut progresser dans l'analyse jusqu'à l'adéquation conceptuelle. Pour reprendre le même exemple de la couleur, on passera d'une perception sensible du jaune, pour ensuite expliciter le jaune dans des notions empiriques, comme dans la conception de l'or, pour finalement porter attention aux déterminations mécaniques et géométriques de cette couleur depuis les définitions adéquates de l'optique. Encore une fois, il semble que la primauté soit donnée par Wolff à la clarté plutôt qu'à la distinction, car le distinct ne serait qu'une

1. *Deutsche Logik*, § 20, GW I, 1, p. 133.
2. *Deutsche Metaphysik*, § 207, GW I, 2, p. 115-116.

expansion de la clarté cognitive dans la représentation du détail prédicatif ; la perception claire, c'est-à-dire l'attention simple cognitive, serait l'opération mentale première sur laquelle tous les degrés de connaissance se fonderaient [1].

III. La distinction logique kantienne

Même si Kant partage avec Wolff certaines idées quant aux critères de connaissance mentionnés précédemment (dont le cadre conceptuel général dans lequel s'inscrit la logique des notions), il semble qu'ils ne soutiennent pas la même position en regard du lien analytique entre les types conceptuels. Évidemment, Kant reconsidère plusieurs éléments de la logique wolffienne à la lumière des thèses qu'il introduit en philosophie de la connaissance. Dans la deuxième partie de la *Critique de la raison pure*, la « Théorie transcendantale de la méthode », Kant réévalue le critère de distinction et de définition, notamment à partir de ses positions critiques en regard de l'analyse et de la synthèse. Il en vient surtout à la conclusion que seuls les concepts mathématiques, de manière ultime, peuvent être exprimés sous forme définitionnelle, car ils font l'objet d'une synthèse *a priori* depuis l'intuition pure :

> Il ne reste donc pas d'autres concepts susceptibles d'être définis que ceux qui contiennent une synthèse arbitraire pouvant être construite *a priori* ; il n'y a par conséquent que la mathématique qui ait des définitions. En effet, l'objet qu'elle pense, elle le représente aussi *a priori* dans l'intuition, et cet objet ne peut certainement contenir ni plus ni moins que le concept, puisque le concept de l'objet a été donné originairement par la définition, c'est-à-dire sans que cette définition fût dérivée de quelque part ailleurs [2].

Pour Kant, les concepts purement philosophiques ne sauraient être au sens strict définis, parce qu'ils ne tirent pas leur origine de cette synthèse *a priori*. Plusieurs passages des cours de logique proposent par ailleurs deux types de distinction, selon la démarcation transcendantale entre la sensibilité et l'entendement : il existerait donc la distinction sensible, fondée sur les données de l'intuition, et la distinction conceptuelle, de nature discursive [3]. Néanmoins, Kant a également tenté de repenser l'organisation logique héritée directement de la pensée wolffienne, et cela plus ou moins en marge des acquis de la philosophie transcendantale. Comme on a pu le constater, plusieurs éléments de la logique kantienne des notions sont empruntés tant à la pensée leibnizienne que

1. Le lien entre l'attention dirigée et la perception claire est également souligné dans la *Psychologia rationalis* : « Quamobrem cum attentio non alio tendat, quam ut unum ceteris clarius percipiamus ; alia ratio directionis attentionis dari nequit nisi major perceptionis claritas. Dirigitur adeo attentio ad id, quod clarius percipitur », § 367, GW II, 6, p. 293. Voir également la *Psychologia empirica* : § 237, GW II, 5, p. 168-169.

2. CRP, A 729-730 / B 757-758, AK III, 478 ; OP I, 1310. Sur cet aspect de la philosophie kantienne, voir L. W. Beck, « Kant's Theory of Definition », dans *Selected Essays on Kant*, Rochester, University of Rochester Press, 2002, p. 17-26.

3. *Wiener Logik*, AK XXIV, 843 ; *Logik Jäsche*, AK IX, 34-35.

wolffienne. Mais il semble que Kant ne soutienne pas la thèse wolffienne tout juste exposée qui donne la primauté analytique au critère de clarté dans l'explication des types de notion. D'après Kant, la distinction serait plus essentielle et s'appliquerait à partir de critères épistémologiques propres.

D'abord, il faut tout de même souligner le lien existant entre les deux critères dans la logique kantienne : en effet, comme on l'a constaté, la distinction constitue un prolongement analytique de la clarté. L'entendement avance dans l'analyse lorsqu'il rend explicite la notion claire. Ainsi existe-t-il une relation conceptuelle entre les critères de clarté et de distinction, comme Kant le souligne dans la *Logik Blomberg* :

> Toute clarté est le réel chemin pour obtenir la distinction. La clarté elle-même n'est pas encore une perfection logique, ce qu'est toutefois la distinction. La logique présuppose la clarté, alors elle la suppose, mais ne la produit pas elle-même ; elle est concernée par les connaissances et les représentations déjà claires. [...] Dans la mesure où il existe une clarté dans les marques d'une connaissance, la connaissance est distincte [1].

Encore une fois, Kant mentionne que la clarté ne constitue pas en soi une perfection logique, mais qu'il faut parvenir à la distinction afin de se situer au niveau de l'analyse conceptuelle. La clarté, en tant que type inférieur de la cognition, est quand même considérée chronologiquement première par Kant dans l'ordre des concepts. Toute notion distincte est d'abord claire et c'est par l'explicitation des marques sensibles qu'on atteint le niveau de l'analyse logique. Cependant, la distinction ne saurait nécessairement constituer l'extension cognitive de la clarté, comme le laisse présumer la doctrine de Wolff. Pour appuyer son point de vue, Kant propose aussi, à la manière de Wolff, des critères méthodologiques sur lesquels la distinction conceptuelle doit reposer. Ces critères sont en fait ceux de la précision et de la complétude : plus une notion est précise et complète, plus elle sera distincte. Il ne s'agit pas nécessairement d'étendre la clarté à la compréhension notionnelle, mais surtout de posséder des marques détaillées et complètes sur lesquelles la distinction conceptuelle prend appui. Autrement dit, Kant semblerait croire que la distinction pourrait s'atteindre indépendamment de la perception claire. Il s'oppose ainsi à Wolff, comme l'indique la *Wiener Logik* :

> La notion doit être complète afin de ne pas être négligeable, elle doit être précise afin de ne pas trop s'étendre. Une définition est ainsi une notion distincte et adéquate. Mais Wolff prend le terme adéquat de manière complètement différente et appelle une notion adéquate, lorsque je n'ai pas simplement des marques claires, mais que je connais les marques elles-mêmes distinctement. [...] Si je peux aussi définir les marques, alors c'est une définition des parties de la définition. Si déjà pour Wolff la notion adéquate veut dire celle dont les marques sont simplement distinctes, alors c'est déjà la fin du processus. Mais on peut encore rendre les marques des marques distinctes. Pour nous, toutefois, l'expression adéquate, ou notion adéquate, complète la définition et

1. *Logik Blomberg*, § 125, AK XXIV, 119-120.

correspond à l'objet. Notre définition dit alors qu'autant que possible une définition est une notion distincte, complète et précise [*definitio est conceptus distinctus completus praecisus*] [1].

Deux choses doivent être précisées en rapport à ce passage : 1) la complétude et la précision des marques sont proprement les conditions de la distinction et de l'adéquation conceptuelles. Dans un processus qui mène aux notions distinctes, Kant ne croit pas qu'il faille nécessairement progresser de la clarté à la distinction. Pour Kant, il n'existerait pas de lien analytique nécessaire entre le clair et le distinct, car seul le distinct constitue une perfection logique qui possède ses propres critères, ceux de la complétude et de la précision. 2) Il s'avère que seule la définition assure véritablement l'application de ces deux critères méthodologiques. C'est en définissant les concepts qu'on parvient à la distinction. Le détail notionnel se conçoit par la définition des marques. Comme les notions claires ne sauraient faire l'objet de définitions par propriétés explicites, elles sont donc reléguées à un niveau inférieur de la cognition qui ne participe pas à la perfection logique des concepts. Il n'existerait donc pas de développement analytique continu entre le clair et le distinct, car ce dernier critère s'appliquerait à l'aide de moyens méthodologiques indépendants de la perception claire. Contrairement à ce que Wolff semblait supposer [2], Kant ne croit pas que la définition est l'aboutissement d'un processus conceptuel qui implique nécessairement la clarté, mais plutôt que la définition peut d'emblée établir la distinction et l'adéquation.

D'ailleurs, Kant fait remarquer dans la *Logik Blomberg* que le distinct ne se comprend pas dans un rapport d'opposition vis-à-vis du clair et du confus, mais s'oppose plutôt à ce qui est indistinct :

> L'indistinction est opposée à la distinction, mais la confusion à l'ordre. Une chose peut être confuse, sans considérer le fait que je sois conscient des représentations partielles, et qu'elles renferment de la distinction. Une représentation distincte n'est pas toujours ordonnée [3].

En démarquant les oppositions entre ordre et confusion, d'une part, et entre distinction et indistinction, d'autre part, Kant semble consolider sa position quant aux types de notion : dans l'analyse logique, la primauté est donnée à la distinction, non à la clarté. Il répétera d'ailleurs la même thèse dans l'*Anthropologie du point de vue pragmatique* : la distinction se comprend indépendamment de l'attention cognitive dans la représentation des objets [4]. La conception claire des objets et de leurs propriétés n'est pas nécessaire à

1. *Wiener Logik*, AK XXIV, 913.

2. Wolff met davantage l'accent sur la distinction entre clarté et obscurité dans sa caractérisation de la définition : « In definitionibus utendum est terminis claris, non obscuris », *Logica*, § 163, GW II, 1.2, p. 195.

3. *Logik Blomberg*, AK XXIV, 41.

4. « La conscience des représentations qui suffit pour différencier un objet d'un autre est la clarté. Mais celle qui rend claire la composition des objets est la distinction. Par elle seule, une somme de représentations devient connaissance », *Anthropologie*, AK VII, 138 ; OP III, 956.

l'atteinte de la distinction conceptuelle, bien qu'elle soit présente dans la perception des marques. Le passage d'une notion claire à une notion distincte ne consiste pas à rendre claires les marques des notions confuses, mais plutôt à définir l'objet, ce qui rendra la notion plus ou moins précise et complète selon la nature de la définition. La reconnaissance des objets par des marques suffisantes s'établirait donc selon Kant sur cette aptitude à détailler la notion dans la définition. Il suffit, d'après la logique kantienne, d'atteindre les conditions méthodologiques de la définition, lesquelles procureront précision et complétude notionnelles.

IV. Conclusion

Pour conclure, j'aimerais simplement faire un rapprochement entre les positions de Wolff et de Kant et celles des philosophes qui sont à l'origine de la théorie des types de connaissance au XVIIe siècle. D'abord, il semble que Wolff, bien qu'influencé par Leibniz, comme on le sait, sur plusieurs aspects de sa pensée, récupère ici une idée davantage cartésienne. En effet, selon la position de Descartes, le distinct est une conception entièrement claire, c'est-à-dire que la clarté doit s'étendre à tout le contenu cognitif pour qu'une notion soit considérée comme distincte [1]. Dans une position analogue à celle de Descartes, Wolff soutiendrait par conséquent une progression analytique continue qui fait reposer la distinction sur la clarté conceptuelle en tant qu'elle s'étend aux marques explicites. D'ailleurs, on peut constater que les critères méthodologiques wolffiens de distinction mentionnés précédemment sont très proches de ceux que Descartes proposait dans la seconde partie du *Discours de la méthode* [2]. D'après les deuxième et troisième règles du *Discours*, il faut décomposer et ordonner les idées afin que l'esprit conçoive les choses de manière complète et évidente, ce qui se rapproche grandement des conditions de la perception attentive proposées par Wolff. Pour sa part, Kant reviendrait à une thèse plutôt leibnizienne, laquelle s'opposerait en partie à la doctrine cartésienne. D'après Leibniz et Kant, les concepts distincts ne seraient pas nécessairement des contenus de connaissance au sein desquels les réquisits font l'objet d'une attention perceptive claire. Comme le mentionne Leibniz dans les *Meditationes*, la possibilité de définir un concept, donc d'en détailler les marques, constitue le principal critère de distinction conceptuelle [3]. Plus une définition est complète et précise, plus elle est adéquate à reconnaître les objets. Les notions claires, mais confuses, ne seraient de plus qu'un appauvrissement conceptuel par rapport à l'explicitation des marques dans la représentation distincte. De cette manière, Kant récupèrerait, au-delà de la philosophie wolffienne, une thèse leibnizienne qui donne préséance à la distinction

1. *Principes de philosophie*, AT VIII, p. 21-22.
2. *Discours de la méthode*, AT VI, p. 18-19.
3. *Meditationes*, A VI, 4, p. 587.

sur la clarté dans le modèle logique des types de notion. Kant ne mentionne d'ailleurs jamais les règles méthodologiques empruntées par Wolff à la philosophie cartésienne qui donne la primauté au critère de clarté. Au contraire, l'objectif d'une logique notionnelle consisterait à fournir les conditions de la définition, laquelle ne présuppose pas nécessairement des notions claires, mais surtout la complétude et la précision. La perfection logique se situerait au niveau de la représentation distincte, laquelle s'exprime véritablement pour Leibniz et Kant dans la définition.

Christian LEDUC
(Université de Heidelberg)

DISTINCTION SENSIBLE ET CONFUSION INTELLECTUELLE : COMMENT KANT ÉLABORE CONTRE WOLFF LA PROBLÉMATIQUE DES SOURCES DE LA CONNAISSANCE

Dans l' « Introduction » de la *Critique de la raison pure*, Kant demande à son lecteur de se souvenir en permanence qu'il y a deux « souches » de la connaissance humaine, la sensibilité et l'entendement, « qui, peut-être, proviennent de quelque racine commune, mais inconnue de nous » [1]. Cet avertissement a fait l'objet de nombreux commentaires, visant le plus souvent à se demander si une telle racine commune pouvait ou non être atteinte. Nous voudrions revenir ici sur ce problème, en adoptant un autre point de vue. Nous voudrions réfléchir aux raisons qui, en premier lieu, poussent Kant à formuler cet avertissement, et à *séparer* de manière aussi nette les deux « souches », dans la mesure où cette séparation, précisément, *ne va pas de soi*, où l'on pourrait être tenté de rapprocher abusivement l'entendement et la sensibilité, les représentations intellectuelles et les représentations sensibles.

Or, la lecture de Wolff a certainement joué à cet égard un rôle stratégique dans l'élaboration de la problématique critique. Dès la *Dissertation de 1770*, en effet, Kant reproche à Wolff d'avoir méconnu la différence entre les représentations intellectuelles et les représentations sensibles, en les concevant respectivement comme représentations *distinctes* et comme représentations *confuses* :

> On définit mal ce qui est sensible comme ce qui est connu plus *confusément*, et ce qui est intellectuel comme ce dont la connaissance est *distincte*. Car ce ne sont là que des différences logiques qui n'atteignent absolument pas les *données* qui sont soumises à toute comparaison logique. En effet les connaissances sensibles peuvent être fort distinctes et les connaissances intellectuelles très confuses. [...] Or je crains que l'illustre Wolff, par cette distinction entre le sensible et l'intellectuel, qui n'est pour lui que logique, n'ait peut-être totalement fait disparaître, au grand détriment de la philosophie, cette très noble institution de l'antiquité de traiter de la *nature des phénomènes et des noumènes*, et qu'il n'ait détourné les esprits de cette recherche pour les porter, le plus souvent, vers des broutilles logiques [2].

1. CRP, « Introduction », A 15 / B 29, AK III, 46.
2. *Dissertation de 1770*, AK II, 394, trad. fr. A. Pelletier, Paris, Vrin, 2007, p. 93.

Wolff aurait ainsi eu le tort d'*homogénéiser* les représentations sensibles et les représentations intellectuelles, en ne reconnaissant entre elles qu'une différence logique de distinction et de confusion. Wolff aurait du même mouvement négligé la différence entre les phénomènes et les noumènes, et méconnu ce que la philosophie critique présentera pour sa part comme la limitation fondamentale de notre connaissance, qui ne peut accéder qu'aux seuls phénomènes.

Les raisons de cette méconnaissance ne sont donc pas sans intérêt, y compris d'un point de vue kantien. En effet, Kant insiste lui-même, dans la *Critique de la raison pure*, sur la nécessaire *réunion* des deux sources dans la connaissance. Or, la doctrine wolffienne de la distinction et de la confusion témoigne avant tout d'un souci comparable. En effet, si Wolff hérite en partie cette doctrine de Leibniz, il insiste beaucoup plus que celui-ci sur la *continuité* qu'elle permet d'établir entre le donné (confus) de l'expérience et les fondements rationnels (distincts) de cette expérience. La doctrine de la distinction et de la confusion répond à ce souci d'articuler positivement le sensible et l'intellectuel, comme fondements d'une seule et même expérience, ce qui n'est pas si disparate que cela avec les exigences qui seront posées par la *Critique de la raison pure*.

Mais précisément, le reproche adressé à Wolff pourrait en fait montrer à quel point cette articulation du sensible et de l'intellectuel est problématique aux yeux de Kant. Il ne faut pas oublier que la *Critique* a eu pour titre, dans un premier temps de son élaboration : *Les limites de la sensibilité et de la raison*. Pour Kant, la nécessité de réunir les représentations sensibles et les représentations intellectuelles dans l'expérience a toujours pour contrepartie le risque de *contamination abusive* d'une source par l'autre – ce qui justifie qu'on doive commencer par les considérer dans toute leur hétérogénéité. C'est ce qui apparaît clairement au début de l' « Analytique transcendantale » :

> L'entendement ne peut rien intuitionner, les sens ne peuvent rien penser. Ce n'est que de leur réunion que peut jaillir la connaissance. *Mais précisément pour cela, il ne faut pas confondre ce qui leur revient en propre ; au contraire, il y a là une très bonne raison de les isoler soigneusement l'un de l'autre, et de les distinguer* [1].

Le reproche adressé à Wolff s'inscrit manifestement dans ce cadre. Il est incontestable qu'il ait cherché à penser la « réunion » de l'entendement et des sens dans la connaissance. Et c'est précisément cela qui, selon Kant, l'aurait conduit à sous-estimer la différence originaire, et proprement transcendantale, entre les deux sources. Pour bien mesurer la rupture que Kant prétendait accomplir par rapport à Wolff sur ce point, il faut donc d'abord comprendre cet horizon problématique commun aux deux auteurs, où s'impose l'exigence d'articuler le sensible et l'intellectuel par l'analyse et la distinction. On pourra alors saisir plus exactement ce qui, aux yeux de Kant, et contre Wolff, empêche malgré tout que l'on rabatte les deux sources l'une sur l'autre, ce qui

1. CRP, A 51-52 / B 75-76, AK III, 75, nous soulignons.

justifie qu'on les « isole » et qu'on les « distingue » *d'autant plus soigneusement*. La doctrine wolffienne de la distinction et de la confusion pourrait ainsi apporter un éclairage original et problématique sur la délimitation critique des deux sources de la connaissance.

L'ENTENDEMENT, POUVOIR DE REPRÉSENTER DISTINCTEMENT

La *Deutsche Logik* [1] présente la distinction des représentations comme l'œuvre propre de l'entendement, et comme ce qui permet d'articuler, sans solution de continuité, le sensible et l'intellectuel. Cette démarche est évidemment inspirée par la classification des représentations qui avait été opérée par Leibniz en 1684 dans les *Méditations sur la connaissance, la vérité et les idées* [2], mais, nous allons le voir, elle s'en écarte sur certains points significatifs. Wolff commence par définir le *concept* en général, comme la représentation d'une chose :

> j'appelle concept toute représentation d'une chose dans nos pensées. Par exemple, j'ai un concept du soleil, si je peux me le représenter dans des pensées, que ce soit par une image, comme si je le voyais vraiment devant moi, ou que ce soit simplement par des mots [3].

Cette définition appelle deux remarques : d'abord, on voit que le concept recouvre explicitement des modalités de représentation très différentes, de la plus sensible et concrète (l'image) jusqu'aux plus abstraites. Ensuite, le concept est la représentation singulière d'*une chose*, par rapport à laquelle précisément les différentes modalités du concept s'articulent : la même chose qui est perceptible par les sens, doit être aussi, nécessairement, *pensable*.

C'est sur cette base que se déploie la hiérarchisation des concepts, selon qu'ils représentent plus ou moins bien la chose, du plus obscur jusqu'au plus distinct. Un concept est obscur lorsqu'il ne nous permet pas encore de reconnaître la chose qu'il représente. Un concept est clair lorsqu'il permet cette reconnaissance. Un concept clair est aussi distinct si l'on peut reconnaître en lui et énumérer, au moins en partie, les « caractères » (*Merkmale*) par lesquels nous connaissons la chose [4]. Il sera confus dans le cas contraire. Par exemple, nous avons un concept clair du rouge, dans la mesure où nous savons le reconnaître lorsque nous le voyons, mais sans distinguer *en quoi* il diffère des autres couleurs.

L'enjeu de ces développements ne se limite cependant pas à dégager la simple capacité épistémologique à reconnaître une chose, et à la distinguer de

1. *Deutsche Logik*, dans Christian Wolff, *Gesammelte Werke* (dorénavant : GW) I, 1, Hildesheim, Zürich, New York, G. Olms, 1965.

2. *Méditations sur la connaissance, la vérité et les idées*, trad. fr. P. Schreker, dans *Opuscules philosophiques choisis*, Paris, Vrin, 2001.

3. *Deutsche Logik*, § 4, p. 123.

4. *Deutsche Logik*, § 13, p. 128.

toutes les autres. La distinction sert aussi à comprendre, sur un plan ontologique, comment la chose est *possible*, ce qui la fonde au niveau de sa constitution propre. Par exemple, lorsqu'on se demande, comme dans la cosmologie, comment les phénomènes (comme les couleurs) sont produits par des corpuscules insensibles, le passage du confus au distinct est aussi un passage de ce que nous constatons dans l'expérience, comme fait, à la justification de ce fait dans le registre de la possibilité.

Or, dans le cas de la connaissance humaine, cette remontée de l'effectif au possible se joue avant tout au niveau de l'*aperception*. Le fait fondamental de notre connaissance est que nous n'apercevons pas tout, que notre attention est située dans l'espace et dans le temps, qu'elle ne peut considérer que peu de choses à la fois. C'est cela qui fait perpétuellement sombrer tout le reste dans l'obscurité ou la confusion. L'exigence d'analyse des représentations, qui permet de passer de la confusion à la distinction, de l'effectif au possible, signifie donc d'abord qu'il faut pouvoir passer de notre *aperception* empirique actuelle ou effective à *une perception elle-même potentielle*. Au-delà de ce que nous apercevons effectivement d'une chose, il y a forcément ce que nous *pourrions en percevoir*, et cette possibilité est directement liée à la *possibilité de la chose elle-même*.

L'analyse des concepts n'est donc pas simplement un travail psychologique ou même logique. Elle a pour Wolff une portée véritablement ontologique, la remontée de l'effectif au possible dans la distinction se faisant donc tout à la fois *a parte rei* et *a parte cogitantis*. On comprend donc que Wolff puisse définir l'entendement comme « le pouvoir de penser le possible » [1], et comme « le pouvoir de représenter distinctement ce qui est possible » [2]. La possibilité au sens ontologique (celle des choses) rejoint la pensabilité, c'est-à-dire la possibilité de développer notre aperception pour rendre nos concepts distincts. Ces définitions de l'entendement s'inscrivent d'ailleurs dans une compréhension de la philosophie elle-même comme « la science des possibles en tant qu'ils peuvent être » [3].

L'APERCEPTION EMPIRIQUE

La distinction des concepts définit donc une aperception *potentielle*, qui est étroitement corrélée à la possibilité de la chose représentée. Mais l'originalité de Wolff, notamment par rapport à Leibniz, est d'avoir fortement insisté sur la nécessité d'articuler cette aperception potentielle à l'aperception effective, c'est-à-dire empirique. En effet, du point de vue de Wolff, il faut bien que notre capacité à analyser le concept, à le rendre distinct en dégageant ses

1. *Deutsche Logik*, § 15, p. 129.
2. *Deutsche Logik*, § 36, p. 141.
3. *Discours préliminaire*, § 29, trad. fr. sous la direction de Th. Arnaud, W. Feuerhahn, J.-F. Goubet et J.-M. Rohrbasser, Paris, Vrin, 2006, p. 89.

caractères internes, se *réalise* ou s'*actualise* dans une aperception effective. C'est pourquoi Wolff accorde une extrême importance à la psychologie empirique, qui est étroitement liée à l'ontologie et à la logique, et où l'*attention* apparaît comme l'opération fondamentale de l'esprit. Le problème est alors de savoir comment elle peut être guidée ou dirigée pour atteindre les caractères constitutifs du concept.

Wolff développe ainsi la classification de Leibniz et l'inscrit dans cette perspective nouvelle où la distinction potentielle de la représentation est étroitement reliée à son actualisation dans l'aperception empirique, et donc dans la sensibilité. Jean-Paul Paccioni a bien montré en quoi ce réaménagement que Wolff fait subir à la doctrine leibnizienne de la distinction « ne lui permet pas d'affirmer aussi clairement que Leibniz que les concepts sont tous virtuellement présents et se développent par leur propre force ». Au contraire, Wolff est conduit à reconnaître que « l'esprit les engendre dans leur actualité à partir de ce qui apparaît de manière sensible » [1].

Cela explique notamment que Wolff soit beaucoup plus enclin que Leibniz à considérer le concept de manière *méréologique*, comme un tout composé de représentations partielles, qu'il appelle les « notes » ou les « caractères » – le terme allemand *Merkmal* exprimant bien qu'il s'agit des corrélats de l'*attention*, c'est-à-dire, ce que l'on peut remarquer dans la représentation. Pour Leibniz, la distinction ne saurait se limiter à cela : nous avons par exemple une idée distincte ou même « complète » de l'éternité, « puisque nous en avons la définition », mais « on ne forme point l'idée des infinis par la composition des parties » [2]. Pour Leibniz, il y a là un malentendu qui vient précisément de ce que l'on confond l'idée avec l'image, et la perception avec ce que nous sommes capables d'*apercevoir*. Ainsi, nous pouvons avoir une « idée », mais en aucun cas une « image » de l'infiniment petit ; une telle image est

> impossible suivant la présente constitution de notre corps, et si nous la pouvions avoir, elle serait à peu près comme celle des choses qui nous paraissent maintenant *aperceptibles* [souligné par Leibniz] ; mais en récompense ce qui est maintenant l'objet de notre imagination nous échapperait et deviendrait trop grand pour être imaginé [3].

La distinction propre à l'idée d'infiniment petit vient par exemple de ce que l'esprit considère qu'il peut diviser une ligne par deux, puis recommencer, et répéter la même opération – donc de « la similitude ou de la même raison » [4], plutôt que de la composition (ou décomposition) de parties. C'est pour cette raison que Leibniz qualifie l'infini d'« absolu » : il ne peut se résoudre en parties aperceptibles, et même en parties *potentiellement* aperceptibles.

1. J.-P. Paccioni, *Cet esprit de profondeur. Christian Wolff, l'ontologie et la métaphysique*, Paris, Vrin, 2006, p. 100.
2. Leibniz, *Nouveaux essais sur l'entendement humain*, Paris, GF-Flammarion, 1990, p. 203.
3. *Ibid.*
4. *Nouveaux essais sur l'entendement humain*, p. 124.

Or, l'infléchissement apporté par Wolff à la doctrine de la distinction témoigne précisément d'un souci beaucoup plus marqué de considérer l'analyse comme la mise au jour de ce qui doit être aperceptible, au moins potentiellement – ce qui implique bien de considérer les représentations comme des touts que l'on décompose, en « caractères », *dans notre attention*. Wolff adopte donc ici une position originale, qu'on peut situer aussi bien par rapport à Locke que par rapport à Leibniz.

Dans les *Nouveaux essais*, Leibniz a en effet attaqué sur ce thème la conception lockienne des idées. D'abord, en refusant de faire des *idées simples* le fondement de la connaissance, grâce à l'argument des « perceptions inconscientes » [1] ; ensuite, en montrant l'indépendance de l'entendement vis-à-vis de la sensation, en soulignant l'importance des vérités nécessaires, qui ne peuvent naître que de la pensée elle-même. C'est en ce sens que Leibniz a exploité contre Locke le thème de la *réflexion*, comprise comme « attention à ce qui est en nous » [2], comme une aperception qui n'est pas simplement empirique, et dans laquelle l'esprit s'éprouve lui-même comme l'origine dynamique des vérités qu'il connaît. Mais, malgré tout, Leibniz a dû accorder à Locke que les sens *occasionnent notre aperception*, y compris celle des idées et principes innés :

> il y a des idées et des principes qui ne nous viennent pas des sens, et que nous trouvons en nous sans les former, *quoique les sens nous donnent occasion de nous en apercevoir* [3].

C'est cette dernière perspective que Wolff reprend et approfondit. Il ne s'agit plus pour lui d'intégrer en quelque sorte à la marge le rôle des sens et de l'aperception empirique comme simple *occasion* de notre perception, mais de mener une tentative beaucoup plus large de conciliation avec la démarche « historique » de Locke, qui repose sur l'aperception empirique. C'est ce qui apparaît très clairement dans le *Discours préliminaire sur la philosophie en général* :

> la connaissance historique ne doit pas être négligée par celui qui aspire à la connaissance philosophique, et même n'admet comme possibles que les choses dont on voit qu'elles sont et se produisent [4].

Wolff reconnaît à cette connaissance historique un véritable rôle de « fondement » [5]. La remontée philosophique vers le possible est ainsi toujours étroitement liée à l'*actualisation de ce possible*, à la manière dont il se « produit » ou se réalise *dans l'expérience*.

On saisit alors l'importance de la notion d'*attention*, définie dans la *Psychologia empirica* comme la « faculté d'apercevoir plus clairement un

1. *Nouveaux essais sur l'entendement humain*, p. 41 *sq*.
2. *Nouveaux essais sur l'entendement humain*, p. 40.
3. *Ibid*.
4. *Discours préliminaire*, § 75, trad. fr., p. 75.
5. *Ibid*.

élément donné au sein d'une représentation composée » [1], autrement dit comme l'opération empirique qui réalise le travail logique de distinction. Et c'est à l'attention ainsi définie que Wolff va joindre une autre faculté, la *réflexion*, dont on a vu quel rôle stratégique elle a pu jouer dans la critique de Locke par Leibniz. Pour Wolff, la réflexion est « l'attention dirigée successivement sur les différents éléments qui sont contenus dans les choses que nous percevons » [2]. Elle est donc bien ce qui nous mène à des représentations distinctes, en *dirigeant l'attention*, pour isoler les caractères véritablement distinctifs, ceux qui appartiennent à la nature de la chose, d'autres caractères qui ne leur sont liés que de manière contingente dans l'expérience. Wolff donne ainsi l'exemple des arbres, dans lesquels la réflexion nous permet de considérer plus précisément les feuilles, les troncs, les branches, etc., afin de repérer les caractères par lesquels ils diffèrent [3]. Cette opération, qui guide l'attention selon les exigences de la distinction, apparaît ainsi comme le pivot de la démarche de conciliation entre la connaissance philosophique et la connaissance historique.

La réflexion selon Kant

À bien des égards, la *Critique de la raison pure* s'installe sur le terrain problématique ainsi préparé par Wolff. Kant entend lui aussi remonter de l'expérience aux conditions *a priori* de sa possibilité, tout en insistant inversement sur l'importance de considérer cet *a priori*, non pas isolément ou pour luimême, mais dans la mesure précisément où il ne s'actualise que dans l'expérience. La spécificité de l'entreprise critique va cependant résider en la prise en compte de ce qui, dans l'expérience, ne se réduit jamais à des conditions *intellectuelles* de possibilité, à savoir les conditions spécifiquement *sensibles* de la donation même des objets.

L'usage que fait Kant de la notion de « réflexion » le montre bien. Dans la *Logique*, Kant la définit comme une opération fondamentale de production des concepts, associée à la « comparaison » et à l' « abstraction » :

> Les actes logiques de l'entendement, par lesquels les concepts sont produits selon la forme, sont :
>
> – la *comparaison*, c'est-à-dire la confrontation des représentations entre elles en rapport avec l'unité de la conscience ;
>
> – la *réflexion*, c'est-à-dire la prise en considération de la manière dont diverses représentations peuvent être saisies dans *une* conscience ;
>
> – enfin l'*abstraction* ou la séparation de tout ce en quoi pour le reste les représentations données se distinguent.

1. *Psychologia empirica*, GW II, 5 (1966), § 237.
2. *Psychologia empirica*, § 257.
3. *Ibid.*

> [...] ces trois opérations logiques de l'entendement sont les conditions générales et essentielles de production de tout concept en général – par exemple, je vois un pin, un saule et un tilleul. En comparant tout d'abord ces objets entre eux, je remarque qu'ils diffèrent les uns des autres au point de vue du tronc, des branches, des feuilles, etc. ; mais si ensuite je réfléchis uniquement à ce qu'ils ont de commun entre eux, le tronc, les branches et les feuilles mêmes, et si je fais abstraction de leur taille, de leur configuration, etc., j'obtiens un concept d'arbre [1].

De manière frappante, Kant reprend l'exemple des arbres utilisé par Wolff dans la *Psychologia empirica*. Dans les deux textes, la réflexion est l'opération qui consiste à *diriger l'attention* sur les « caractères » qui composent les représentations. Il y a cependant une différence très nette : alors que Wolff voyait dans la réflexion une opération consistant à dégager les caractères distinctifs d'une représentation singulière, pour Kant, elle consiste bien plutôt à isoler les caractères qui sont *communs* à plusieurs représentations, dans la mesure où le concept est désormais considéré comme représentation universelle, produisant l'unité de l'aperception dans une diversité de représentations données.

Parce que le concept est pour Kant une représentation universelle, son contenu est déterminé par son application dans des cas différents. La valeur du concept réside avant tout en ce qu'il est un « principe de connaissance » :

> Tout concept, comme *concept partiel*, est contenu *dans* la représentation des choses ; comme *principe de connaissance*, c'est-à-dire comme *caractère*, ces choses sont contenues *sous* lui. Du premier point de vue, tout concept a un *contenu* ; du second point de vue, il a une *extension*. [...] *L'universalité ou la valeur universelle du concept repose non pas sur le fait que le concept est concept partiel mais sur le fait qu'il est un principe de connaissance* [2].

Si l'entendement retrouve grâce au concept le même contenu, les mêmes caractères dans différentes représentations (unité analytique), la valeur véritable du concept réside plus fondamentalement dans le fait qu'il peut être appliqué, précisément, à des représentations *différentes* (unité synthétique), représentations qu'il contient *sous lui* plutôt qu'*en lui*. C'est cela, en effet, qui permet à l'entendement de « surplomber » la diversité infinie des « représentations données », afin pour ainsi dire de « s'y retrouver ».

C'est dans cette perspective que la « réflexion » joue pour Kant un rôle central. C'est à elle qu'il revient, comme chez Wolff, de *guider l'aperception empirique*, pour dégager le contenu du concept – de manière analytique, certes, mais surtout – et cela n'est pas chez Wolff – en vue de toutes les synthèses dans lesquelles ce concept peut être engagé, en tant que « principe de connaissance ». L'exigence de synthèse se trouve ainsi combinée, de manière problématique, avec l'anticipation dans les « représentations données » des caractères conceptuels que l'on va pouvoir y *reconnaître*, bref, avec l'exigence d'analyse – ce qu'exprime la reprise du vocabulaire wolffien de la « réflexion ». Il reste

1. *Logique*, AK IX, 94-95, trad. fr. L. Guillermit, Paris, Vrin, p. 103.
2. *Logique*, AK IX, 95-96, trad. cit., p. 105. Nous soulignons.

cependant que la synthèse est l'opération fondamentale de l'entendement, ce qui fait du concept une représentation nécessairement universelle, appelée à être appliquée dans des cas toujours différents [1]. Le statut si problématique de la réflexion tient à cette anticipation par laquelle l'entendement combine de manière complexe les exigences de l'unité analytique (ce que l'on pense déjà dans le concept et que l'on retrouve dans les « représentations données ») et celles de l'unité synthétique (les caractères que l'on ne pense pas encore, et qu'il faut ajouter au concept dans son application).

LA DISTINCTION ET LE POUVOIR DE JUGER

La *Logique* définit la « réflexion » comme la « prise en considération de la manière dont diverses représentations peuvent s'unifier en une conscience ». Cette formulation très ouverte recouvre en fait une sorte d'indécision, inévitable dans le cadre de la logique générale, entre l'unification analytique des représentations, et l'unification synthétique sur laquelle elle fait fond. La même indécision se retrouve dans le § 16 de la *Critique*, lorsque Kant déclare que « le *je pense* doit nécessairement *pouvoir* accompagner mes représentations » [2]. Comme il le précise immédiatement en note, cette formule désigne l'unité *analytique* de l'aperception, qui « vient s'attacher à tous les concepts communs en tant que tels » [3] ; mais elle renvoie aussi, et plus fondamentalement, à l'unité *synthétique* de l'aperception, par laquelle ces caractères communs sont inscrits dans la diversité constitutive des phénomènes, tels qu'ils sont donnés dans l'espace et le temps.

Pour saisir la subtilité de la position de Kant sur ce point, on peut la rapprocher de ce qu'affirmait Locke dans l'*Essay* : « *la conscience accompagne toujours la pensée* » [4]. Kant, pour sa part, énonce que « le *je pense* doit nécessairement *pouvoir* accompagner mes représentations », en soulignant le terme « *pouvoir* » : de fait, c'est ce terme qui, dans la proximité même des deux formules, marque la différence essentielle avec la « conscience » lockienne. Chez Locke, en effet, que la conscience accompagne toujours la pensée apparaît comme un *fait*, qui s'atteste comme tel à chaque nouvelle expérience. Chez Kant, c'est *en droit* que l'aperception pure *doit pouvoir* accompagner nos représentations. Or cette remontée du fait au droit, de l'effectif au nécessairement possible, s'inscrit nettement dans la continuité de la démarche wolffienne.

1. Chez Wolff, c'est à l'*abstractio* qu'il revient de produire des concepts communs, tandis que la réflexion consiste à distinguer ce qui est contenu dans nos perceptions singulières (*Logica*, § 716, GW II, 1.2, p. 515). Dans la *Logique*, Kant critique cela en insistant sur le caractère simplement négatif de l'abstraction, qui n'explique pas comment sont sélectionnés positivement les caractères universels du concept (*Logique*, AK IX, 95, trad. fr. L. Guillermit, p. 104).

2. CRP, B 131, AK III, 108.

3. CRP, B 133, AK III, 110.

4. *Essai sur l'entendement humain*, II.27.9.

Pour Kant comme pour Wolff, l'exigence de ramener l'expérience à la distinction, c'est-à-dire à la saisie intellectuelle de ce qui la rend possible, suppose d'y reconnaître un donné confus que l'on peut analyser, au-delà de notre aperception empirique immédiate. Que le « je pense » doive *pouvoir* accompagner les représentations signifie en effet aussi bien qu'il y a des représentations qui ne sont pas *effectivement* conscientes, mais qui le sont *potentiellement*, c'est-à-dire obscurément ou confusément. Dans l'*Anthropologie*, l'opposition à Locke, sur ce thème, est explicite :

> Avoir des représentations et cependant n'en être pas conscient, cela semble contenir une contradiction. Car comment pouvons-nous savoir que nous les avons si nous n'en sommes pas conscients ? Cette objection, *Locke la faisait déjà* et, pour cette raison, refusait l'existence même d'une telle sorte de représentations. Simplement, *nous pouvons posséder une conscience médiate d'une représentation, sans en être immédiatement conscients* [1].

Cette conscience médiate, c'est celle du « je pense » qui *doit pouvoir* accompagner la représentation. La suite du texte précise en quoi consiste cette médiateté, et par conséquent ce « pouvoir », en des termes plutôt wolffiens :

> De telles représentations s'appellent obscures ; les autres sont claires, et quand leur clarté s'étend aussi aux représentations partielles du tout qu'elles constituent, et à leur liaison, ce sont des représentations distinctes ; et ce, qu'il s'agisse de la pensée ou de l'intuition.
>
> Lorsque je suis conscient de voir un homme loin de moi, dans une prairie, si en même temps je ne suis pas conscient de voir ses yeux, son nez, sa bouche, etc., je ne fais à vrai dire que conclure que cette chose est un homme ; car si je voulais prétendre, parce que je ne suis pas conscient de percevoir ces parties de la tête (et de la même manière les autres parties de cet homme), que je n'ai pas du tout ces représentations dans mon intuition, alors je ne pourrais pas non plus dire, que je vois un homme ; car c'est de ces représentations partielles que le tout (de la tête ou de l'homme) est composé [2].

Kant oppose ici à Locke un exemple qui semble tout droit sorti de la psychologie empirique de Wolff, où l'on part d'une représentation empirique pour en inférer les représentations partielles qui doivent la composer, et qui en justifient la possibilité. La médiateté de la conscience s'entend donc ici de ces représentations partielles qui composent le tout.

Néanmoins, cette proximité avec Wolff doit être nuancée. Il faut en effet prêter attention à l'incise ajoutée après la définition de la clarté et de la distinction : ces différences dans la conscience de nos représentations s'entendent, dit Kant, « qu'il s'agisse de la pensée ou de l'intuition ». Or Kant précise, à propos de l'homme vu dans le champ, que c'est « dans mon *intuition* » que les représentations partielles sont contenues. Cette précision est décisive, car elle signale le point où Kant retourne littéralement contre Wolff sa propre problé-

1. *Anthropologie*, AK VII, 135. Nous soulignons.
2. *Ibid.*

matique de la distinction. Dans la *Logique*, il identifie en effet *deux sortes de distinction*, l'une qui est « sensible », l'autre qui est « intellectuelle » :

> La distinction peut être de deux sortes :
>
> Premièrement, *sensible* – Celle-ci consiste en la conscience du divers dans l'intuition. Je vois par exemple la voie lactée comme une bande blanchâtre ; les rayons lumineux provenant de chacune des étoiles qui s'y trouvent doivent nécessairement être parvenus à mes yeux. Mais la représentation que j'en avais n'était que claire et ne deviendra distincte que grâce au télescope, parce que j'aperçois maintenant chacune des étoiles contenues dans cette bande blanche.
>
> Deuxièmement, *intellectuelle* – *Distinction dans les concepts* ou *distinction d'entendement*. Elle repose sur l'analyse du concept au point de vue du divers qui s'y trouve contenu. Ainsi, on trouve contenus dans le concept de vertu les caractères suivants : 1) le concept de liberté ; 2) le concept d'attachement aux règles (le devoir) ; 3) le concept de maîtrise de la force des inclinations [...]. Si nous décomposons ainsi le concept de vertu en ses éléments constituants, nous le rendons distinct par cette analyse même. Mais en rendant un concept distinct nous ne lui ajoutons rien ; nous le définissons seulement [1].

La distinction intellectuelle consiste à décomposer un concept pour amener à l'aperception ce qui s'y trouve déjà contenu. Kant insiste ici sur le caractère simplement formel de cette opération, qui revient en somme à une définition. La matière d'un concept n'est pas perfectionnée lorsqu'on le rend ainsi distinct, parce qu'aucun caractère ne lui est ajouté. Au contraire, dans la distinction esthétique, il y a manifestement un perfectionnement non seulement quant à la forme, mais aussi quant à la matière : elle est la conscience du divers dans l'intuition, en tant que ce divers n'était pas encore contenu dans notre représentation.

On comprend alors que Kant ait pu, dès 1770, opposer à Wolff que les représentations sensibles puissent être « fort distinctes ». Or, après 1770, avec la mise au jour des formes *a priori* de la sensibilité, il devient de plus en plus incontestable aux yeux de Kant que l'élément sensible de notre connaissance apporte avec lui *sa distinction propre*, qui s'opère dans le divers de l'intuition et oblige l'entendement à constamment *sortir de ses représentations*, pour produire l'unité *synthétique* de l'aperception.

Mais ce qui fait tout le sens problématique de cette avancée, c'est que la « distinction » esthétique ainsi dégagée conserve malgré tout une certaine parenté avec la distinction conceptuelle, telle que pouvait la concevoir Wolff. En effet, l'espace et le temps, comme formes *a priori*, s'inscrivent encore, et même plus que jamais, dans le questionnement sur la *possibilité de l'expérience*, c'est-à-dire aussi bien sur l'ensemble de ces représentations *potentiellement aperceptibles* qui sous-tendent et précèdent en permanence l'expérience effective. L'espace et le temps sont à la fois les formes simplement

1. *Logique*, AK IX, 35, trad. cit. (modifiée), p. 37-38.

subjectives de notre réceptivité sensible, et ce *dans quoi* doivent être contenues, en quelque sorte par avance, toutes nos représentations, de même que les représentations des différentes étoiles sont « déjà » présentes dans la représentation confuse de la voie lactée. C'est ici que joue à plein l'ambiguïté irréductible de la « réflexion » kantienne, qui oscille en permanence entre l'analyse – la reconnaissance de ce qui est déjà contenu « dans » nos représentations –, et la synthèse. C'est pourquoi l'espace et le temps, qui ne sont pas en eux-mêmes des concepts, se prêtent pourtant à un *usage conceptuel*, où l'entendement *retrouve* des caractères communs – l'unité synthétique devant bien finalement se résoudre en unité analytique. C'est aussi pourquoi la *Critique* présente l'espace et le temps comme ces formes qui « se tiennent prêtes *a priori*, dans l'esprit » à accueillir l'ensemble de nos sensations [1], ou encore, qui « font que le divers du phénomène *peut être* ordonné selon certains rapports » [2]. Nous soulignons « peut être » ; cette modalisation est un ajout de la deuxième édition, qui exprime le rôle crucial que jouent ainsi les formes de la sensibilité dans le *pouvoir* de juger tel que le comprend Kant – au sens exact où il écrira ensuite dans l' « Analytique » que le « je pense » *doit pouvoir* accompagner toutes les représentations : simplement ce pouvoir ne peut-il s'actualiser que par la sortie du concept qu'impose d'emblée une réceptivité sensible munie *a priori* de ses formes propres.

LES REPRÉSENTATIONS INTELLECTUELLES CONFUSES

Il y a ainsi pour Kant une distinction proprement esthétique, qui vient complètement bouleverser la classification wolffienne des représentations, confirmant que les représentations sensibles puissent être « fort distinctes », et non pas nécessairement confuses – la doctrine du sensible confus étant présentée dans l' « Esthétique transcendantale » comme une « falsification du concept de sensibilité et de phénomène » [3]. Mais on comprend alors du même coup pourquoi Kant a pu opposer aussi bien à Wolff, dès 1770, *et pour la même raison*, que les représentations intellectuelles pouvaient être, à l'inverse, fort confuses.

La question se pose en effet de savoir comment de telles représentations peuvent parvenir à l'aperception (empirique) et donc à la distinction. Très vite, Kant est amené à reconnaître, à la suite de Wolff, que cela ne peut se faire qu'*à l'occasion de l'expérience*. Mais la prise en compte de la constitution *synthétique* de cette même expérience change entièrement la donne par rapport à Wolff, dans la mesure où les concepts intellectuels s'y trouvent engagés dans un rapport problématique avec les formes de la sensibilité (ou, en 1770 : les « formes du monde sensible »). Dès lors, les concepts intellectuels ne nous sont accessibles qu'en faisant « attention aux actes [de l'entendement] à

1. CRP, A 20 / B 34, AK III, 50.
2. *Ibid.*
3. CRP, A 43 / B 60, AK III, 66.

l'occasion de l'expérience » [1], et « l'intellection ne nous est permise que par concepts universels dans l'abstrait et non par saisie singulière dans le concret » [2]. Cela signifie que ces concepts sont des *règles* pour des expériences toujours diverses, mais se dérobent eux-mêmes à toute saisie analytique qui leur donnerait un contenu propre et achevé.

Très tôt, Kant a ainsi perçu une irréductible hétérogénéité entre les exigences de l'analyse conceptuelle et les exigences de la donation sensible, en particulier s'agissant des concepts les plus proprement intellectuels. Ainsi, dans une note importante des *Rêves d'un visionnaire*, il s'interroge sur l'origine du concept d' « esprit » :

> Si le concept d'esprit [*Geist*] était abstrait de nos concepts empiriques particuliers, alors le processus pour le rendre distinct serait aisé, dans la mesure où l'on aurait simplement à indiquer les caractères par lesquels les sens nous ont rendu manifeste cette sorte d'être, et par lesquels nous la distinguons des choses matérielles. Or, il se trouve cependant que l'on parle des esprits, alors même que l'on doute qu'il y ait véritablement de tels êtres. Dès lors, le concept d'une nature spirituelle ne peut être considéré comme un concept abstrait de l'expérience. Vous demandez alors : comment en est-on donc arrivé à ce concept en général, si ce n'est en passant par l'abstraction ? Je réponds : beaucoup de concepts proviennent d'inférences secrètes et obscures à l'occasion d'expériences, et de là se greffent sur d'autres, sans que l'on soit conscient de l'expérience elle-même, ou de l'inférence sur laquelle se fonde le concept. On peut appeler *subreptices* de tels concepts [3].

Il s'agit ici de comprendre comment le concept d'esprit peut être obtenu, et rendu *distinct*. Ce concept intervient dans nos expériences, il s'insinue subrepticement en elles, sans que nous soyons capables d'identifier les *caractères* qui le composent, et qu'il suffirait d'extraire des expériences concernées. Si une telle opération était possible, cela ferait de l'esprit un objet des sens, et du concept d'esprit un concept simplement empirique. Mais précisément, dès 1765, Kant reconnaît dans l'impossibilité d'une telle analyse logique, dans cette formation subreptice, la marque des concepts les plus intellectuels, en ce qu'ils ne peuvent être *dérivés de l'expérience*, et sont bien plutôt au fondement de sa possibilité. Dans la *Dissertation de 1770*, Kant écrit ainsi que les substances immatérielles, comme les esprits, ou dieux, ne sont jamais susceptibles d'une présence locale, et il nomme « vice de subreption » la tendance qu'a l'entendement à attribuer à leur concept un tel prédicat. Kant leur attribue dès lors une présence *virtuelle* ou *potentielle* (AK II, 414). Cela revient bien à dire que dans une expérience constituée par des synthèses sensibles, ces fondements intellectuels de la possibilité des objets ne peuvent être rendus distincts, parce qu'ils ne peuvent avoir de *contenu* propre.

1. *Dissertation de 1770*, AK II, 395, trad. fr. A. Pelletier, p. 95.
2. *Dissertation de 1770*, AK II, 396, trad. cit., p. 99.
3. *Rêves d'un visionnaire*, AK II, 320.

Dans la *Critique de la raison pure*, ce renversement de la logique wolffienne du distinct et du confus se renforce encore à propos des catégories. Celles-ci sont les conditions de possibilité de l'expérience. Mais, loin que cela en fasse des concepts distincts, l'exigence logique de leur *analyse* se heurte en permanence au fait que c'est la *synthèse* qu'elles rendent possible, ce qui conduit la pensée en permanence hors d'elle-même, empêchant toute définition achevée. Kant s'explique nettement sur ce point dans la « Théorie transcendantale de la méthode » :

> À proprement parler, on ne peut pas [...] définir un concept donné *a priori*, par exemple la substance, la cause, le droit, l'équité, etc. En effet, je ne peux jamais être certain que la représentation distincte d'un concept donné (encore confus) a été suffisamment développée, ce qui arrive lorsque je sais qu'elle est adéquate à l'objet. Mais comme le concept de cet objet, tel qu'il est donné, peut contenir beaucoup de représentations obscures *que nous négligeons dans l'analyse, alors même que nous en avons constamment besoin dans l'application*, l'exhaustivité de l'analyse de mon concept est toujours douteuse, et peut seulement être rendue probable par un grand nombre d'exemples concordants, mais jamais apodictiquement certaine [1].

Ainsi la matière de ces concepts est-elle d'abord déterminée par son application à la matière sensible des phénomènes, dans une synthèse toujours renouvelée, plutôt que par la résolution consciente et exhaustive de ce concept en ses éléments logiques constitutifs. Ce défaut d'analyse logique est irréductible : il tient à ce que le concept pur de l'entendement n'est rien d'autre que « la synthèse pure, représentée universellement », et va donc de pair avec la reconnaissance des formes *a priori* de la sensibilité et du divers dans lequel elles installent nos représentations, comme les formes originaires de la donation des objets.

Les concepts purs de l'entendement, précisément parce qu'ils précèdent toute expérience et la rendent possible, ne peuvent être rendus distincts par la mise au jour de caractères identifiables dans cette même expérience. Au début du chapitre sur le schématisme, qui pose directement la question de l'application de ces concepts, Kant insiste ainsi sur leur radicale *hétérogénéité* vis-à-vis de toutes les représentations empiriques qu'elles rendent pourtant possibles :

> les concepts purs de l'entendement, comparés aux intuitions empiriques (ou même, en général, aux intuitions sensibles), leurs sont entièrement hétérogènes et ne se peuvent jamais rencontrer dans quelque intuition que ce soit [2].

Cela signifie qu'il est impossible de les dégager analytiquement de ce qui est contenu *dans* les représentations empiriques – à la manière dont par exemple le concept d'arbre peut être formé. Le seul élément qui, dans cette application, manifeste quelque homogénéité à la fois avec l'universalité des catégories et avec le sensible, c'est le temps, comme « condition » universelle

1. CRP, A 728-729 / B 756-757, AK III, 478, nous soulignons.
2. CRP, A 137 / B 176, AK III, 134.

de toutes nos représentations, mais aussi comme forme de la synthèse, qui conduit la pensée à constamment sortir d'elle-même – tout en restant lui-même une « simple forme », ouvrant la *possibilité* de la donation d'un contenu qui, en fin de compte, ne pourra être qu'empirique. Tout renvoie donc au *pouvoir de juger*, qui est non pas la possibilité de l'expérience représentée comme un contenu conceptuel distinct, mais bien plutôt l'articulation problématique de l'analyse (logique) et de la synthèse (sensible), dans un seul et même usage empirique de nos facultés.

Conclusion

Il y a ainsi une incontestable continuité entre Wolff et Kant, dans la reconnaissance commune que l'expérience ne se soutient pas d'elle-même, que nos représentations ne se limitent pas à ce qui est empiriquement et sensiblement perçu, et que l'œuvre propre de l'entendement, dans la recherche de la distinction, consiste à remonter à ce qui fonde l'expérience dans sa possibilité même. Ils se rejoignent aussi pour articuler étroitement cette pensée du possible à la manière dont l'expérience et l'aperception empirique réalisent l'effectuation de ce possible. La proximité des deux auteurs, en ce domaine, s'atteste notamment dans la reprise très nette par Kant de la « réflexion » wolffienne.

Cela posé, on peut d'autant mieux situer où se joue pourtant le déplacement considérable que Kant fait subir à la problématique de la distinction, en la subordonnant à la mise au jour des formes *a priori* de la sensibilité que sont l'espace et le temps. Celles-ci imposent, avant toute expérience, et au niveau même des conditions de possibilité de l'expérience, leur *distinction propre*. Celle-ci ouvre l'entendement à ce qui n'est pas encore contenu *dans* ses représentations, mais qui doit provenir de l'extériorité de la donation sensible. Si « le “je pense” *doit* nécessairement *pouvoir* accompagner toutes nos représentations », l'actualisation de cette possibilité passe toujours chez Kant par la synthèse, par la sortie du concept ainsi ouvert à la réceptivité de l'intuition sensible. C'est une affirmation récurrente de la *Critique* : « la sensibilité réalise l'entendement, mais en cela-même le restreint » [1].

Dès 1770, c'est en tenant compte de cette distinction proprement esthétique, dont il commençait seulement à apercevoir la véritable portée, que Kant a pu affirmer contre Wolff que les représentations sensibles pouvaient être « fort distinctes », tandis que les représentations intellectuelles pouvaient être « très confuses ». Ce renversement est encore plus marqué dans la *Critique*, où l'espace et le temps ne sont plus simplement des formes du monde sensible, mais des formes *de notre sensibilité elle-même* – ce qui inscrit la synthèse au cœur de l'expérience, dans l'esprit lui-même ; la sensibilité acquiert alors d'autant plus de droits à une distinction propre que celle-ci se trouve désormais

1. CRP, A 147 / B 187, AK III, 139.

fondée sur la nécessité et l'universalité de formes *a priori* ; l'entendement, pour sa part, est articulé encore beaucoup plus étroitement à la synthèse, ce qui correspond bien au fond à une *confusion nécessaire* de ses concepts purs, qui sont intimement entremêlés avec l'intuition sensible, sans jamais pouvoir y être isolés par un simple travail logique de réflexion et d'abstraction. C'est bien pourquoi Kant précise, à propos de l' « Analytique » des concepts, que celle-ci ne saurait correspondre à une « décomposition du contenu des concepts » – allusion transparente à Wolff –, mais à la « décomposition, encore rarement tentée, du pouvoir même de l'entendement » [1]. À travers la problématique de la distinction, Kant recherche donc bien, tout comme Wolff, le possible au fondement de l'effectif. Mais ce possible correspond chez lui, avant tout, au *pouvoir de juger*, qui ne se comprend qu'à partir de son effectuation dans la synthèse, et donc dans son ouverture originaire à la réceptivité sensible.

Matthieu HAUMESSER
(Professeur en classes préparatoires,
Lycée J.-J. Rousseau de Sarcelles)

1. CRP, A 65 / B 90, AK III, 84.

PENSER LA RÉALITÉ, UNE QUESTION DE NON-CONTRADICTION ? RÉFLEXIONS SUR WOLFF, CRUSIUS ET KANT [1]

1. L'ontologie de Wolff propose, à bien y regarder, deux sens d' « *ens* » auxquels correspondent deux sens de « *nihil* ». Dans les deux cas, on se trouve devant une différence réciproquement exclusive. Je commence avec le premier sens d' « *ens* » ou d' « *aliquid* ». On peut tout d'abord dire qu'un étant est ce qui peut exister ou auquel ne répugne pas la note de l'existence : le prédicat de la possibilité ou de l'impossibilité renvoie à la condition logique qui précède une pareille définition. Une chose ne pourrait pas exister si elle était logiquement contradictoire, si elle contenait en soi l'impossibilité d'être pensée. Parallèlement, une non-chose, un Rien est ce qui est impossible ou ce qui ne peut pas exister, ce à quoi répugne l'existence [2]. Wolff fournit une autre formulation de la même acception du Quelque chose ou du Rien, qui souligne la relation de la réalité ou de l'irréalité avec le principe de non-contradiction : le Quelque chose est ce qui est dénotable à travers une notion, le Rien est, au contraire, ce à quoi ne correspond aucune notion [3]. La note du logiquement possible ou impossible se voit ici fournie par le concept de « notion » : on pourrait exprimer la thèse wolffienne en affirmant que le Quelque chose est ce qui n'est pas contradictoire et, de ce fait, objet de la pensée, et que le Rien est ce qui est contradictoire et, de ce fait, non-objet de la pensée. Le pensable (le Quelque chose) et l'impensable définissent deux domaines réciproquement exclusifs et achèvent, selon Wolff, le pensable entier : « *Inter nihilum et aliquid non dari medium* » [4].

Toutefois, déjà affirmer que le pensable et l'impensable achèvent tout le domaine du pensable montre le caractère réflexif d'une telle affirmation : « pensable » est ici en fait une catégorie logico-ontologique sous laquelle se trouve soit le « pensable », soit l' « impensable » même. Pour l'exprimer d'une manière différente : autant le Quelque chose que le Rien doivent de toute façon

1. Je remercie Jean-François Goubet pour la révision du texte français.

2. Ch. Wolff, *Ontologia*, GW II, 3, § 134, p. 136-138.

3. *Ontologia*, GW II, 3, § 57, 59, p. 40-41.

4. *Ontologia*, GW II, 3, § 60, p. 41.

entrer dans une catégorie plus ample d'« *ens* », s'il est vrai qu'on peut en parler et en dire quelque chose. Affirmer qu'entre le Rien comme impensable et l'*ens* comme pensable il n'y a pas de moyen terme signifie admettre, au moins d'une manière implicite, exactement un terme intermédiaire au fur et à mesure que même l'impensable, c'est-à-dire le Rien, afin d'être affirmé, doit être pensé.

On en arrive ainsi à une seconde définition d'« *ens* » et de « *nihil* », que Wolff n'explicite pas, mais qui, cependant, joue chez lui un rôle central. Qu'on se réfère aux quelques théorèmes qui concernent le Rien :

> *Nihilum non continet rationem, cur aliquid sit* [1] ;
>
> *De nihilo non potest prædicari aliquid* [2] ;
>
> *Ergo nihilum producere, vel efficere nequit aliquid* [3].

Ici « Rien » est un nom, un sujet, un substantif évidemment prédicable, s'il est vrai qu'il ne possède pas la raison expliquant que quelque chose est, qu'il n'est pas capable de produire, ni de créer quelque chose [4].

Dans l'ontologie wolffienne sont donc à l'œuvre deux conceptions parallèles d'« *ens* », l'une explicite, plus étroite, au fondement de laquelle se trouve le principe de non-contradiction, qui établit que l'impossible ou le contradictoire est impensable et ne peut par suite pas exister, l'autre implicite, plus ample, selon laquelle chaque objet nommable dénote un quelque chose, peut-être inexistant. Le Rien est ainsi de toute façon quelque chose, bien qu'inexistant. Pour la première thèse, essence et existence se trouvent dans un rapport de complémentarité – on connaît, dans cette acception, la définition wolffienne de l'existence comme *complementum possibilitatis* [5] –, pour la seconde, elles sont au contraire dans une relation d'opposition : il y a quelque chose de pensable, c'est-à-dire de nommable, qui toutefois ne pourrait jamais devenir

1. *Ontologia*, GW II, 3, § 66, p. 45.
2. *Ontologia*, GW II, 3, § 67, p. 46.
3. *Ontologia*, GW II, 3, § 68, p. 46.
4. Cette substantialisation du Rien, qui devient ainsi un « *nihil privativum* » avait déjà été soulignée par Crusius : *Dissertatio philosophica de usu et limitibus principii rationis determinantis vulgo sufficientis*, 1743, § 11, dans *id.*, *Die philosophischen Hauptwerke*, Bd. 4/1, hg. von S. Carboncini und R. Finster, Hildesheim, Olms, 1987, p. 178-180. *Cf.* H. Pichler, *Über Christian Wolffs Ontologie*, Leipzig, Dürr, 1910, p. 7-8 ; G. Kahl-Furthmann, « Der Satz vom zureichenden Grunde von Leibniz bis Kant », *Zeitschrift für Philosophie und philosophische Forschung* 30, 1970, p. 107-122, voir p. 111 ; W. Stegmüller, « Gedanken über eine mögliche rationale Rekonstruktion von Kants Metaphysik der Erfahrung », dans *id.*, *Aufsätze zu Kant und Wittgenstein*, Darmstadt, Wissenschaftliche Buchgesellschaft, 1970, p. 16 ; S. Carboncini, *Transzendentale Wahrheit und Traum. Christian Wolffs Antwort auf die Herausforderung durch den Cartesianischen Zweifel*, Stuttgart-Bad Cannstatt, Frommann-Holzboog, 1991, p. 131-136 ; A. Lorenz, « Nihil est sine ratione sufficiente. Wolffs Begründung der Ontologie und Leibniz' Scientia de aliquo et nihilo », dans H. Poser (Hg.), *Nihil sine ratione. Mensch, Natur und Technik im Wirken von G. W. Leibniz, VII. Internationaler Leibniz-Kongreß*, Berlin, 10-14 September 2001, p. 744-751.
5. *Ontologia*, GW II, 3, § 174, p. 143.

actuel. Afin de les distinguer, j'appelle la première « thèse logique » – le principe qui la règle est celui de non-contradiction, qui établit le champ d'extension et de validité du concept d' « *ens* » – la seconde, au contraire, « thèse ontologique », dont le principe n'est plus celui de non-contradiction mais celui de nominalisation : sur sa base, chaque terme représente un nom-sujet prédicable. On peut éclaircir la différence des deux thèses en se rapportant aux deux sens de « notion », l'un plus ample et l'autre plus étroit. Sur le fondement du dernier, seul le Quelque chose est possible et donc authentiquement pensable, le Rien étant au contraire impossible en tant que contradictoire, donc impensable. Avec le sens plus étendu, on peut d'un autre côté affirmer que même le Rien est une notion, quoique, comme on le verra bientôt, fallacieuse. Autrement dit : alors que la thèse ontologique renvoie à la catégorie de « notion » sous laquelle se trouvent soit les notions authentiques (réelles), soit les notions inauthentiques (irréelles), la thèse logique se voit justifiée à partir du sens étroit de « *notio* ».

La raison qui pousse Wolff à soutenir la thèse logique et à mettre au second plan la thèse ontologique est double : avant tout l'identification qu'il établit entre pensabilité et représentabilité, puis la superposition de la notion et de la raison suffisante. J'illustre en bref le premier point, en prenant l'exemple wolffien du *bilineum rectilineum* : la figure rectangulaire composée seulement de deux lignes droites constitue une notion fallacieuse (*notio deceptrix*), et est pour cela nulle, parce qu'aucune représentation ne lui correspond :

> *Etsi igitur nulla sit notio, quæ figuræ duabus lineis rectis terminatæ respondeat, consequenter nec termino bilinei rectilinei talis respondere possit* ; *quamdiu tamen notionem verbis istis respondere existimamus, nihilum nobis tanquam aliquid repræsentamus, atque adeo ipsum aliquid mentitur* [1].

Ce passage montre bien l'écart entre la conception large et la conception étroite de « notion » : Wolff y affirme en fait que même si on estime qu'au terme « *bilineum rectilineum* » correspond une notion, on n'est pas capable de lui associer quelque chose dans la représentation. Il y a pourtant des noms qui ne sont pas des notions véritables, pour autant qu'ils n'indiquent rien de représentable. Ce sont en effet des notions vides, auxquelles s'opposent des notions pleines. Venons-en à la seconde raison qui est à la base du privilège que Wolff accorde à la thèse logique, c'est-à-dire le lien entre notion et raison suffisante : « *bilineum rectilineum* » est une notion vide, qui ne dénote rien et avec laquelle on ne connaît rien parce qu'elle ne respecte pas le principe de raison suffisante, en ne contenant pas en soi le fondement de ce qui est [2]. On sait comment les deux moments, à savoir le concept de représentabilité et le principe de raison, dépendent chez Wolff du principe de non-contradiction [3].

1. *Ontologia*, GW II, 3, § 58, p. 40-41.
2. *Ontologia*, GW II, 3, § 63-65, p. 43-44.
3. Sur Wolff et la question de la pensée de la réalité : F. L. Marcolungo, *Wolff e il possibile*, Padova, Antenore, 1982, p. 31-34, 193-199 ; J. N. Findlay, *Kant and the Transcendental Object. A Hermeneutic Study*, Oxford, Clarendon Press, 1981, p. 38-46.

La thèse ontologique de Wolff est sans aucun doute moderne : dans la réflexion contemporaine, ce sera la théorie de l'objet d'Alexius Meinong qui l'affirmera clairement, en soutenant qu'il n'y a pas de noms vides, c'est-à-dire sans objet. Chaque nom en fait dénote un objet ; « Rien » est un nom, il dénote donc un objet, quoique non existant. Je souhaite ici diriger mon attention sur deux philosophes, Crusius et Kant, qui ont résolu d'une autre façon que Wolff le problème qui nous intéresse : penser la réalité, est-ce une question de non-contradiction ? On verra comment, pour les deux penseurs, il s'agit d'établir avant tout les limites et l'extension du principe de non-contradiction, et, ensuite, le sens qu'il faut accorder au concept de représentabilité. Dans la section finale de mon essai, je parlerai en bref de Hegel comme de celui qui, sur le thème de la réalité pensable, a soutenu une thèse qui dépasse et maintient en même temps (dans le sens hégélien de *aufheben*) des moments et des caractéristiques diverses des théories de Wolff, de Crusius et de Kant.

2. Dans son ontologie, Crusius établit, avec Wolff, que « chose » dans son sens le plus ample signifie « quelque chose » ou cette chose dont on a un concept : le sens en question renvoie selon Crusius à la chose possible et réelle. Le contraire d'une chose est le Rien. Il y a ensuite un sens plus étroit selon lequel la « chose » est la chose réelle ; de l'autre côté se trouve cette fois non pas le Rien mais la chose irréelle. De façon parallèle, on peut définir la « non-chose » (*Unding*) de manière double : dans un sens plus ample, selon lequel on n'a d'elle aucun concept, et dans un sens plus étroit, qui détermine ce qui n'existe pas en dehors de la pensée. Une non-chose peut donc être soit ce qui est seulement possible mais n'est pas réel, soit ce qui est absolument impossible [1].

Le possible est tout d'abord défini par Crusius, de manière wolffienne, comme ce qui est pensable ou non contradictoire, l'impossible, au contraire, comme ce qui contient en soi une contradiction. Sur la base de cette conceptualité, Crusius définit le « Rien » comme ce qui est impensable, en tant que contradictoire, donc comme ce qui est impossible. Le fondement de la détermination des concepts de « chose » et de « Rien » est situé par Crusius, avec Wolff, dans le principe de non-contradiction [2].

La nouveauté théorique qui nous intéresse intervient par rapport au référent de la validité d'une pareille conceptualité. Crusius pose la question suivante :

> La question est en outre [de savoir] dans quelle mesure on pourrait tenir pour une chose possible ou effective ce qui ne se laisse pas penser, nonobstant que l'opposition contradictoire ne contient rien de contradictoire en soi-même ou de contradictoire à d'autres vérités posées en soi. Et il faut songer ici que, nonobstant que nous ne pensons pas quelque chose, c'est-à-dire que nous ne pouvons pas lier distinctement et complètement certains concepts singuliers

1. Ch. A. Crusius, *Entwurf der nothwendigen Vernunft-Wahrheiten, wiefern sie den zufälligen entgegen gesetzet werden*, dans *id.*, *Die philosophischen Hauptwerke*, hg. von G. Tonelli, vol. 2, Hildesheim, Olms, 1964, § 11, p. 20-21.

2. *Entwurf*, § 12-13, 15, p. 22-24, 26-27.

> dans un concept, un entendement se laisse pourtant penser, qui peut peut-être les lier, et ainsi penser une chose telle que nous ne sommes pas capables de la penser [1].

L'allusion implicite à Dieu comme à l'être qui est capable de penser des choses pour nous impensables en tant qu'impossibles a pour but de relativiser la validité du principe de non-contradiction. Ce dernier devient pour Crusius un principe vide, parce qu'il affirme seulement que rien peut être et en même temps ne pas être de la même manière ; il se limite pourtant à exprimer une identité : ce qui est, est, ce qui n'est pas, n'est pas [2]. Afin de comprendre la réalité, il faut au contraire pour Crusius passer d'une certitude géométrique à une certitude morale. Cela requiert de limiter le champ de validité du principe de non-contradiction de telle sorte qu'on puisse distinguer comme il faut entre une possibilité idéale – celle indiquée par la non-contradictibilité logique – et une possibilité réelle, la possibilité authentique, en dehors de la pensée. La réalité de la possibilité se fonde en fait selon Crusius dans l'existence réelle ; cela signifie que l'essence de la possibilité réside à l'extérieur de l'entendement. Si on définissait le possible seulement sur la base de la faculté intellective, on obtiendrait la marque (*Kennzeichen*), mais non l'essence (*Wesen*) du possible [3]. Il faut donc établir une priorité du réel sur le possible – par rapport à cela, on comprend l'importance de la sensation comme ce qui caractérise les choses réelles [4] –, de sorte que le possible, ce qui n'existe pas encore, soit défini non sur le fondement de sa non-contradictibilité logique, mais de sa non-contradictibilité réelle, comme ce qui, pour exister, a besoin d'une cause suffisante :

> On a montré jusqu'ici que le possible est ce qui n'existe pas encore ou ce qui n'est pas encore considéré comme existant, ce qui pourtant ne contient en soi rien de contradictoire à l'existence et ce pour quoi, lorsqu'il n'existe pas encore, il faut qu'une raison suffisante soit présente ou à venir dans la mesure où, dans la possibilité, il doit être quelque chose de réel [5].

Une telle conception génético-dynamique du possible, opposée à la conception pour ainsi dire statique de Wolff, permet à Crusius de définir le champ de validité du possible et de l'impossible non plus par rapport à la représentabilité humaine, mais par rapport à la causalité divine. On se trouve devant une désanthropologisation du concept ontologique de « chose », sur la base de laquelle il est possible d'affirmer qu'il y a des choses impensables pour nous, êtres humains, choses qui ne sont cependant pas contradictoires pour un autre mode non représentatif de pensée, c'est-à-dire d'affirmer qu'il y a des choses contradictoires pour nous mais qui peuvent être pensées par Dieu.

1. *Entwurf*, § 14, p. 24.
2. *Entwurf*, § 31, p. 49-50.
3. *Entwurf*, § 28, 56, p. 41-45, 94-97.
4. *Entwurf*, § 16, p. 27-29.
5. *Entwurf*, § 59, p. 104-105.

3. À la fin de l'« Amphibolie des concepts de la réflexion », Kant propose dans la *Critique de la raison pure* un schéma des différents sens du « Rien » [1]. À son avis, on peut donc distinguer : 1) le Rien comme concept vide sans objet, c'est-à-dire sans intuition correspondante. Ce qu'on obtient est un *ens rationis* comme le noumène. 2) Le Rien comme objet vide d'un concept : autant la réalité est quelque chose, autant la négation n'est rien dans la mesure où elle indique ce qui manque à un objet ; l'ombre par rapport à la lumière, le froid par opposition à la chaleur. Le Rien est ici compris dans le sens de *nihil privativum*. 3) Le Rien comme intuition vide sans objet : des exemples en sont l'espace et le temps comme formes vides de l'intuition ; bien qu'ils soient quelque chose, ils ne constituent pas des objets intuitionnables, ils sont, partant, des *entia imaginaria*. 4) Le Rien comme objet vide sans concept : ici, Kant reprend l'exemple wolffien du *bilineum rectilineum* qui, à son avis, doit être considéré comme l'objet d'un concept contradictoire et, pour cette raison, comme un Rien, en tant que son concept est un Rien (*nihil negativum*) [2]. Il n'y a que pour le second et le quatrième sens de « Rien » que Kant utilise le terme « *nihil* », le premier et le troisième étant en fait des étants (respectivement *ens rationis* et *ens imaginarium*).

Sur la base de cette table des catégories du Rien, Kant assume une double position eu égard à la théorie de Wolff : d'un côté, il la dépasse en mettant en discussion l'opposition absolue entre *ens* et *nihil* établie par l'*Ontologie* wolffienne, de l'autre, il la considère comme valide. Les deux cas dépendent d'une assomption théorique spécifique que Kant établit par rapport au principe de non-contradiction.

Le dépassement de l'*aut-aut* wolffien – entre *nihil* et *ens*, il n'y a rien d'intermédiaire – se réalise grâce au deuxième concept du Rien, le *nihil privativum* : des exemples en sont le froid en relation à la chaleur, le mal opposé au bien. Tous les deux sont pour Kant des objets authentiques, c'est-à-dire qu'ils sont des Riens objectifs, des Riens et des étants en même temps. Définir le Rien privatif comme objet représente une critique profonde de la philosophie leibnizo-wolffienne, critique à laquelle Kant était parvenu dans l'écrit de 1763, *Essai pour introduire en philosophie le concept de grandeurs négatives*. Dans un passage central, on y lit :

1. Sur le concept du Rien chez Kant, *cf.* K. Gloy, « Die paradoxale Verfassung des Nichts », *Kant-Studien* 54, 1983, p. 133-160 ; E. M. Vallenilla, *Die Frage nach dem Nichts bei Kant. Analyse des kantischen Entwurfs und eine neue Problem-Grundlegung*, Pfullingen, Neske, 1974 ; E. M. Vallenilla, « Das Nichts, das Nihil Negativum, das Ens Extramundanum und das Un-Mögliche in der Problematik der Kritik der reinen Vernunft », dans G. Funke (Hg.), *Akten des 4. Internationalen Kant-Kogresses*, Mainz, 6-10 April 1974, Teil 1, Berlin, de Gruyter, 1974, p. 178-183 ; R. Paimann, « Kants Tafel des Nichts in ihrer Bedeutung für die Kritik der reinen Vernunft », dans V. Gerhardt, R.-P. Horstmann und R. Schumacher, *Kant und die Berliner Aufklärung. Akten des IX. Internationalen Kant-Kongresses*, Bd. 2, Berlin, de Gruyter, 2001, p. 791-800.

2. Kant, CRP, A 290-292, AK IV, 186-187 ; B 347-348, AK III, 232-233 ; OP I, 1010-1011.

> La négation, dans la mesure où elle est la conséquence d'une opposition réelle, je l'appellerai *privation* [*privatio*] ; mais on doit appeler ici *manque* [*defectus, absentia*] toute négation qui ne découle pas de cette espèce d'opposition [1].

À la négation logique, Kant flanque ici la négation réelle : la première négation suit le principe de contradiction et exprime une contradiction logique, la seconde suit le principe de l'opposition effective et exprime une contraposition réelle. Le négatif réel n'est plus défini comme un non-être : il est en effet un *nihil privativum*, néanmoins *repraesentabile*, il est quelque chose d'absolument positif [2]. Il représente une limite pour un autre être, et est toutefois une limite réelle. Kant parvient à la définition du Rien privatif comme objet en excluant que le principe de non-contradiction soit absolument valide dans le domaine de la réalité. En cela, il se montre disciple des critiques que Crusius avait adressées à Wolff. Kant reprend ici la notion ontologique du Rien déjà présente de manière implicite dans le « *nihil* » de Wolff. Kant est ici conscient de la nécessité de soutenir une notion plus ample d' « objet », selon laquelle le Rien aussi (bien entendu, privatif) possède un caractère objectif.

Ce dépassement de la thèse logique en faveur de la thèse ontologique se trouve anticipé dans les mots avec lesquels Kant introduit, dans la *Critique de la raison pure*, sa propre réflexion sur le Rien : à son avis, on obtient les quatre sens du Rien quand on se pose la question du concept d' « objet en général » en tant que concept suprême de la philosophie transcendantale. Ce sont en effet les manières possibles de penser un objet dans son être-un-Rien :

> Le concept le plus élevé, par où on a coutume de commencer une philosophie transcendantale, est ordinairement la division en possible et impossible. Mais comme toute division suppose un concept divisé, il faut qu'un concept plus élevé encore soit indiqué, et ce concept est celui d'un objet en général (pris de manière problématique, et sans décider s'il est quelque chose ou rien). Puisque les catégories sont les seuls concepts qui se rapportent à des objets en général, le discernement d'un objet, pour savoir s'il est quelque chose ou rien, suivra l'ordre et les indications des catégories [3].

Pour Kant, une ontologie transcendantale ne peut donc pas parvenir à la définition de l'étant en passant auparavant par les concepts de « possible » et d' « impossible » – on remarque ici une critique plus ou moins déclarée de l'entreprise spéculative de Wolff –, elle doit au contraire poser avant tout la question de la relation entre les catégories transcendantales et le concept d'objet en général. On obtient ainsi un autre sens de « Quelque chose » (un pour chaque groupe de concepts purs de l'entendement : quantité, qualité, relation, modalité) auquel correspondent les quatre sens de « Rien » déjà énumérés. Cela voudrait signifier que là où Wolff reconnaît comme objet au sens propre l' « *ens* » seulement, en réservant explicitement au Rien la catégorie de

1. *Grandeurs négatives*, AK II, 177-178 ; OP I, 273.
2. *Grandeurs négatives*, AK II, 175 ; OP I, 270.
3. CRP, A 290, AK IV, 186 ; B 346, AK III, 232 ; OP I, 1010.

non-objet, Kant unifie tant l'un que l'autre sous le concept d'objet en général. *Ens* et *non-ens*, auxquels chez Wolff correspondaient respectivement les concepts d' « objet » et de « non-objet », peuvent, selon Kant, être considérés tous les deux comme des *Gegenstände*.

L'élargissement conscient du concept d' « objet » par rapport à la thèse de Wolff que Kant propose dans l'introduction de la table des catégories du Rien dépend du nouveau rôle joué dans la *Critique de la raison pure* par le principe de non-contradiction. La substitution de la thèse ontologique à la thèse logique, qui dans l'*Entwurf* crusien se réalisait en soulignant le caractère vide de ce principe et, en même temps, le primat de la réalité sur la possibilité, se réalise chez Kant à travers l'individuation de deux logiques différentes avec deux principes différents : la logique formelle, régulée par le principe de non-contradiction, et la logique transcendantale, fondée dans le principe de possibilité de l'expérience. Puisqu'il ne s'agit donc plus de se poser la question de la connaissance des objets à partir des règles de la pensée pure, mais d'examiner exactement la relation entre forme et contenu de la connaissance objective, la pensée est capable d'affirmer quelque chose sur les caractères constitutifs de l'objet en se référant non plus à sa forme, mais aussi à la cognoscibilité *a priori* du même objet. Selon Kant, le Rien n'est pas, comme chez Wolff, seulement un *non-ens*, partant, un non-objet au sens authentique, dans la mesure où il n'est pas logiquement consistant et contraste avec la règle de la contradiction formelle, mais il est un *non-ens* objectif parce qu'il n'est pas bien formé du point de vue transcendantal, c'est-à-dire parce qu'il ne donne pas lieu à une correspondance entre pensée et intuition. Tant le Rien comme *ens rationis* que le Rien comme *ens imaginarium* représentent des objets seulement pensables et non connaissables. Le Rien cependant peut être quelque chose de pensable et de connaissable : cela vaut pour le cas du *nihil privativum*, qui constitue un objet authentique, bien que négatif par rapport à un autre objet positif :

> Si la lumière n'a pas été donnée aux sens, on ne peut se représenter l'obscurité, et si on n'a pas perçu des êtres étendus, on ne peut se représenter l'espace. La négation, aussi bien que la simple forme de l'intuition, sans un réel, ne sont pas des objets [1].

Avec le quatrième concept du « Rien », le *nihil negativum*, Kant se pose au contraire dans la ligne wolffienne, en réduisant de fait la portée de l'affirmation de base suivant laquelle le Rien, avec toutes ses significations, devrait être considéré comme un objet. Le Rien en tant qu'objet vide sans concept constitue en fait, selon Kant, une véritable impossibilité, en ceci qu'il produit une contradiction. Pendant que les autres trois sens du Rien – comme *ens rationis*, comme *nihil privativum* et comme *ens imaginarium* – se réfèrent à des objets véritables, soit seulement pensables, soit pensables et connaissables, le *nihil negativum* représente une non-chose, un *Unding*. Le *bilineum*

1. CRP, A 292, AK IV, 187 ; B 349, AK III, 233 ; OP I, 1011.

rectilineum est en fait une impossibilité véritable, parce qu'elle produit une contradiction. En tant qu'*Unding*, il constitue un objet vide sans concept, il est ainsi impensable autant qu'inexistant. Les cahiers d'étudiants (*Nachschriften*) consignant les leçons kantiennes sur la métaphysique sont très clairs à cet égard. Dans la *Metaphysik Mrongovius*, on lit par exemple :

> L'auteur dit que le *nihil negativum* est tout bonnement impossible, ce qui est si habituel et fort bon. Il est distingué du *nihil privativum*, qui signifie un manque, par exemple la lumière est quelque chose de *positif*, l'obscurité quelque chose de *négatif*. La claire noirceur est un *nihil negativum*. Le *nihil negativum* est ce dont absolument aucune pensée n'est possible. Je peux penser quelque chose d'affirmatif et de négatif, mais je ne pense absolument rien lorsque je pense simultanément [quelque chose] d'affirmatif et de négatif, par exemple la claire obscurité. Je ne puis ici penser l'obscurité parce que je pense la clarté, et penser la clarté parce que je pense l'obscurité – [je ne puis] donc absolument rien [penser]. Lorsque je pense des choses opposées, j'ai alors deux pensées ; si je les assemble, je ne pense absolument rien. Il faut se garder, dans le progrès de la connaissance, d'associer des pensées réelles de sorte que, finalement, absolument rien ne soit pensé [1].

La *Metaphysik Dohna* ajoute : « Un *ens mere negativum* est un *non-ens* » [2]. Le quatrième sens du Rien, le *nihil negativum*, est ici défini de façon non équivoque comme un non-objet, parce que la pensée qui croit le penser ne pense aucune chose mais se contredit. Le principe de non-contradiction wolffien soutient ici l'argument kantien en son entier. La thèse ontologique, soutenue par les premiers trois sens du Rien, se voit ici remplacée par la thèse logique.

4. J'en arrive à la conclusion de mon raisonnement. J'ai considéré trois réponses par rapport au problème : « penser la réalité, est-ce une question de non-contradiction ? ». A) Pour Wolff, le réel est le pensable, le pensable cependant est le non-contradictoire : penser la réalité signifie, selon lui, penser une réalité non contradictoire. C'est la thèse logique dont nous sommes parti. La thèse ontologique, qui établit que le Rien aussi peut être considéré comme un objet, est soutenue par Wolff de manière implicite seulement, à travers la théorie de la dénotation nominale. B) Pour Crusius, à côté de la possibilité idéale, il y a une possibilité réelle qui ne se réfère pas au principe de non-contradiction mais au principe de causalité. Penser la réalité ne signifie pourtant pas penser seulement et exclusivement une réalité non contradictoire, mais signifie penser une réalité pour ainsi dire réelle, efficiente, une réalité voulue et créée par Dieu. L'effacement de la thèse logique en faveur de la thèse ontologique se passe chez Crusius grâce à la désanthropologisation du concept de « chose », de sorte que, quand on parle d' « objet », on ne doit pas se référer principalement à l'homme, mais à Dieu. C) Selon Kant, penser la réalité dépend et ne dépend pas en même temps du principe de non-contradiction. Il n'en dépend pas entièrement : la philosophie transcendantale a, en fait, pour

1. *Metaphysik Mrongovius*, AK XXIX.1.2, 792.
2. *Metaphysik Dohna*, AK XXVIII.2.1, 635.

but de déterminer le réel sur la base non seulement des règles formelles, mais aussi sur celle de la pensée matérielle, constituée avant tout par le principe de la possibilité de l'expérience. Le principe de non-contradiction représente seulement la condition nécessaire mais non suffisante pour penser la réalité. Il faut lire la division entre monde phénoménal et monde nouménal en se référant à cette assertion : la pensée détermine véritablement la seule réalité phénoménale. Au concept du « Rien », on peut pourtant attribuer une objectivité, bien qu'uniquement rationnelle (*ens rationis*), privative (*nihil privativum*) ou imaginative (*ens imaginarium*). La thèse logique en vient à être remplacée par la thèse ontologique dans un sens bien précis : chaque notion, chaque catégorie dénote un objet, soit un Quelque chose, soit un Rien. Son être-un-Quelque-chose ou un-Rien dépend toutefois de son intuitionnabilité par l'homme : on retrouve ici le caractère anthropomorphique déjà présent chez Wolff et combattu par Crusius. On connaît à cet égard les passages de la *Critique de la raison pure* où Kant souligne les différences entre un entendement intuitif, non humain, et un entendement discursif, humain. J'en citerai deux :

> Un entendement dans lequel tout le divers serait donné en même temps par la conscience de soi *intuitionnerait* ; le nôtre ne peut que *penser* et doit chercher l'intuition dans les sens [1] ;

> en effet, si je voulais penser un entendement qui lui-même intuitionne (comme en quelque sorte un entendement divin, qui ne se représenterait pas les objets donnés, mais dont la représentation donnerait ou produirait en même temps les objets mêmes), les catégories n'auraient par rapport à une telle connaissance absolument aucune signification [2].

C'est pour l'entendement fini, en particulier humain, et seulement pour lui qu'a donc du sens la philosophie transcendantale.

Selon Kant, penser la réalité est, d'autre part, une question de non-contradiction aussi : le *nihil negativum* est, comme il l'était déjà chez Wolff, l'exemple d'une notion trompeuse qui paraît dénoter quelque chose, mais qui au contraire est, en tant que contradictoire, vide et ne se réfère pas au rien.

On sait comment l'histoire de la philosophie compte parmi ses assertions théoriques une thèse suivant laquelle la pensée est capable de déterminer la réalité non seulement en termes de réalité phénoménale (comme chez Kant), mais en soi et pour soi, non pas formellement, c'est-à-dire en suivant le principe de non-contradiction (comme cela se passe chez Wolff), mais matériellement (cependant dans un sens différent de la logique transcendantale de Kant). Je me rapporte à la philosophie spéculative de Hegel, avec laquelle se trouve mis en discussion le *punctum saliens* de l'ontologie wolffienne, à savoir la validité inconditionnée du principe de non-contradiction, toutefois sans parvenir, comme chez Kant, à la distinction entre monde phénoménal et monde nouménal. Hegel construit son ontologie en affirmant que la réalité est

1. CRP, B 135, AK III, 110 ; OP I, 855.
2. CRP, B 145, AK III, 116 ; OP I, 862.

contradictoire : la contradiction est le moteur de la transformation du monde. Les pensées sont donc des déterminations des objets, mais plus guère dans le sens wolffien, pour autant que la corrélation entre concept et chose ne se fonde plus sur la non-contradiction formelle. La thèse ontologique prend la place de la thèse logique : le Rien (privatif et négatif) devient une réalité substantielle et non plus un objet vide comme pour Kant. Le pur Rien est, comme tel, équivalent à l'Être : « *L'être pur et le néant pur sont la même-chose* » [1]. Il peut donc être pensé, représenté, Hegel affirmant : « on parle de lui ; il *est* donc » [2]. À ce qui, selon Kant, doit être considéré comme vide (soit parce que seulement pensable, soit parce que contradictoire), Hegel attribue une substantialité, bien qu'immédiate : on pourrait dire que Hegel remplit l'objectivité vide dans un sens large, sens grâce auquel Kant déterminait le Rien. Un passage de l'*Encyclopédie* est significatif à cet égard : la seconde définition de l'Absolu, l'Absolu comme Rien, serait vraiment déjà contenue dans l'affirmation suivant laquelle

> la chose-en-soi est ce qui est indéterminé, absolument sans forme et par là sans contenu ; ou encore, que Dieu est seulement l'*Être suprême*, car, en tant que tel, il est exprimé comme exactement la même négativité [3].

Hegel interprète ici le Rien comme l'*ens rationis* de Kant en termes d'Absolu comme objet véritable. Sur les traces de Crusius, il peut donc nier la référence à la représentabilité humaine – prépondérante tant chez Wolff que chez Kant –, en la comprenant comme une présupposition anthropologique [4].

Faustino FABBIANELLI
(Université de Parme)

1. G. W. F. Hegel, *Gesammelte Werke*. In Verbindung mit der Deutschen Forschungsgemeinschaft hrsg. von der Rheinisch-Westfälischen Akademie der Wissenschaften (HGW), 11, Hamburg, Meiner, 1978, p. 44 ; *Science de la logique*, Premier tome - Premier livre. *L'Être*, éd. de 1812, trad. fr. P.-J. Labarrière et G. Jarczyk, Paris, Aubier, 1972, p. 59.

2. HGW, 11, p. 53 ; *idem*, p. 74.

3. HGW, 20, p. 123 ; *Encyclopédie des sciences philosophiques. I – La science de la logique*, trad. fr. B. Bourgeois, Paris, Vrin, 1994, p. 202.

4. Sur la relation Wolff-Hegel, *cf.* Ch. Bouton, « Ontologie et logique dans l'interprétation hégélienne de Christian Wolff », *Les Études Philosophiques*, n° 1-2, juillet 1996, p. 241-260 ; K. Cramer, « Peripetien der Ontologie – Wolff, Kant, Hegel », dans R. Bubner und W. Mesch (Hrsg.), *Die Weltgeschichte – das Weltgericht ? Stuttgarter Hegel-Kongress 1999*, Stuttgart, Klett-Cotta, 2001, p. 176-207 ; J.-M. Lardic, « Hegel et la métaphysique wolffienne », *Archives de philosophie* 65, 2002, p. 15-34.

MÉTAPHYSIQUE – ONTOLOGIE

QU'EST-CE QUI EST DOGMATIQUE ? LA PENSÉE WOLFFIENNE ET L'ARTICULATION DU CRITIQUE ET DU DOGMATIQUE SELON LA *CRITIQUE DE LA RAISON PURE*

INTRODUCTION

Alors qu'il semble aller de soi que la critique est strictement opposée au dogmatisme, la seconde « Préface » de la *Critique de la raison pure* nous indique que : « La critique n'est pas opposée au procédé dogmatique de la raison dans sa connaissance pure comme science ». Kant définit alors ce procédé dogmatique, procédé qui peut dégénérer en dogmatisme :

La critique n'est pas opposée au procédé dogmatique de la raison dans sa connaissance pure comme science (car celle-ci doit toujours être dogmatique, c'est-à-dire rigoureusement démonstrative à partir de principes *a priori* sûrs) mais au dogmatisme, c'est-à-dire à la présomption de progresser seulement avec une connaissance pure par concepts (la connaissance philosophique), d'après des principes tels que ceux que la raison emploie depuis longtemps, sans chercher à savoir comment et de quel droit elle y est parvenue [1].

Wolff est alors caractérisé dans les lignes qui suivent comme le plus grand des philosophes dogmatiques (*des größten unter allen dogmatischen Philosophen*) et Kant loue l'esprit de solidité (*Geist der Gründlichkeit*) qu'il a légué à l'Allemagne.

Nous désirons approfondir la lecture que nous avons déjà eue de ces lignes [2] en procédant en trois temps :

Premièrement, à quoi correspond exactement dans la pensée de Wolff ce que Kant y définit comme positivement dogmatique ?

Deuxièmement, pourquoi Kant peut-il considérer que ce « dogmatique » dégénère en « dogmatisme » et comment le soumet-il à la critique ?

1. « Die Kritik ist nicht dem dogmatischen Verfahren der Vernunft in ihrem reinen Erkenntnis, als Wissenschaft, entgegengesetzt (denn diese muß jederzeit dogmatisch, d. i. aus sicheren Prinzipien *a priori* strenge beweisend, sein), sondern dem Dogmatism, d. i. der Anmaßung, mit einer reinen Erkenntnis aus Begriffen (der philosophischen) nach Prinzipien, so wie die Vernunft längst im Gebrauche hat, ohne Erkundigung der Art und des Rechts, womit sie dazu gelangt ist, allein fortzukommen », CRP, B XXXV, AK III, 21 ; OP I, 751.

2. Jean-Paul Paccioni, *Cet esprit de profondeur. Christian Wolff, l'ontologie et la métaphysique*, Paris, Vrin, 2006, en particulier p. 10 *sq*.

Troisièmement, que reste-t-il alors du procédé dogmatique à l'issue de la *Critique de la raison pure* et comment s'articulent alors le critique et le dogmatique ?

I. LE « PROCÉDÉ DOGMATIQUE » DANS LA PENSÉE DE WOLFF

Revenons donc sur ce que Kant nomme ici le « procédé dogmatique de la raison (« *dem dogmatischen Verfahren der Vernunft* »). Ce procédé est celui de la science comme connaissance pure. Il consiste en ce que la science « doit toujours être rigoureusement démonstrative à partir de principes *a priori* sûrs ». C'est ce qui définit son caractère nécessairement dogmatique (*dogmatisch*), caractère dogmatique (*dogmatisch*) qui ne doit pas être confondu, nous dit-il, avec le dogmatisme (*Dogmatismus*).

1) Le rigoureusement démonstratif et son maximum : la pureté

Cette définition positive du dogmatique, appliquée à la science, se situe dans une filiation incontestablement wolffienne. Elle est très proche de la définition de la science que donne le *Discursus praeliminaris* de Wolff au § 30 :

> Par science, j'entends ici l'habileté [*habitus*] à démontrer des assertions, c'est-à-dire à les inférer par une conséquence légitime à partir de principes certains et immuables [1].

Conformément à la définition que Kant donne du « procédé dogmatique », la science est bien définie dans ces lignes par sa forme démonstrative et en tant qu'elle part de « principes sûrs », ici de principes « certains et immuables ». Dans cette forme démonstrative, la démonstration se définit comme un enchaînement de syllogismes, ou de polysyllogismes. C'est ce que l'on discerne bien par exemple dans la définition de la démonstration que donne la *Deutsche Metaphysik* au § 347 :

> Ce qu'est une démonstration et en général une preuve.
>
> Mais on voit de là ce qu'est proprement une démonstration, c'est-à-dire une connexion constante de beaucoup de syllogismes, dans lesquels aucune autre prémisse n'est admise, sinon celles dont nous nous rappelons avoir connu l'exactitude précédemment [2].

1. « Per Scientiam hic intelligo habitum asserta demonstrandi, hoc est, ex principiis certis et immotis per legitimam consequentiam inferendi », *Discours préliminaire*, GW II, 1.1, p. 14 ; trad. fr. Thierry Arnaud, Wolf Feuerhahn, Jean-François Goubet et Jean-Marc Rohrbasser, Paris, Vrin, 2006, p. 90.

2. « § 347. Was eine Demonstration und überhaupt ein Beweiß ist. / Man siehet aber hieraus, was eigentlich eine Demonstration ist, nehmlich eine beständige Verknüpfung vieler Schlüsse, darinnen keine Förder-Sätze angenommen werden, als deren Richtigkeit wir vorhin erkannt zu haben uns besinnen », GW I, 2.1, p. 204.

La *rigueur démonstrative* se définit alors comme « *Gründlichkeit* » en allemand, « *soliditas* » en latin ; celle-ci culmine dans ce que Wolff nomme la pureté de la raison :

> § 854. Ce qu'est la solidité [*Gründlichkeit*] et ses degrés. Celui qui a beaucoup de distinction en raisonnant est appelé solide. Et par conséquent la solidité se montre par la distinction des syllogismes. Ainsi, plus on peut prouver loin ses prémisses dans les raisonnements, plus on est solide. Et le plus haut degré de solidité est la pureté de la raison (§ 382). C'est pourquoi on attribue de la solidité aux mathématiciens, quoiqu'elle ne se trouve pas dans la même mesure chez chacun [1].

La solidité est donc la capacité, l'*habitus*, à prouver le plus loin possible ses prémisses dans ses raisonnements. La « pureté de la raison » dans laquelle elle culmine est déjà définie au § 382 [2] :

> Quand la raison est pure. Quand on discerne le lien entre les choses de telle sorte que l'on peut relier les vérités les unes aux autres sans admettre une seule proposition extraite de l'expérience, alors la raison est pure [3].

La pureté de la raison est son état quand elle procède de manière totalement *a priori* [4]. Nous savons que c'est de la pensée wolffienne que Kant tient sa différence entre connaissance *a priori* et connaissance *a posteriori*. Mais il faut souligner ici que pour Wolff la connaissance *a priori* se caractérise essentiellement en ce qu'elle est obtenue en raisonnant à partir d'autres connaissances [5].

1. « § 854. Was Gründlichkeit ist und ihre Grade. / Wer viele Deutlichkeit in Schlüssen hat, den nennet man gründlich. Und demnach zeiget sich die Gründlichkeit durch die Deutlichkeit der Schlüsse. Je weiter man also seine Fördersätze in den Schlüssen beweisen kan, je gründlicher ist man. Und der höchste Grad der Gründlichkeit ist die Lauterkeit der Vernunft (§ 382). Daher eignet man den *Mathematicis* Gründlichkeit zu, wiewohl sie auch nicht bey einem jedem in gleichem Maasse zu finden », GW I, 2.2, p. 529.

2. C'est là le « *Geist der Gründlichkeit* » : « l'esprit de solidité » que Kant loue Wolff d'avoir instauré en Allemagne dans la seconde « Préface » de la *Critique de la raison pure* (B XXXVI), c'est pourquoi à strictement parler il ne faut pas traduire cette expression par « esprit de profondeur » comme c'est usuellement le cas.

3. « § 382. Wenn die Vernunft lauter ist. / Wenn man den Zusammenhang der Dinge dergestalt einsiehet, daß man die Wahrheiten mit einander verknüpfen kan, ohne einige Sätze aus der Erfahrung anzunehmen ; so ist die Vernunft lauter [...] », GW I, 2.1, p. 234.

4. De même que la mathématique nous donne un exemple de solidité, elle nous donne, selon la suite du § 382, la preuve qu'il y a une raison pure, la mathématique progressant selon Wolff par enchaînement de syllogismes : « In den Arithmetick und Geometrie, ingleichen in der Algebra haben wir Proben der lautern Vernunft : denn hier gehen die Schlüsse alle aus deutlichen Begriffen und einigen Gründen, die von den Sinnen abgesondert [dans l'arithmétique, dans la géométrie et également dans l'algèbre nous avons des preuves de la raison pure, ici en fait les syllogismes proviennent tous de concepts distincts et de quelques principes qui sont séparés des sens] ».

5. « Utimur autem in veritate proprio Marte eruenda vel solo sensu, vel ex aliis cognitis ratiocinando elicimus nondum cognita. In priori casu dicimur veritatem eruere a posterori, in posteriori autem a priori [Nous nous servons, pour découvrir la vérité par ses propres moyens, soit de la seule sensation, soit du raisonnement à partir d'autres connaissances en mettant à jour ce qui n'est pas encore connu. Dans le premier cas, on dit que nous avons obtenu la vérité *a posteriori*, dans le suivant *a priori*] », *Logica*, GW II, 1.2, § 663, p. 481. Cette différenciation entre l'*a priori* et l'*a posteriori* est léguée à Kant par Wolff dans le sillage de Leibniz et Tschirnhaus.

Elle se distingue de la connaissance *a posteriori*, obtenue par les sens, avant tout en ce que cette dernière n'est que factuelle. C'est ainsi que le *Discursus praeliminaris* distingue connaissance philosophique et connaissance historique dans le § 7 :

> La connaissance philosophique diffère de la connaissance historique. Celle-ci consiste en effet en la connaissance nue du fait (§ 3) ; celle-là en revanche, s'étant avancée plus loin, dévoile la raison du fait, de sorte que l'on comprend pourquoi quelque [chose] de cette sorte peut se produire.

Dans la connaissance *a priori*, telle qu'elle se déploie dans la connaissance philosophique, c'est-à-dire la connaissance qui rend raison des choses, c'est seulement la détermination conceptuelle qui opère et le simple enchaînement démonstratif des déterminations conceptuelles. Kant tient évidemment du wolffianisme sa définition de la connaissance philosophique comme connaissance par concepts. Mais si la question de la source de nos connaissances est posée par Wolff, elle n'a pas le rôle strictement différenciant qu'elle aura chez Kant ; pour Wolff la connaissance *a priori* ne nous est possible que sur une base, un *fundamentum*, *a posteriori*, historique.

Pour résumer, dans la pensée de Wolff, « pur » désigne donc avant tout le summum de la rigueur démonstrative, un summum de solidité, de *Gründlichkeit*. Reste que ce summum de rigueur démonstrative ne peut être atteint que par Dieu, qui seul possède une raison pure. Chez les hommes la connaissance ne peut se détacher de l'expérience, la raison et l'expérience sont « *vermischt* », mélangées (*Deutsche Metaphysik*, § 382).

Le procédé dogmatique de la raison, positivement dogmatique, se joue donc chez Wolff dans son exigence propre de rigueur démonstrative et dans la forme suprême qu'elle prend dans la pureté de la raison.

2) Les dogmes et leurs connexions

La rigueur démonstrative dans la pensée de Wolff engage la manière dont la détermination conceptuelle opère dans une proposition vraie. Ce qui est intrinsèque à une telle proposition, c'est qu'en elle le prédicat est suffisamment déterminé par le sujet, elle comporte toujours les caractères déterminants qui y sont nécessaires. Mariano Campo avait bien souligné le rôle central que la notion de proposition déterminée joue dans la pensée wolffienne [1]. Cette détermination conceptuelle opère une *connexion* entre les propositions vraies. Ainsi le § 877 de la *Logica* indique que les vérités sont dites connectées quand les ingrédients rationnels de l'une se retrouvent dans l'autre [2]. Une telle connexion

1. *Cristiano Wolff e il razionalismo precritico*, GW III, 9, p. 53.

2. « § 877. Veritates dicuntur inter se connexae, si cognitio unius pendet a cognitione alterius. Unde consequitur, 1 definitiones esse inter se connexas, si definitum unius ingreditur definitionem alteram : 2 propositiones theoreticas inter se connecti, si una ingreditur demonstrationem alterius tanquam praemissa : 3 problemata denique inter se connecti, si, quod in uno praecipitur, fieri potest per alia ».

règne parmi les « vérités universelles », notion centrale pour comprendre le caractère dogmatique de la pensée wolffienne.

Ces vérités universelles sont précisément ce que Wolff appelle des « dogmes » dans le § 743 de la *Logica* [1]. Il se réclame ici de l'usage du mot « dogme » dans la théologie dogmatique et oppose les dogmes aux simples faits. Ce qui rejoint nos analyses précédentes. Le § 242 de la *Logica* nous donne des exemples de ces vérités universelles : « *Omnis figura regularis est circulo inscriptibilis* », « *Omnis homo est mortalis* ». Ces propositions déterminées se situent au niveau du genre et de l'espèce.

Le § 482 de la *Psychologia empirica* est particulièrement éclairant à propos des vérités universelles [2]. Il présente le « *nexus veritativus* », le lien entre les vérités universelles [3] (*Veritatum universalium nexus*) qui fonde la vérité de ces dernières, leur permet d'être des vérités en rendant raison d'elles-mêmes. Pour cela, il identifie clairement ces vérités universelles à des propositions universelles déterminées (*Veritates universales seu determinates propositiones universales*). Cela lui permet de montrer que les vérités sont toutes connectées entre elles. Cette connexion est fondée dans le *nexus rerum*, le lien cosmologique général entre les choses créées [4].

3) Les dogmes et le monde rationnel

Nous venons de voir que la connexion entre les vérités universelles, les dogmes, est fondée dans le *nexus rerum*, le lien cosmologique général entre les choses créées. C'est donc dans la théorie de la création du monde [5], engageant la théologie et la cosmologie, que se joue finalement le procédé dogmatique wolffien [6]. Il se joue plus exactement dans sa théorie du *monde rationnel*, telle qu'elle apparaît dans la *Theologia naturalis pars prior*.

1. « In libris vel recensentur facta sive naturae, sive hominum ; vel proponuntur dogmata, seu veritates universales [Dans les livres soit sont recensés des faits naturels ou humains, soit sont proposés des dogmes, c'est-à-dire des vérités universelles] », *Logica*, sectio III, De usu logicae in libris conscribendis, dijudicandis et legendis. Caput I De librorum differentia ; GW III, 1.3, p. 537.

2. « § 482. Veritatum universalium nexus / Veritates universales inter se connectuntur. *Veritates universales seu determinatas propositiones universales* in disciplinis tales deprehendimus, ut aliae ex aliis demonstrari possint [...]. Quatenus vero propositio una inservit demonstrandae alteri, eatenus ex una intelligitur cur altera vera sit : id quod per se patet, modo ad exempla demonstrationum attendas. Una igitur in se continet rationem cur altera sit vera (§ 56 *Ontol.*). Propositiones adeo determinatae universales connectuntur inter se, quatenus sunt verae (§ 10, *Cosmol.*), consequenter veritates universales inter se connectuntur », GW II, 5, p. 371.

3. Le lien des vérités universelles est aussi présenté dans le § 271 de la *Theologia naturalis Pars* I, GW II, 7.1, p. 248-250.

4. De même, ajoute-t-il, que la vérité logique est fondée dans la vérité transcendantale. Une analyse précise de la pensée pré-kantienne devrait se pencher sur la différence et l'articulation entre vérité logique, vérité transcendantale et vérité universelle ou dogme dans la pensée wolffienne. Cette dernière notion a été de toute façon assez peu analysée par les commentateurs.

5. Et de la connaissance divine qui est en jeu.

6. Dans « Philosophie als strenge Wissenschaft. Zur systematischen Begründung des Systems der Metaphysik bei Wolff und Kant », Jindrich Karasek souligne aussi le rôle fondateur que joue la cosmologie wolffienne. Il insiste pour cela sur le rôle que jouent les représentations sensibles des

Selon la *Theologia naturalis pars prior* : « Le monde rationnel contient toutes les vérités universelles » [1], il est constitué par la connexion de toutes les vérités universelles que nous venons de découvrir. Immergé dans le monde sensible et dans le monde intelligible connu par Dieu, il noue le mariage, le « *connubium* » de la raison et de l'expérience.

Par son entendement pur, Dieu peut connaître distinctement chaque substance singulière et son rapport aux autres, ainsi se constitue le *monde intelligible* qui ne nous est pas connaissable directement. Nous n'avons accès à lui que comme *monde sensible*, phénoménal, représenté indistinctement par les idées des sens et les phantasmes. Nous abstrairons notre connaissance *a posteriori* de ce monde sensible. Pour autant notre connaissance ne restera pas seulement factuelle, empirique, nous allons découvrir un ordre général entre toutes ces connaissances et nous pourrons en rendre raison les unes à partir des autres, ce que permet la connexion des vérités universelles. Ce *monde rationnel n'a pas d'existence et de réalité propres* en dehors du monde intelligible et sensible [2]. Dans la *Theologia naturalis* le monde rationnel est en fait construit à partir de ce qui constitue l'étant dans son universalité, sa généralité : les similitudes partielles des individus [3]. Ces similitudes nous permettent une connaissance en général selon ce qui ordonne cette généralité (qui n'est en fait réelle et existante que dans l'individuel), d'où le rôle *principiel* que doit jouer l'ontologie : science de l'étant en général.

II. La dégénérescence du dogmatique en dogmatisme, le général et le pur

1) Le renversement du dogmatique en dogmatisme

Nous venons donc d'identifier à quoi précisément le procédé dogmatique loué par Kant peut être identifié dans la pensée de Wolff. Rappelons que le

entités extra-mentales dans son œuvre, en l'opposant à celui que joue un ego de type cartésien dans l'œuvre de Kant (*Christian Wolff und die Europäische Aufklärung*, Teil 2, GW III, 102, p. 96).

1. « Mundus rationalis omnes veritates universales continet », GW II, 7.1, § 263, p. 240.

2. « Mundum rationalem dicimus immergi mundo intelligibili ac sensibili, quatenus nonnisi mundo intelligibili ac sensibili inexistit : ut adeo immersio hic sumatur pro inexistentia in re alia [Nous disons que le monde rationnel est immergé dans le monde intelligible et sensible, en tant qu'il n'existe pas en dehors du monde intelligible et sensible : de telle sorte que cette immersion est considérée comme une inexistence dans une autre chose] », GW II, 7.1, § 259, p. 237.

3. Le § 257 de la *Theologia naturalis pars prior* nous indique que les étants universels sont constitués par les similitudes partielles des individus et des moins universels, or ceux-ci peuvent être disposés en un système : « Les étants universels peuvent être ramenés à un système ». C'est alors qu'apparaît la notion de *monde rationnel* : « Si entia universalia in systema aliquod rediguntur, systema quod hinc prodit dicitur a nobis *Mundus rationalis*, qui adeo definiri potest, quod sit entium universalium inter se connexorum series variabilis [Si les étants universels sont ramenés à un système, le système qui procède de cela est appelé par nous *Monde rationnel*, qui peut être de ce fait défini comme la série variable des étants universels connectés entre eux] », GW II, 7.1, § 258, p. 236.

« procédé dogmatique », tel qu'il est défini dans la seconde « Préface » de la *Critique de la raison pure*, concerne la raison « dans sa connaissance pure comme science », la science devant toujours être dogmatique, « c'est-à-dire rigoureusement démonstrative à partir de principes *a priori* sûrs ». Nous avons vu ce que signifie « rigoureusement démonstratif » dans la pensée de Wolff et comment cette rigueur culmine dans la pureté de la raison. Notre étude de la connexion entre les dogmes, en tant qu'elle constitue un monde rationnel, vient de nous permettre de découvrir comment l'ontologie est appelée à jouer un rôle principiel pour fonder cette rigueur démonstrative. Elle le fait grâce à sa généralité.

Mais il faut alors faire deux remarques. Tout d'abord, selon Wolff la pureté ne concerne proprement que la raison divine, elle ne peut donc exactement qualifier la rigueur démonstrative scientifique en tant qu'elle est exercée par les hommes, l'expression « la connaissance pure comme science » n'est pas wolffienne. Cela entraîne la deuxième remarque, la raison pure divine wolffienne peut absolument fonder démonstrativement sa connaissance, déduire à partir de principes *a priori* sûrs. Est-ce le cas de l'ontologie wolffienne dont nous venons de voir qu'elle est liée à la manière dont notre connaissance est immergée dans le monde sensible, en tire par abstraction une connaissance générale et y trouve ses principes ?

Nous découvrons ainsi comment le procédé dogmatique peut précisément se renverser dans le dogmatisme que dénonce la même seconde « Préface » de la *Critique de la raison pure*. C'est précisément ce type de reproche que Kant adresse à la métaphysique qui l'a précédé. Kant lui reproche de n'avoir pas soigneusement déterminé les caractéristiques de la connaissance principielle.

Ici l'analyse de la notion de principe dans la « Dialectique transcendantale » et l' « Architectonique de la raison pure » sont particulièrement éclairantes. Kant conteste par exemple qu'une proposition universelle tirée de l'expérience puisse être considérée comme un principe :

> L'expression de *principe* est équivoque et d'ordinaire elle ne signifie qu'une connaissance qui peut être employée comme principe sans être un principe par elle-même et en sa propre origine. Toute proposition universelle, fût-elle tirée de l'expérience (par induction), peut servir de majeure dans un raisonnement ; mais elle n'est pas pour cela un principe [1].

Dans l' « Architectonique », il conteste l'identification des premiers principes à des principes plus généraux :

1. « Der Ausdruck eines Prinzips ist zweideutig, und bedeutet gemeiniglich nur ein Erkenntnis, das als Prinzip gebraucht werden kann, ob es zwar an sich selbst und seinem eigenen Ursprunge nach kein Prinzipium ist. Ein jeder allgemeiner Satz, er mag auch sogar aus Erfahrung (durch Induktion) hergenommen sein, kann zum Obersatz in einem Vernunftschlusse dienen ; er ist darum aber nicht selbst ein Prinzipium », CRP, A 300 / B 356, AK III, 238 ; OP I, 1017.

Kant donne ici comme exemple l'axiome mathématique « entre deux points il ne peut y avoir qu'une ligne droite », un exemple qui pourrait être wolffien. Il ajoute alors « je ne puis pour cela dire que je connais en général et en elle-même à partir de principes, cette propriété de la ligne droite : loin de là, je ne la connais que dans l'intuition pure ».

> Quand on disait : la métaphysique est la science des premiers principes de la connaissance humaine ; on ne marquait pas par-là une espèce particulière de principes, mais seulement un rang élevé eu égard à la généralité, et l'on ne pouvait donc les distinguer par là nettement de l'empirique [1].

C'est pourquoi il est de la plus haute importance d'isoler les connaissances qui sont mélangées dans l'usage « afin de déterminer sûrement la part qu'une espèce particulière de la connaissance a dans l'usage courant de l'entendement, sa valeur propre et son influence » [2]. Cette détermination sûre manque à Wolff d'un point de vue kantien. Faute d'attention à la nature du principe, sans prêter attention à son origine *on tombe dans la présomption de progresser comme avec une connaissance pure par concepts, avec un principe dont le statut n'a pas été assez examiné.* Pour reprendre la définition du dogmatisme on use « de principes tels que ceux que la raison emploie depuis longtemps [*längst im Gebrauch hat*], sans chercher à savoir comment et de quel droit elle y est parvenue ».

Contrairement à Wolff, Kant est ainsi conduit à soigneusement distinguer le pur et l'*a posteriori* en y voyant par leur nature même deux types de connaissances radicalement distinctes. Le pur prétend avoir une valeur universelle et nécessaire, il ne peut se réduire à une simple universalité empirique et une nécessité dérivée de l'expérience, s'il doit effectivement jouer un rôle principiel.

2) La manière dont Kant tranche le nœud gordien, le problème général de la raison pure

Wolff prétend analyser la connaissance à partir de son maximum, celui qu'elle atteint dans la pure raison divine, soucieux de ne pas mettre des bornes trop rapidement à la raison humaine et prétendant l'amener à la modestie en considérant l'étendue de son ignorance. Il fonde principiellement la connaissance humaine dans une ontologie générale. Kant voit là l'origine d'une confusion entre le pur, ce qu'il signifie exactement dans son universalité et sa nécessité et la simple généralité. Trancher le nœud gordien noué par les wolffiens, sortir de cette confusion, c'est précisément ce que tente d'accomplir le « Problème général de la raison pure » au début de la *Critique de la raison pure*. Kant y distingue, on pourrait dire violemment, le pur et l'*a posteriori*. C'est à partir de cette distinction qu'il se demande comment nous pouvons alors étendre réellement et de manière *a priori* un concept, c'est-à-dire : comment des jugements synthétiques *a priori* sont-ils possibles ? Ce souci de distinguer le pur et l'*a posteriori* est ce qui fait la continuité de la *Dissertation*

1. « Wenn man sagte : Metaphysik ist die Wissenschaft von den ersten Prinzipien der menschlichen Erkenntnis, so bemerkte man dadurch nicht eine ganz besondere Art, sondern nur einen Rang in Ansehung der Allgemeinheit, dadurch sie also vom Empirischen nicht kenntlich unterschieden werden konnte », CRP, A 843 / B 871, AK III, 545 ; OP I, 1392.

2. « den eine besondere Art der Erkenntnis am herumschweifenden Verstandesgebrauch hat, ihren eigenen Wert und Einfluβ sicher bestimmen könne », A 842 / B 870, AK III, 544 ; OP I, 1392.

de 1770 et de la *Critique de la raison pure*. Nous retrouvons ainsi un point que Gérard Lebrun soulignait avec insistance dans ses cours [1].

3) Le sens du dogmatisme

Nous pouvons maintenant nous préoccuper de ce que sont le dogmatique et le dogmatisme d'un point de vue kantien.

Nous avons vu que, selon la seconde « Préface » de la *Critique de la raison pure*, le dogmatisme comporte fondamentalement un défaut d'interrogation sur l'*usage* de la raison (présomption de progresser ... d'après des principes tels que ceux que la raison emploie depuis longtemps...). Pourtant la notion d'usage est au cœur de la pensée wolffienne. Que manque-t-il à Wolff ?

Le titre de la *Logique allemande* de Wolff indique qu'elle a pour but de montrer quel est l'*usage* exact, juste (*richtig*) des forces de l'entendement humain dans la connaissance de la vérité : *Vernünfftige Gedancken von den Kräfften des menschlichen Verstandes und ihrem richtigen Gebrauche in Erkäntniß der Wahrheit*. Le titre de l'ouvrage consacré à des remarques sur la *Métaphysique allemande* nous indique qu'il va nous permettre une meilleure compréhension et un *usage* plus commode de ce dont traite cette métaphysique : *Anmerckungen über die vernünfftige Gedancken von Gott, der Welt und der Seele des Menschen, auch allen Dingen überhaupt, zu besserem Verstande und bequemerem Gebrauche derselben*. Mais Wolff ne va jamais s'interroger sur la légitimité, le droit de cet usage. Jocelyn Benoist, dans un remarquable article, très synthétique et plein d'acuité, souligne à ce propos la nouveauté de la *Critique* par rapport à la métaphysique scolastique et aux gnoséologies qui la précédaient : « Il ne suffit plus de déployer la chose à même le concept. Encore faut-il interroger l'usage de ce dernier, ce en quoi il se détermine comme tel » [2].

En nous appuyant sur nos analyses, nous voudrions cependant discuter l'exposé de Jocelyn Benoist sur deux caractérisations qu'il donne du dogmatisme.

« Le tort de l'ontologie classique, écrit-il, est de croire que nos concepts puissent immédiatement faire être » et, ajoute-t-il, « c'est cela le

1. Dans *Qu'est-ce que la métaphysique ?* (Paris, Gallimard, Folio n°447, 2004), Frédéric Nef se livre à une vigoureuse apologie de la pensée wolffienne. Bien informée, elle rétablit le rôle de Wolff dans l'histoire de la philosophie. Mais Frédéric Nef a probablement tort de tenter de conférer à Kant l'étiquette de « dogmatique » en comprenant simplement négativement ce terme. Il écrit en effet : « Si être dogmatique, c'est rejeter d'un revers de main l'expérience au nom d'une philosophie transcendantale *a priori*, alors Kant est dogmatique » (p. 108). En effet, souligne-t-il, Wolff a su développer une psychologie empirique et faire naître une psychométrie prometteuse, alors que Kant rejette la psychologie empirique et ne peut la remplacer par sa simple anthropologie. Or nous voyons que Kant revendique une conception positive du dogmatique et qu'en un sens son œuvre est sous certains aspects une radicalisation du wolffianisme, soucieuse de conserver un sens à ce que Wolff pensait dans la notion de raison pure.

2. « Sur une prétendue ontologie kantienne : Kant et la néo-scolastique », dans Charles Ramond, *Kant et la pensée moderne : alternatives critiques*, Bordeaux, Presses Universitaires de Bordeaux, 1996, p. 156.

dogmatisme » [1]. Mais les dogmes wolffiens, « les vérités universelles », ne peuvent être découverts que dans le cadre d'une connaissance à laquelle l'activité créatrice, celle qui précisément « fait être », échappe en tant que telle. Certes, nous avons vu que le monde rationnel dans lequel sont connectés les dogmes est immergé dans le monde intelligible conçu par Dieu, ce qui semble donner raison à cette remarque. Mais Jean École souligne fortement que, dans une perspective wolffienne, « le pouvoir de la raison n'est pas absolu » [2]. Le sens même de ce qui est dogmatique chez Wolff, c'est que nous ne pouvons pas créer des vérités, mais seulement les découvrir au fil de l'immersion du monde rationnel dans le monde intelligible et le monde sensible. L'homme n'est pas le créateur. L'ontologie joue donc son rôle pour autant que notre âme ne participe pas activement comme Dieu à la création de l'univers [3].

C'est pourquoi, pour que les interrogations kantiennes sur la pensée wolffienne aient un sens, il nous semble nécessaire de ne pas en rester à la définition que Jocelyn Benoist donne ici, très classiquement, du dogmatisme.

En effet, dans le même texte, il montre, en s'appuyant notamment sur les analyses de Ludger Honnefelder [4], que dans une thématique scotiste, telle qu'elle peut se rejouer jusque dans le wolffianisme, il y a une opposition entre la connaissance finie et la connaissance divine, mais que cette opposition « est vue du point de vue de Dieu » [5]. Il ajoute alors :

> le « dogmatisme » du canevas ontologique pré-critique et néo-scolastique auquel Kant doit tant tient à une incapacité de se placer sur le sol même de la connaissance humaine en tant que connaissance finie, c'est à dire de son point de vue même.

N'y a-t-il pas là une mésinterprétation symétrique de la précédente ? *A priori*, on ne peut que souscrire à ces analyses, mais elles risquent de masquer l'inconfort de la tâche critique. Le « point de vue transcendantal » à l'œuvre dans la *Critique* doit être péniblement élaboré et ne nous est pas donné. L' « Introduction » de la *Critique de la faculté de juger* montre que l'enquête ne part pas d'un sol, mais d'un champ dans lequel nos concepts sont rapportés à des objets sans que l'on sache d'emblée si une connaissance de ceux-ci est ou non possible. Il faut aussi tenir compte de ce qu'indique le § 77 de la même *Critique* : Kant nous y indique que la manière dont notre entendement humain se rapporte au concept de fin naturelle implique que :

1. « Sur une prétendue ontologie kantienne... », art. cit., p. 56.

2. *La métaphysique de Christian Wolff* (Hildesheim, Zürich, New York, Georg Olms Verlag, 1990), p. 132. C'est un aspect que Jean École place au centre même de son interprétation de la pensée wolffienne, il a mis en exergue de cet ouvrage la phrase suivante de Wolff : « Nous ne sommes absolument pas les créateurs de la vérité, mais ses découvreurs... [*Nos sane non sumus veritatis conditores, sed cognitores...*] » (*op. cit.*, p. 6).

3. Nous avons aussi abordé cette question dans : Jean-Paul Paccioni, « Leibniz, Wolff et la métaphysique traitée selon la méthode scientifique », *Revue de Synthèse*, tome 128, 6e série, n° 3-4, 2007, p. 304-305.

4. *Scientia transcendens*, Hamburg, Felix Meiner Verlag, 1990.

5. *Op. cit.*, p. 151.

> L'Idée d'un autre entendement possible que l'entendement humain doit se trouver au fondement (tout de même que dans la *Critique de la raison pure* nous devions avoir à l'esprit une autre intuition possible, si la nôtre devait être considérée comme étant une sorte particulière d'intuition [...]) [1].

Effectivement, il ne s'agit plus de voir l'opposition entre la connaissance finie et la connaissance divine du point de vue de Dieu, mais cette opposition ne peut se discerner qu'en fonction de la différence entre ces deux types de connaissance. En un sens elle doit être maintenue pour que le procédé critique puisse se développer. La prégnance de l'interprétation heideggérienne de la *Critique* tend à masquer cet aspect.

C'est pourquoi il nous semble nécessaire d'affirmer que le cœur de ce que Kant considère comme définissant le dogmatisme réside dans les lignes de la seconde « Préface » de la *Critique de la raison pure* que nous sommes en train de commenter et dans cette simple phrase :

> Le dogmatisme est le procédé dogmatique de la raison pure sans critique préalable de son propre pouvoir [2].

Le « dogmatisme » se définit bien alors fondamentalement comme une présomption donnée par un défaut d'enquête sur l'usage de notre raison, ce qui conserve un sens positif au « dogmatique » et oblige à recentrer la critique sur sa manière d'enquêter sur l'usage de nos facultés, sans en faire d'emblée une découverte de la finitude [3].

Mais toutes ces analyses restent fragiles si l'on n'étudie pas la manière dont le procédé dogmatique est sévèrement discipliné, notamment au sein de la « Théorie transcendantale de la méthode » dans la « Discipline de la raison pure dans l'usage dogmatique ». Les lignes de la seconde « Préface », dont cette communication est le commentaire, ne sont-elles pas très marquées par

1. « So muβ hier die Idee von einem andern möglichen Verstande als dem menschlichen zum Grunde liegen (so wie wir in der Kritik der reinen Vernunft eine andere mögliche Anschauung in Gedanken haben mußten, wenn die unsrige als eine besondere Art [...]) », CFJ, AK V, 405 ; OP II, 1204.

2. CRP, B XXXV, AK III, 21 ; OP I, 751.

3. On sait l'apport important et novateur que constituent les travaux de Jocelyn Benoist au sein de la philosophie française. D'une part, ils opèrent une remontée à la source commune des traditions phénoménologiques et analytiques vers « la tradition logique autrichienne », d'autre part, ils confrontent ces deux traditions en ouvrant de nouveaux problèmes. Dans l'article que nous commentons, Jocelyn Benoist discernait dans la pensée kantienne une relativisation de l'ontologie, préparant celle de Quine, la « détermination d'être » n'ayant de sens que dans « la grammaire immanente de notre pensée ». Pour ce faire, il s'appuyait sur des lignes des *Fortschritte* et des *Vorlesungen über Metaphysik* (p. 162-163). Cette mise en perspective a ses lettres de noblesse, mais elle suppose qu'on gomme autant que possible le rôle positif et structurel du dogmatique dans l'œuvre kantienne. C'est pourquoi il est cohérent que, dans *L'a priori conceptuel, Bolzano, Husserl, Schlick*, Jocelyn Benoist souligne que « Décidément, Wittgenstein reste beaucoup trop kantien pour nous », en relevant le rôle que joue dans son œuvre « la pseudo (ou ne faudra-t-il pas dire "simili" ?) consistance du plan de l'*a priori* » (Paris, Vrin, 1999, p. 208). Il est cohérent aussi qu'il montre qu'après Kant la critique du mythe de la signification reste à faire, en analysant le schématisme (*Kant*, sous la direction de Jean-Marie Vaysse, Paris, Cerf, « Les cahiers d'histoire de la philosophie », 2008, « Appliquer ses concepts », p. 126).

les circonstances : la naissance et le développement du *Pantheismusstreit*, le refus de la philosophie populaire, d'où la défense de l'approche scolastique de la philosophie ?

C'est effectivement le cas, mais l'analyse du dogmatique et du dogmatisme que comporte la seconde « Préface » de la *Critique de la raison pure* nous semble malgré tout garder un caractère central.

III. Le procédé dogmatique à l'issue de la *Critique de la raison pure* et l'articulation du critique et du dogmatique

1) La récusation de la méthode dogmatique

Alors que la seconde « Préface » loue la méthode rigoureuse (*der strengsten Methode*) du célèbre Wolff, on peut lire à la fin de la « Discipline de la raison pure dans son usage dogmatique » :

> Si donc il n'y a pas de dogmes dans l'usage spéculatif de la raison pure, même quant au contenu, aucune méthode dogmatique, qu'elle soit empruntée au mathématicien ou qu'elle devienne une manière propre, ne saurait lui convenir. En effet cette espèce de méthode ne fait que cacher les fautes et les erreurs, et elle trompe la philosophie dont le but propre est de faire voir dans leur pleine lumière toutes les démarches de la raison [1].

On ne peut manquer ici de penser à ce qu'on peut lire dans la *Logique Jäsche*, la méthode de Leibniz et de Wolff est gravement fautive, il faut lui substituer la méthode critique de philosopher [2].

L'élucidation critique va permettre à Kant de distinguer, en particulier contre les wolffiens, la connaissance philosophique comme connaissance par concepts, de la connaissance mathématique par construction de concepts, distinction qui se rejoue dans l'opposition entre les *dogmata* comme propositions directement synthétiques par concepts et les *mathemata* comme propositions synthétiques par construction de concepts. Wolff, d'un point de vue

1. « Gibt es nun im spekulativen Gebrauche der reinen Vernunft auch dem Inhalte nach gar keine Dogmate, so ist alle dogmatische Methode, sie mag nun dem Mathematiker abgeborgt sein, oder eine eigentümliche Manier werden sollen, für sich unschicklich. Denn sie verbirgt nur die Fehler und Irrtümer, und täuscht die Philosophie, deren eigentliche Absicht ist, alle Schritte der Vernunft in ihrem kläresten Lichte sehen zu lassen », CRP, A 737 / B 765, AK III, 483 ; OP I, 1316.

2. « Quant à la méthode dogmatique particulière propre à *Leibniz* et à *Wolff*, elle était gravement fautive [*sehr fehlerhaft*]. Elle comporte même tant d'illusion [*Täuschendes*] qu'il est tout à fait nécessaire de suspendre le procédé tout entier et de lui en substituer un autre : *la méthode critique de philosopher*, qui consiste à enquêter sur le procédé de la raison elle-même, à analyser l'ensemble de la faculté humaine de connaissance et à examiner jusqu'où peuvent bien s'étendre ses limites [das Verfahren der Vernunft selbst zu untersuchen, das gesammte menschliche Erkenntnißvermögen zu zergliedern und zu prüfen : wie weit die Grenzen desselben wohl gehen mögen] », *Logique*, AK IX, 32 ; trad. fr., Paris, Vrin, 1979, p. 33-34.

kantien, ne voit pas qu'une démonstration, à strictement parler, doit être construite dans l'intuition :

> seule une preuve apodictique en tant qu'elle est intuitive peut s'appeler une démonstration [1].

C'est pourquoi une démonstration est possible en mathématique, car les mathématiciens peuvent précisément construire leurs démonstrations selon la forme pure de l'intuition. Une telle construction n'est pas possible en philosophie, si bien qu'à strictement parler on n'y trouve pas de démonstration. Celle-ci ne comporte pas de « preuves apodictiques » mais des « preuves acroamatiques ». Remarquons qu' « acroamatique » signifie originellement « qui n'est pas dans les livres ». En philosophie, nous dit Kant, on ne peut brandir un livre en s'exclamant « voici mon Euclide ! » [2]. Or Wolff, nous l'avons vu, introduisait précisément la notion de dogme dans la partie de la *Philosophia rationalis sive Logica* qu'il consacrait à la distinction entre les espèces de livres et renvoie constamment au modèle euclidien pour constituer sa métaphysique.

Dans l'usage spéculatif de la raison, en tant qu'il suppose les Idées, il n'y a de toute façon aucun jugement directement synthétique par concept, aucun *dogma* (A 736 / B 764). Les concepts de l'entendement, quant à eux, établissent des principes certains, cependant il ne faut pas les confondre avec les principes exigés par la raison et ils ne sont pas établis directement par concepts, mais indirectement par rapport à quelque chose de contingent : l'expérience possible. « Ils peuvent être apodictiquement certains, écrit Kant,

1. « Nur ein apodiktischer Beweis, so fern er intuitiv ist, kann Demonstration heißen », CRP, A 734 / B 762, AK III, 481 ; OP I, 1313.

2. Déjà, dans l'*Annonce du programme des leçons de M. Kant durant le semestre d'hiver 1765-1766*, Kant relevait que l'étudiant ne doit pas croire qu'il va apprendre la philosophie comme on apprend les sciences « historiques » ou les sciences « mathématiques ». Dans le cas des sciences « historiques », c'est-à-dire les sciences ayant seulement un contenu *a posteriori* et factuel, « l'expérience personnelle ou le témoignage d'autrui » nous sont donnés. Dans le cas des mathématiques, « l'évidence [*Augenscheinlichkeit*] des concepts et l'infaillibilité [*Unfehlbarkeit*] de la démonstration » nous sont aussi données. Dans les deux genres de science on peut présenter à l'étudiant une discipline achevée sous la forme d'un *livre*, or ce n'est pas le cas en philosophie. Kant, tant qu'on ne lui présente pas un livre dont il puisse se « réclamer à peu près comme de Polybe pour expliquer un événement de l'histoire ou d'Euclide pour expliquer [*erläutern*] une proposition de géométrie », dénonce la duperie de ceux qui prétendent présenter une « philosophie prétendument achevée ». Ils interdisent de former la jeunesse « à un jugement personnel plus accompli à l'avenir ». Kant entérine ici l'acquis qu'on peut découvrir dans l'*Untersuchung über die Deutlichkeit der Grundsätze der natürlichen Theologie und der Moral* : la démonstration philosophique ne peut se construire sur le modèle de la démonstration mathématique, la manière d'élaborer des concepts y est toute différente. C'est alors qu'il indique que la méthode de l'enseignement philosophique doit être *zététique*, on remarquera que pour autant il ne rejette pas totalement la méthode dogmatique : « La méthode spécifique de l'enseignement en philosophie est *zététique*, comme l'ont nommée quelques anciens [...], c'est-à-dire qu'elle est une méthode de *recherche* et elle ne devient en certains domaines *dogmatique*, c'est-à-dire déterminée [*entschieden*], que pour une raison déjà exercée [*nur bei schon geübterer Vernunft*] », AK II, 507 ; OP I, 515-516 (traduction modifiée, *entschieden* peut aussi être traduit par « incontestable », voire « assurée » comme le fait Jean Ferrari).

mais en soi directement ils ne peuvent pas même être connus *a priori* ». Il donne à ce propos l'exemple du concept de causalité :

> Ainsi cette proposition "Tout ce qui arrive à sa cause", personne ne peut la pénétrer à fond par ces seuls concepts donnés. *Ce n'est donc pas un dogme* bien qu'à un autre point de vue, je veux dire dans le seul champ de son usage possible, c'est-à-dire l'expérience, elle puisse fort bien être prouvée apodictiquement [1].

La manière même dont Wolff introduisait, démontrait et définissait le concept de cause dans l'*Ontologia* ne peut donc qu'être récusée [2]. Nous retrouvons ici le célèbre verdict concernant l'ontologie :

> L'analytique transcendantale a donc cet important résultat de montrer que l'entendement ne peut faire davantage *a priori* que d'anticiper la forme d'une expérience possible en général, et que, puisque ce qui n'est pas phénomène ne peut être un objet de l'expérience, l'entendement ne peut jamais dépasser les bornes de la sensibilité à l'intérieur desquelles des objets sont donnés. Ses principes sont simplement des principes de l'exposition des phénomènes et le nom orgueilleux d'une ontologie qui prétend donner des choses en général des connaissances synthétiques *a priori*, dans une doctrine systématique (par exemple le principe de causalité), doit faire place au nom modeste d'une simple analytique de l'entendement pur [3].

2) La méthode systématique

Il faut cependant lire la suite du texte de la « Discipline » que nous avons commencé de citer :

> Pourtant la méthode peut toujours être systématique. En effet, notre raison est elle-même (subjectivement) un système quoique dans son usage pur au moyen

1. « So kann niemand den Satz : alles, was geschiet, hat seine Ursache, aus diesen gegebenen Begriffen allein gründlich einsehen. Daher ist er kein Dogma, ob er gleich in einem anderen Gesichtspunkte, nämlich dem einzigen Felde seines möglichen Gebrauchs, d. i. der Erfahrung, ganz wohl und apodiktisch bewiesen werden kann », CRP, A 737 / B 765, AK III, 483 ; OP I, 1315.

2. Mais cette récusation comporte évidemment bien des traits wolffiens. On sait que le « problème de Hume » a un tour profondément post-wolffien dans la pensée kantienne, en effet, Hume aurait voulu savoir à propos du concept de cause : « s'il est pensé *a priori* par la raison et si, de cette manière, il a une vérité interne [*innere Wahrheit*] indépendante de toute expérience, par suite une utilité bien plus étendue qui ne soit pas bornée aux seuls objets de l'expérience » (*Prolégomènes*, AK IV, 259 ; OP II, 21). Cette vérité interne est celle que l'on trouve dans les dogmes wolffiens. Kant va démontrer que le concept de cause peut être prouvé apodictiquement, en s'appliquant à l'expérience, mais qu'il n'y a pas de sens à vouloir le pénétrer à fond en voulant concevoir la chose représentée ainsi. Ce principe n'est qu'un principe de l'exposition des phénomènes. Il ne possède pas la vérité interne absolue que pouvait posséder un dogme wolffien, sans pour autant se réduire à un contenu empirique *a posteriori*. Mais sa valeur *a priori* s'épuise-t-elle dans ce constat ? La question de la possibilité de son utilité plus étendue demeure. Wolff avait choisi le nom de « dogme » en les désignant comme des propositions universelles visant la félicité du genre humain, en référence à la théologie dogmatique qui vise le salut des hommes (*Logica*, § 743). C'est bien l'utilité morale et théologique qui est ici finalement en jeu. C'est aussi dans cette direction que s'achemine la pensée kantienne, ainsi que Kant l'annonce dans les *Prolégomènes*.

3. CRP, A 247 / B 303, AK III 207 ; OP I, p. 977.

de simples concepts, elle ne soit qu'un système de la recherche suivant des principes de l'unité pour laquelle l'*expérience* seule peut fournir la matière [1].

Kant désolidarise donc la notion stricte de démonstration (comme preuve apodictique) et la notion de système. En ce sens, effectivement, le procédé dogmatique wolffien n'est pas suivi exactement : ce n'est plus le rigoureusement démonstratif tel qu'il opère en mathématique qui doit être suivi en métaphysique, mais la méthode systématique.

Ici nous retrouvons la manière dont Kant élabore sa conception de la notion de système tout au long de son cheminement, en partant de la méthode wolffienne et en se différenciant d'elle. Cette progression a été étudiée par Norbert Hinske dans le chapitre VI de *Zwischen Aufklärung und Vernunftkritik* [2]. Norbert Hinske distingue trois moments dans la formation de la notion kantienne de système, nous en avons retrouvé un certain nombre ici. Le premier réside dans « la différenciation entre un système empirique et un système rationnel » [3]. Dans cette étude, nous avons précisément vu comment Kant condamne les métaphysiciens qui le précédent pour n'avoir pas su comprendre ce que doit être un principe métaphysique. Nous avons vu comment il leur reprochait de s'axer sur la généralité, non sur la pureté, confondant ainsi l'empirique et le rationnel. Le second moment consiste selon Hinske dans « le primat de l'Idée du tout sur les parties » [4]. La critique montre qu'une totalité systématique en métaphysique ne peut plus être le produit d'une construction démonstrative progressant d'étapes en étapes, comme c'était le cas pour Wolff. Il n'y a pas de dogme. La « Dialectique transcendantale » et la « Théorie transcendantale de la méthode » montreront comment la raison produit des Idées. Celles-ci constituent des totalités irréductibles à la manière dont l'entendement épelle pas à pas les phénomènes. Mais l'apport kantien consiste aussi, nous le savons, à montrer comment les Idées peuvent jouer un rôle systématique.

Enfin, Norbert Hinske souligne que le troisième moment consiste dans « la réflexion sur la fin de la science comme source de l'Idée du tout » [5]. Nous avons donc un autre apport kantien essentiel, que nous n'avons pas à analyser maintenant : l'Idée de tout est donnée par une réflexion sur les fins. L'apport kantien consiste ici, après avoir bien distingué le travail de la raison et celui de l'entendement, à faire dépendre la systématicité des intérêts de la raison. Mais cela implique que Kant sauvegarde la recherche d'une totalisation inconditionnée, telle qu'il la discerne chez Wolff.

1. « Gleichwohl kann die Methode immer systematisch sein. Denn unsere Vernunft (subjektiv) ist selbst ein System, aber in ihrem reinen Gebrauche, vermittelst bloßer Begriffe, nur ein System der Nachforschung nach Grundsätzen der Einheit, zu welcher Erfahrung allein den Stoff hergeben kann », CRP, A 737-738 / B 765-766, AK III, 483 ; OP I, 1316.

2. Frommann-Holzboog, FMDA II, 13, Stuttgart-Bad Cannstatt, 1998, « Die Wissenschaften und ihre Absichten oder Zwecke. Kants Neuformulierung der Systemidee », p. 102-117.

3. « Kants Unterscheidung zwischen empirischen und rationalen Systemen », p. 112-113.

4. « Der Primat der Idee des Ganzen vor den Teilen », p. 113-114.

5. « Die Reflexion auf den Zweck der Wissenschaft als Quelle der Idee des Ganzen », p. 114-115.

En un sens l'exigence systématique wolffienne est toujours ici à l'œuvre : une exigence de rigueur et de solidité engageant la manière dont des propositions peuvent se déterminer les unes les autres. Celles-ci sont toujours présentes dans la méthode systématique. C'est pourquoi Kant se permet d'écrire dans la seconde « Préface » de la *Critique de la raison pure* : « nous devons suivre à l'avenir la méthode rigoureuse du célèbre Wolff » [1].

C'est pourquoi il peut aussi insister sur l'importance de la forme scolastique en métaphysique :

> La critique est plutôt la préparation nécessaire pour promouvoir une métaphysique solide ayant valeur de science, qui doit être traitée nécessairement *de manière dogmatique et avec un caractère systématique* qui satisfasse aux plus rigoureuses exigences donc sous une forme scolastique et non populaire [2].

Dans ces lignes, l'exigence, originairement wolffienne, de solidité est explicitement reprise. La « manière dogmatique » est revendiquée. La référence directe au caractère systématique ne peut que rappeler les lignes de la « Discipline de la raison pure dans son usage dogmatique » que nous venons de citer, et dans lesquelles la notion de méthode systématique vient relayer celle de méthode dogmatique proprement dite.

Cette nécessité systématique se rejoue dans la *Critique de la raison pure* elle-même et dans l'élaboration métaphysique que Kant tente de conduire jusque dans les liasses consacrées aux *Progrès de la métaphysique en Allemagne depuis le temps de Leibniz et de Wolff*. Nous relèverons à ce propos quelques points pour clore cet exposé.

Il ne faut pas confondre procédé dogmatique et procédé critique, mais la méthode synthétique suivie par la *Critique de la raison pure* doit être rigoureuse et solide pour que le résultat soit certain. C'est pourquoi l'insistance sur la *Gründlichkeit* de la *Critique* est constante à la fin de la seconde « Préface », il ne faut pas voir là une forfanterie de la part de Kant, la solidité est une nécessité. Précisément, la méthode systématique que nous venons d'étudier garantira cette dernière. La systématicité en jeu, conformément au troisième point relevé par Norbert Hinske, est donnée par la visée finale de la raison dans le domaine pratique :

> Ce système se maintiendra, je l'espère, à l'avenir, dans cette invariabilité. Ce qui justifie ma confiance, ce n'est point la présomption, mais l'évidence produite par l'expérimentation de l'identité du résultat, en allant des plus petits éléments au tout de la raison pure, et en revenant du tout (car lui aussi est donné pour lui-même par la visée finale de la raison dans le domaine pratique) à chaque partie, du fait que l'essai de changer ne fût-ce que la plus petite

1. CRP, B XXXVI, AK III, 22 ; OP I, 752.

2. « Vielmehr ist die Kritik die notwendige vorläufige Veranstaltung zur Beförderung einer gründlichen Metaphysik als Wissenschaft, die notwendig dogmatisch und nach der strengsten Forderung systematisch, mithin schulgerecht (nicht populär) ausgeführt werden muß », CRP, B XXXV-XXXVI, AK III, 21-22 ; OP I, 751.

partie entraîne aussitôt des contradictions non seulement du système, mais de la raison humaine en général [1].

Dans ces lignes, le recours à la notion d'expérimentation distingue Kant et Wolff. Elle suppose l'irréductibilité du tout aux parties. Elle engage aussi, dans d'autres pages, des références à la méthode des chimistes, absente chez Wolff [2]. Cependant la référence à la non contradiction rapproche nos auteurs. Et surtout, on peut discerner ici une manière de se réapproprier l'évidence que Wolff attribuait à la systématicité, en la transposant. Dans son *De differentia intellectus systematici et non systematici* [3], celui-ci soulignait en effet l'évidence que l'entendement systématique obtenait grâce à la présentation sous forme de système : « Par ce moyen même il conserve de l'évidence à travers toute sa connaissance » [4].

Enfin, Kant souligne la possibilité d'un passage *dogmatique* par la voie pratique au suprasensible [5]. Il est clairement présenté comme tel dans les liasses consacrées aux *Progrès de la métaphysique en Allemagne depuis le temps de Leibniz et de Wolff*. Il est permis et appelé par « cette fin ultime de la raison pratique [qu']est le souverain bien pour autant qu'il est possible dans le monde » [6]. Ici aussi la fin permet la détermination d'un certain nombre de connaissances purement *a priori*. C'est ainsi que la métaphysique peut effectivement progresser concernant la connaissance suprasensible.

Evidemment ce passage dogmatique ne peut être théorique. Cette « connaissance pratiquement dogmatique [*praktisch-dogmatisches Erkenntniß*] » d'objets suprasensibles [7] n'a pas à s'inquiéter de ce qu'est la chose en elle-même. Il ne s'agit pas de recréer ici une ontologie, ni d'en revenir strictement aux dogmes wolffiens. Il s'agit uniquement de s'occuper de la manière dont nous avons à penser cette chose suprasensible et à admettre sa constitution (*Beschaffenheit*) « afin qu'elle soit appropriée pour nous à l'objet pratiquement dogmatique du pur principe moral, c'est-à-dire à la fin ultime qui est le souverain bien » [8]. Dans cette mesure cet enseignement est seulement

1. « In dieser Unveränderlichkeit wird sich dieses System, wie ich hoffe, auch fernerhin behaupten. Nicht Eigendünkel, sondern bloß die Evidenz, welche das Experiment der Gleichheit des Resultats im Ausgange von den mindesten Elementen bis zum Ganzen der reinen Vernunft, und im Rückgange vom Ganzen (denn auch dieses ist für sich durch die Endabsicht derselben im Praktischen gegeben) zu jedem Teile bewirkt, indem der Versuch, auch nur den kleinsten Teil abzuändern, sofort Widersprüche, nicht bloß des Systems, sondern der allgemeinen Menschenvernunft herbeiführt, berechtigt mich zu diesem Vertrauen », CRP, B XXXVIII, AK III, 23 ; OP I, 753.

2. CRP, B XXI, AK III, 14 ; OP I, 742.

3. « De la différence entre entendement systématique et non systématique ».

4. *Horae subsecivae Marburgenses*, GW II, 34.1, § 9, p. 124 : « Hac ratione eadem evidentiam per omnem suam cognitionem conservat ».

5. Voir aussi *supra* la note 1, p. 114.

6. « Dieser Endzweck der reinen praktischen Vernunft ist das höchste Gut, sofern es in der Welt möglich ist [...] », *Progrès*, AK XX-7, 294 ; OP III, 1247.

7. *Progrès*, AK XX-7, 296 ; OP III, 1249.

8. « um dem praktisch-dogmatischen Objekt des reinen sittlichen Prinzipes, nämlich dem Endzweck, welcher das höchste Gut ist, für uns selbst angemessen zu sein », *Progrès*, AK XX-7, 296 ; OP III, 1249.

subjectif. Cependant ce n'est qu'alors que la raison peut décrire son horizon et elle ne le peut qu'en fonction de cet « objet dogmatique ».

En conclusion, ce qui est proprement dogmatique selon Kant, c'est bien ce qui est rigoureusement démonstratif dans un usage de la raison. Kant identifie ce dernier à un usage pur à partir de concepts, afin de s'offrir une voie pour résoudre les difficultés qu'il discerne dans l'instauration wolffienne de la connaissance *a priori*. Selon lui, il convient d'examiner et de sauvegarder le sens et la valeur de cet usage, après en avoir déterminé les droits. Le moment critique ne peut donc se concevoir que dans son rapport au dogmatique dans une tension ambiguë.

Jean-Paul PACCIONI
(Lettres Supérieures, Nanterre)

« *RATIO FIENDI* ». LA REDÉFINITION KANTIENNE DES PRINCIPES FONDAMENTAUX DE L'ONTOLOGIE DANS LA *NOVA DILUCIDATIO* DE 1755

Il n'y a aucune période dans la vie et dans l'évolution philosophique de Kant qui puisse être qualifiée de « wolffienne » ou de « rationaliste ». Si l'on considère l'année 1755 et l'écrit de métaphysique *Principorum primorum cognitionis metaphysicae nova dilucidatio*, on peut affirmer qu'il est difficile de trouver dans d'autres textes de la même période – en Allemagne ou ailleurs – une attaque si profonde et si bien dirigée contre les bases et les vérités fondamentales de l'ontologie wolffienne. La *Nova dilucidatio* est un exercice d'anti-wolffianisme.

Je vais tout d'abord essayer de justifier cette affirmation en anticipant le plan et la structure de cet article. Pour ce faire, je considère ici la *Nova dilucidatio*, l'écrit latin en trois sections que Kant rédigea à l'âge de 31 ans pour son habilitation, qu'il obtint le 27 septembre 1755 (seulement cinq mois après son doctorat, obtenu le 17 avril, sur le thème du feu : *De igne*). Dans la *Nova dilucidatio*, Kant mélange – c'est peut-être la caractéristique la plus évidente de cet écrit – la discussion des thèmes ontologiques avec celle d'autres thèmes provenant des métaphysiques spéciales. Les questions liées à la psychologie, à la théologie et à la cosmologie sont traitées comme faisant partie de la discussion sur le fondement ontologique général de notre connaissance. Cette aptitude à ne pas respecter les divisions rigoureuses du système philosophique confère à la *Nova dilucidatio* une grande richesse thématique et une surprenante complication structurelle.

La plupart des interprètes ont dirigé leur attention sur la richesse thématique liée aux métaphysiques spéciales. Je pense aux études de Joseph Schmucker et Robert Theis sur Dieu [1], de Norbert Hinske et Martin Schönfeld

1. J. Schmucker, « Die Ontotheologie des vorkritischen Kant », *Kant-Studien Erg. Hefte* 112, Berlin-New York, De Gruyter, 1980, p. 11 *sq*. R. Theis, *Gott*, Stuttgart-Bad Cannstatt, Frommann-Holzboog, 1994, p. 44 *sq*.

sur la liberté [1], de Mariano Campo et Eric Watkins sur la cosmologie de la troisième section [2]. Je préfère me confronter ici à la ligne argumentative la plus profonde (le squelette, pourrait-on presque dire) de cet écrit. Si l'on essaie donc de comprendre la *Nova dilucidatio* dans sa structure fondamentale, on voit – grâce à Tonelli par exemple qui, sur ce sujet, a écrit de très belles pages dans une publication de 1959 – que Kant organise son discours à l'intérieur de la deuxième section de l'ouvrage sur la base de deux distinctions fondamentales. Je reprends ici le schéma de Tonelli [3] :

ratio < 1
- *antecedenter determinans* < 2
  - *ratio essendi / ratio veritatis*
  - *ratio existendi / ratio fiendi*
- *consequenter determinans* = *ratio cognoscendi*

1) Dans la Proposition IV, Kant distingue la *ratio antecedenter determinans* (la raison qui détermine par les antécédents) et la *ratio consequenter determinans* (la raison qui détermine par les conséquences), qu'il appelle aussi *ratio cognoscendi*.

2) Dans les propositions suivantes (notamment V, VI, VIII), il différencie, dans la raison antécédente, *ratio essendi* (c'est-à-dire le principe de vérité) et *ratio fiendi* ou *existendi* (la raison qui concerne l'existence ou le devenir).

Il s'agit de deux distinctions, que nous retrouvons d'ailleurs aussi – dans des contextes bien spécifiques – chez Leibniz et chez Wolff et que Kant dirige explicitement contre la philosophie crusienne. La première question à poser est donc : en quoi consiste ici l'anti-crusianisme de Kant ?

1) En identifiant dans le premier cas la raison fondée sur les conséquences à la raison du connaître, Kant parvient à mettre hors jeu d'un seul coup (un coup assez violent en tout cas) tout subjectivisme de Crusius, qui avait fondé et minutieusement construit sa philosophie des vérités nécessaires de raison sur la *ratio cognoscendi*. L'identification de la *ratio consequenter determinans* (c'est-à-dire une raison empirique qui reconstruit après coup ses vérités) à la *ratio cognoscendi* est immédiatement et profondément anti-crusienne.

2) En soulignant la validité du principe de raison déterminante en général et de la *ratio fiendi* en particulier, Kant arrive d'ailleurs à poser les bases d'un

1. N. Hinske, *Kants Weg zur Transzendentalphilosophie. Der dreissigjährige Kant*, Stuttgart-Berlin-Köln-Mainz, Kohlhammer, 1970, p. 89. M. Schönfeld, *The Philosophy of the Young Kant*, Oxford-New York, Oxford University Press, 2000, p. 128 *sq*.

2. M. Campo, *La genesi del criticismo kantiano*, Parti I-II, Varese, Editrice Magenta, 1953, p. 105 *sq*. E. Watkins, *Kant and the Metaphysics of Causality*, New York, Cambridge University Press, 2005, p. 112 *sq*.

3. G. Tonelli, *Elementi metodologici e metafisici in Kant dal 1745 al 1768*, Torino, Edizioni di Filosofia, 1959, p. 135.

déterminisme radical (pour tous les événements objectifs et subjectifs, de la nature et de la volonté), qui contredit de la façon la plus explicite l'indéterminisme et – pour ainsi dire – l'indifférentisme de Crusius et des philosophes de l'école thomasienne.

Mais qu'entend Kant – de manière générale – par raison « déterminante » ? « *Determinare est ponere praedicatum cum exclusione oppositi* » [1]. Déterminer, c'est poser un prédicat en excluant son opposé. Le principe de raison déterminante suit l'affirmation selon laquelle toute position (du prédicat) serait en soi impossible sans une raison. Cette définition – en même temps logique et ontologique (logique et réelle, pourrait-on dire) – de la détermination est typiquement wolffienne. Béatrice Longuenesse a très bien souligné dans son intervention au congrès de Berlin (en 2000) que le wolffianisme est à la base soit de la définition kantienne de la raison déterminante – et donc ici de la première distinction (1) –, soit de la preuve de la validité du principe de raison déterminante [2] – et donc ici de la deuxième distinction (2).

Kant reprend l'adjectif « déterminant » non seulement de Wolff, mais aussi de Crusius, qui l'utilisait polémiquement contre Wolff à la place de l'adjectif « suffisant ». Crusius voulait souligner ainsi le déterminisme radical (sinon le spinozisme) de la philosophie de Wolff. La reprise kantienne du mot « déterminant » est – comme on le verra – polémique contre la polémique de Crusius. Il y a dans l'utilisation de ce mot la défense et la radicalisation du déterminisme que Crusius imputait à Wolff. On assiste à une attaque contre les idées fondamentales de la philosophie crusienne, c'est-à-dire à une attaque contre le subjectivisme, l'indéterminisme et l'empirisme de Crusius. C'est la lecture la plus immédiate et honnête qu'on puisse faire des phrases et des passages qui décrivent cette double distinction dans la deuxième section de la *Nova dilucidatio*.

Ce que je voudrais essayer de mettre en lumière ici, c'est plutôt l'opposition à Wolff, qui caractérise aussi, et d'une façon à mon avis encore plus intéressante, ce double passage argumentatif de la deuxième section. Le jeune Kant réussit à définir dans un langage et dans des arguments classiques (scolastiques pourrait-on dire) une nouvelle théorie des principes premiers de la métaphysique qui, en redéfinissant les contenus de base de l'ontologie wolffienne, énonce en même temps la nécessité de repenser la forme de toute la métaphysique et de toute la philosophie en général.

En soulignant l'opposition à Wolff (nonobstant les critiques faites à Crusius et en dépit de la quantité considérable d'arguments et de technicismes wolffiens qu'on retrouve ici), j'essaie de m'éloigner le plus possible des très nombreuses interprétations (il faudrait établir une très longue liste pour les rappeler

1. *Nova dilucidatio*, AK I, 391.

2. Cette preuve se trouve dans la cinquième proposition de la *Nova dilucidatio*. Voir Béatrice Longuenesse, « Kant über den Satz vom Grund », p. 70 *sq.*, dans V. Gerhardt, R.-P. Horstmann und R. Schumacher (Hrsg.), *Kant und die Berliner Aufklärung*. Akten des IX. Internationalen Kant-Kongresses, vol. I, Berlin, Walter de Gruyter, 2001, p. 66-85.

toutes) qui ont préféré souligner et répéter à l'infini le wolffianisme et le rationalisme (plus ou moins explicite) de Kant à cette époque.

Je pense, en outre, que, pour bien souligner la distance qui sépare la position kantienne de Crusius d'une part et de Wolff d'autre part, on doit surtout considérer la nouvelle définition que Kant offre ici (plus ou moins explicitement) des concepts fondamentaux de la modalité. C'est la « nécessité » newtonienne (liée à la notion de loi physique) qui permet à Kant l'abandon soit de la philosophie wolffienne du possible, soit de l'empirisme réaliste de Crusius.

Kuno Fischer affirmait dans son *Immanuel Kant und seine Lehre* de 1860 que la tâche de la *Nova dilucidatio* est tout à fait évidente : Kant essaie d'élaborer ici de nouveaux principes qui puissent être à la base de la nouvelle physique newtonienne [1]. Tout en étant d'accord avec cette affirmation, je tenterai maintenant de prouver son contraire : c'est la nécessité newtonienne qui permet à Kant de réécrire les fondements de la métaphysique, c'est à partir d'elle que Kant arrive à reconsidérer les définitions basilaires de l'ontologie.

* * *

Dans la première section de la *Nova dilucidatio*, Kant énonce et argumente – avec Crusius et contre Wolff – que toutes les vérités de la logique et de la métaphysique ne se fondent pas sur un principe unique : « *veritatum omnium non datur principium unicum, absolute primum, catholicon* » (Kant se réfère ici bien évidemment au principe de contradiction) [2]. Les mêmes vérités se basent plutôt sur les deux formulations – affirmative et négative – du principe d'identité (« *quicquid est, est* », « *quicquid non est, non est* »). D'un ton polémique, Kant demande pourquoi nous devrions assumer le principe de contradiction comme base et critère fondamental de toute vérité : « *Quo vero pacto statui potest, omnes veritates ad hanc definitionem velut ad lapidem Lydium revocari oportere ?* » [3] – que Jean Ferrari traduit justement : « Comment établir que toutes les vérités doivent être ramenées à cette définition [celle du principe de contradiction] comme à une pierre de touche ? » [4]. « *Lapis Lydius* » est une pierre dont la caractéristique fondamentale est celle de prouver par contact l'authenticité de l'or, de l'argent et d'autres matières précieuses. Kant met en question la capacité du principe de contradiction (selon lequel il est impossible qu'une même chose soit et ne soit pas en même temps) à prouver (par contact – pourrait-on dire) la validité des vérités mathématiques, physiques et métaphysiques en général. Du point de vue systématique, Kant trouve déroutant (sinon aberrant) le fait qu'on puisse confier le fondement de

1. *Immanuel Kant und seine Lehre*, Heidelberg, Winter, ^{6}1928, vol. I, p. 197, dans N. Hinske, *op. cit.*, p. 89.
2. *Nova dilucidatio*, AK I, 388.
3. *Nova dilucidatio*, AK I, 391.
4. *Nova dilucidatio*, AK I, 391 ; OP I, 118.

toute vérité philosophique à une phrase, qui est la définition même de l'impossibilité.

* * *

J'arrive donc à l'anti-wolffianisme (plus subtil) de la deuxième section de la *Nova dilucidatio*. Kant distingue ici entre une raison antérieurement déterminante (« *cuius notio praecedit determinatum* »), qu'il appelle « *ratio cur* » (la raison du pourquoi) et une raison postérieurement déterminante (« *quae non ponetur, nisi jam aliunde posita esset notio, quae ab ipso determinatur* »), qu'il appelle « *ratio quod* » (la raison que ou du fait que – pourrait-on dire). La raison antérieurement déterminante concerne l'être et le devenir : il s'agit de la cause réelle qui détermine l'événement dans le moment immédiat où il survient. La raison postérieurement déterminante concerne plutôt les fondements de la connaissance. C'est la raison de l'explication d'un événement. On a donc d'un côté la raison antécédente, que Kant nomme « *ratio essendi vel fiendi* », et, de l'autre, la raison conséquente, que Kant nomme « *ratio cognoscendi* ». On peut illustrer cela dans le schéma suivant :

1 *antecedenter determinans / ratio cur / ratio essendi vel fiendi*
ratio <
consequenter determinans / ratio quod / ratio cognoscendi

Kant reprend ainsi la division scolastique aristotélicienne entre la connaissance du pourquoi (*ratio antecedenter determinans*, fondement de la connaissance scientifique) et la connaissance du quoi (*ratio consequenter determinans*, fondement de notre expérience des choses) et prend parti pour la première variante : « *ratio consequenter determinans veritate non efficit sed explanat* » [1].

Pour illustrer cela, Kant nous invite à considérer par exemple l'affirmation suivante : le mal est présent dans le monde [2]. Cela peut être observé et expliqué rétrospectivement selon la *ratio cognoscendi*. Le même fait peut, d'autre part, être compris à partir de la définition du monde et du fondement réel de l'existence du mal (c'est-à-dire selon la *ratio essendi vel fiendi* du phénomène). Kant distingue en ce sens entre la certitude empirique et la vérité essentielle et génétique d'une affirmation. On peut aussi considérer l'exemple suivant : le mouvement de la lumière n'est pas instantané mais lié à une durée assignable de temps [3]. Les éclipses des satellites de Jupiter montrent un phénomène (selon la *ratio cognoscendi*) qui dépend strictement des lois du mouvement et de l'élasticité des globules de l'air (qui seules en fournissent la *ratio essendi vel fiendi*).

1. *Nova dilucidatio*, AK I, 394.
2. Voir *Nova dilucidatio*, AK I, 392.
3. Voir *Nova dilucidatio*, AK I, 392-393.

Pour bien comprendre cette distinction entre *ratio quod* et *ratio cur* (qu'on retrouve aussi chez Wolff – par exemple dans le § 6 de la préface de la *Deutsche Logik* où il différencie la connaissance rationnelle de toute connaissance par expérience), il faut surtout considérer la lecture que Kant fait de certains textes de Christian August Crusius, notamment de la *Dissertatio philosophica de usu et limitibus principii rationis determinantis, vulgo sufficientis* publiée à Leipzig en 1743 et du plus connu *Weg zur Gewißheit und Zuverläßigkeit der menschlichen Erkenntniß* publié dans la même ville quatre ans plus tard. Dans ces ouvrages, Crusius subdivise la *ratio existentiae physicae* de la façon suivante :

- *ratio*
  - *principium essendi*
  - *principium cognoscendi*
    - *ratio cur / a priori*
    - *ratio quod / a posteriori*

Le principe de connaissance (*principium cognoscendi*) peut être nommé *a priori* (« *Idealgrund a priori* »), quand il énonce non seulement que quelque chose a eu lieu, mais aussi pourquoi cette chose a lieu ; le même principe est un principe de connaissance *a posteriori* (« *Idealgrund a posteriori* »), quand on reconnaît à travers lui – je cite Crusius – « *daß etwas ist* » [1]. On peut voir aisément que Kant ne fait que déplacer la deuxième distinction (entre *ratio cur et ratio quod*) au niveau de la première (entre *principium essendi et principium cognoscendi*). Les conséquences de cette opération sont remarquables.

En détachant la *ratio cur* du *principium cognoscendi*, Kant s'oppose à Crusius qui construisait sur le principe *a priori* de la connaissance toute sa philosophie subjectiviste, et on sait que Kant plus tard – par exemple dans la *Recherche sur l'évidence des principes de la théologie naturelle et de la morale* de 1763 – prendra une position très claire contre le subjectivisme crusien et contre tout subjectivisme en général [2]. C'est un phénomène – celui de l'anti-subjectivisme et de l'anti-cognitivisme explicite du jeune Kant – qu'il faudrait en général mieux considérer et mieux mettre en évidence. Crusius développe dans son *Entwurf der notwendigen Vernunft-Wahrheiten* de 1745 une théorie de la nécessité en tant que nécessité subjective de la connaissance. Pour Kant, la nécessité est toujours objective. Elle donne la définition même de

1. Ch. A. Crusius, *Weg zur Gewißheit und Zuverläßigkeit der menschlichen Erkenntniß*, Leipzig, 1747, § 142.

2. Kant résume ici en une phrase la philosophie entière de Crusius : « Was ich nicht anders als wahr denken kann, das ist wahr u.s.w. ». Son jugement suit immédiatement après : « So ist leicht einzusehen, daß dieser Satz niemals ein Grund der Wahrheit von irgend einem Erkenntnisse sein könne. [...] Nun gibt es freilich wohl viele unerweisliche Erkenntnisse, allein das Gefühl der Überzeugung in Ansehung derselben ist ein Geständniß, aber nicht ein Beweisgrund davon, daß sie wahr sind » (*Recherche sur l'évidence*, AK II, 295).

l'objectivité – dans la théorie et dans la pratique – indépendamment de toute considération sur le sujet connaissant [1].

Mais la même opération permet aussi à Kant de radicaliser la distance qu'il prend par rapport au rationalisme wolffien. La *ratio cur* (c'est-à-dire *essendi* et *existendi*) doit être distinguée de la *ratio cognoscendi*. Kant essaie – avec Crusius et contre Wolff – de distinguer clairement la réalité des choses de la connaissance des choses. Wolff mélangeait l'être et le connaître dans la définition des essences (possibles) des choses. Kant arrive, en revanche, à affirmer un déterminisme radical, indépendant des principes rationnels de la connaissance. Il reproche en ce sens à Wolff de ne pas avoir su distinguer entre les deux niveaux :

> [Wolff] *definit enim rationem per id, unde intelligi potest, cur aliquid potius sit, quam non sit.* [*Ontologia*, § 56] *Ubi haud dubie definitum immisquit definitionem* [2].

Selon la définition de Wolff, « la raison est ce qui permet de comprendre pourquoi une chose est, au lieu de ne pas être ». Il a en ce sens « sans aucun doute mêlé le défini à la définition » [3]. Pourquoi (*cur*) ne signifie en effet, chez Wolff, rien d'autre que « pour quelle raison » (*quam ob rationem*).

> Donc, une fois opérée la substitution, la définition de Wolff équivaut à : la raison est ce qui permet de comprendre pour quelle raison une chose est, au lieu de ne pas être [*Ideo substitutione rite facta, definitio Wolffiana audiet* : *ratio est id, ex quo intelligi potest, quam ob rationem aliquid potius sit, quam non sit*] [4].

Le mot « *cur* » et le mot « *ratio* » ont été, selon Kant, confondus dans les explications des philosophes rationalistes. Baumgarten, Bilfinger, Meier étaient convaincus que les relations causales dans le monde ne sont rien d'autre que la transcription réelle du *nexus rationis* des idées. Le mot allemand « *Grund* » rendait en ce sens possible (bien plus que les mots latins « *ratio* » et « *causa* ») la continuelle confusion entre ces deux niveaux de signification : celui de l'être et celui du connaître. Une confusion et une identité qu'on trouve à partir de Descartes dans toute la tradition rationaliste. Le choix kantien du mot « *determinans* » à la place de « *sufficiens* » dans la *Nova dilucidatio* va maintenant dans le sens d'une distinction claire de l'être du connaître.

* * *

1. « [...] l'objectivement valable et l'universellement valable sont équivalents. Ce que je dois dire de l'objet doit être nécessaire. Car si cela est contingent, cela vaut uniquement dans le sujet, mais pas pour l'objet. [*Das obiectiv gültige und nothwendig gültige ist einerley. Was ich vom Obiect sagen soll, muß nothwendig seyn. Denn ist es zufällig, so gilt es nur im Subiect, aber nicht vom obiect.*] » (Réfl. 5915, AK XVIII, 383, probablement du début des années 1780 ; trad. fr. S. Grapotte, *Réflexions métaphysiques*, Paris, Vrin, 2011, p. 174-175).
2. *Nova dilucidatio*, AK I, 393.
3. *Nova dilucidatio*, AK I, 393 ; OP I, 121-122.
4. *Nova dilucidatio*, AK I, 393 ; OP I, 122.

La *ratio consequenter determinans* est donc – comme on l'a vu – refusée par Kant en tant qu'empirique et subjective. « [*She*] *just does not belong to the system* », selon John Reuscher [1]. Mais la raison conséquente n'est pas complètement rejetée. Kant – une petite parenthèse théologique doit être ouverte en ce sens – suit Crusius, qui, dans le § 235 de l'*Entwurf der notwendigen Vernunft-Wahrheiten,* avait profondément critiqué la preuve classique (« ontologique » selon l'appellation ultérieure de Kant) de l'existence de Dieu. La possibilité de Dieu, dans le sens de la pensabilité du concept d'un être suprême, ne peut pas valoir comme argument pour l'affirmation de son existence réelle. Le fait d'être cause de soi même ne peut surtout pas constituer une preuve, parce que le concept de *causa sui* est en soi contradictoire [2]. L'existence de Dieu peut être prouvée seulement après coup, c'est-à-dire « *nachträglich* » : selon la *ratio consequenter determinans*. C'est, selon Kant (mais non selon Crusius), la seule et plus haute affirmation philosophique d'une réalité absolue qui est le fondement de la possibilité de toutes les choses : « *Si Deum sustuleris, non existentiam omnem rerum solam, sed et ipsam possibilitatem internam prorsus aboleri* » [3].

* * *

La distinction la plus significative que Kant introduit dans la *Nova dilucidatio* n'est pourtant pas celle qu'on a décrite ici, mais plutôt celle qui sépare au sein de la *ratio antecedenter determinans* (dont la validité est prouvée dans la proposition V) la *ratio essendi* de la *ratio fiendi*. Au « *vel* » de l'expression latine « *ratio essendi vel fiendi* » doit donc être donné le sens fort de l'opposition de deux significations opposées selon la lecture de Tonelli [4]. Cela nous permet de réécrire le schéma kantien de la façon suivante :

2 *ratio essendi / ratio veritatis*

ratio antecedenter determinans <

ratio fiendi

1. A. J. Reuscher, « A Clarification and Critique of Kant's *Principorum Cognitionis Metaphysicae Nova Dilucidatio* », *Kant-Studien* 68, 1977, p. 25.
2. Voir, sur ce point, Robert Theis, *op. cit.*, p. 47.
3. *Nova dilucidatio*, AK I, 395.
4. « La distinzione che abbiamo visto compiere dai Wolffiani [cf. *idem*, p. 133-134] tra *principium essendi* e *principium fiendi* o *existentiae*, ci ha spinto a interpretare lo "essendi vel fiendi" ([AK] I, 392) di Kant come l'espressione di due aspetti del principio, il primo sviluppato nella Prop. V, concernente la *ratio veritatis*, il secondo nelle Prop. VI-VIII, concernenti la *ratio existentiae* ovvero la *causa*. Il distacco tra i due elementi è ben marcato : non solo formalmente ("Sed pergamus ad rationes *existentiam* determinantes", a conclusione della Prop. V, [AK] I, 394), ma sostanzialmente, nella differenza strutturale dei principi implicati [...]. Cfr. "Primo enim inter rationem veritatis et existentiae studiose mihi distinguendum erat" ([AK] I, 396) » (Tonelli, *op. cit.*, p. 159). Voir aussi E. Cassirer, *Das Erkenntnisproblem in der Philosophie und Wissenschaft der neueren Zeit*, Berlin, Bruno Cassirer, 1906 *sq.* ; Nachdruck der dritten Auflage (1922), Darmstadt, Wissenschaftliche Buchgesellschaft, 1974, p. 550-551.

Kant essaie de distinguer ici – contrairement à Wolff – les lois de l'essence des lois de l'existence. Selon la raison de l'essence, qu'il nomme aussi *ratio veritatis* (raison de vérité), le prédicat qui détermine la vérité d'une proposition est affirmé avec l'exclusion simultanée de son opposé. À partir de la notion de raison, on peut comprendre lequel des deux prédicats contradictoires doit être attribué au sujet et lequel doit en être écarté.

La « raison du devenir » est en revanche celle qui tient en soi la cause de l'existence d'une chose. C'est la *ratio fiendi*, c'est-à-dire la détermination d'une chose par sa cause réelle : « *Nihil contingenter existens potest carere ratione existentiam antecedenter determinante* » [1]. Rien de ce qui existe d'une manière contingente ne peut être dépourvu d'une raison qui détermine antérieurement son existence. Il ne s'agit ici surtout pas du vieux principe de raison suffisante. Celui-ci renfermerait la signification d'une *ratio cognoscendi* et reconduirait encore une fois à la façon wolffienne et rationaliste de penser la *ratio*. La *ratio fiendi* ne peut surtout pas être déduite du principe de contradiction. Il s'agit d'une raison « déterminante » et donc du principe suprême de la nécessité des événements, mais ni dans le sens de la nécessité rationnelle de Wolff (qui confondait *ratio veritatis* et *ratio actualitatis*, d'une part, et *ratio essendi* et *ratio cognoscendi,* d'autre part), ni dans celui de la nécessité subjective de Crusius.

La proposition VIII de la *Nova dilucidatio* est dédiée à l'explication de la *ratio fiendi*. La preuve de la validité de ce principe consiste dans l'affirmation que s'il n'y avait pas un principe de détermination (une *ratio antecedenter determinans*) de tous les accidents, c'est-à-dire de toutes choses en soi non absolument nécessaires, on pourrait alors affirmer que ces choses peuvent être causes d'elles-mêmes. On serait en ce sens face à une sorte de *causa sui*, de cause circulaire de soi même. Mais, en tant que cause de soi, l'être serait absolument nécessaire, ce qui contredirait évidemment la thèse de départ selon laquelle on a affaire ici à des événements non nécessaires mais accidentels. Je lis Kant sur ce point dans la traduction française : « Dans les choses existantes, il faut rechercher la raison antérieurement déterminante ; s'il n'y en a pas, l'être existe d'une manière absolument nécessaire » [2]. S'il n'y avait donc pas un fondement déterminant (une *ratio antecedenter determinans*), toute chose contingente serait causée par soi-même et ne pourrait pas en ce sens être contingente. Il s'agit bien évidemment d'une preuve apagogique et même tautologique, sur laquelle Kant fonde sa théorie et sa philosophie des modalités.

* * *

Le déterminisme qui suit l'affirmation de la validité universelle de la *ratio fiendi* ne peut pas être contredit par l'affirmation de la liberté de la volonté humaine. Kant s'oppose en ce sens explicitement à l'idée crusienne de la

1. *Nova dilucidatio*, Prop. VIII, AK I, 396.
2. *Nova dilucidatio*, AK I, 397 ; OP I, 128.

liberté comme « *libertas indifferentiae* » ou « *libertas aequilibrii* » [1]. Il s'oppose ainsi à toute conception de la liberté comme complète indétermination. La liberté humaine n'est pas en contradiction avec l'existence de la causalité dans la nature et ne peut pas valoir comme réfutation du principe de la *ratio fiendi* : « *Libere agere est appetitui suo conformiter et quidem cum conscientia agere. Et hoc quidem rationis determinantis lege exclusum non est* » [2]. Kant répète ainsi le principe stoïque selon lequel l'homme est plus ou moins libre selon le niveau de conscience qu'il a de la détermination de ses propres actions. Mais il corrige aussi le stoïcisme à travers la même critique que Carnéade adressait à Chrysippe dans le *De fato* de Cicero : de même que le poids et le contact sont la cause de l'action des atomes, la *voluntas* est la cause interne et déterminante de l'action de l'âme.

* * *

On a affaire ici à une révolution philosophique tout à fait considérable. En proposant la *ratio fiendi* comme véritable expression du principe de détermination et en soulignant la distance qui sépare celle-ci de la *ratio veritatis* et de toute forme de *ratio cognoscendi*, Kant décrète la fin d'une ontologie basée sur la notion modale de possibilité. Il ne recourt pourtant pas à un empirisme naïf comme c'était le cas dans la tradition thomasienne et notamment chez Crusius. Il réforme plutôt cette ontologie en se basant sur la notion modale du nécessaire.

À la primauté des notions de « possible » et d' « impossible », qui correspondent à la définition du principe de contradiction et qui sont à la base de la pensabilité des choses, Kant substitue l'idée fondamentale d'une légalité nécessaire de la nature. C'est la base du développement d'une nouvelle théorie de l'objectivité qui caractérisera profondément son travail critique ultérieur. La vérité philosophique dépend de la reconnaissance d'une nécessité que Kant essaie maintenant de voir libérée des théorèmes du rationalisme. Wolff et Baumgarten avaient en ce sens inséré la définition du nécessaire à l'intérieur de celle du possible, comme subordonnée à celle-ci. Kant pose, en revanche, la nécessité au centre de la définition même de l'objet de connaissance.

À la fin de la *Nova dilucidatio*, Kant dérive du principe de raison déterminante deux autres principes de la connaissance métaphysique : 1) le principe de la succession dans le temps (selon lequel un changement ne peut affecter des substances que dans la mesure où elles sont en rapport avec d'autres – Proposition XII) et 2) le principe de coexistence (selon lequel les substances finies sont maintenues dans leurs relations respectives par l'entendement divin en tant que principe commun de leur existence – Proposition XIII). Le schéma de l'entendement divin (*schema intellectus divini*) est conçu par Kant comme

1. C'est ici le thème, selon Hinske, « [der] in der *Nova dilucidatio* alle anderen spezifisch metaphysichen Themen in den Hintergrund drängt » (*op. cit.*, p. 89).

2. AK I, 403.

l'acte de sauvegarde des rapports entre les déterminations externes des substances. Dieu est le garant du fonctionnement régulier du monde et de la légalité même de l'univers physique. Kant essaie de donner maintenant un nouveau fondement métaphysique à la loi de l'attraction newtonienne en tant qu'expression fondamentale de l'action et de la réaction entre les corps.

La *Nova dilucidatio* termine donc avec une description (explicitement anti-crusienne) de l'univers en tant que lieu de la légalité et de la régularité de la nature. Mais « terminer » n'est pas le mot juste ! Dès le début, une nouvelle notion de la légalité et de la nécessité guident et organisent une transformation radicale des fondements et de la terminologie même de la métaphysique classique. C'est à partir d'une nouvelle définition du nécessaire et de la nécessité en tant que nécessité de la loi que Kant met en place sa critique du possible, du pensable, et donc : de tout rationalisme de la *Schulphilosophie*. C'est la nécessité newtonienne qui guide le jeune Kant dans la destruction et dans la redéfinition des fondements de la métaphysique classique.

Giuseppe MOTTA
(Université de Trèves)

ONTOLOGIE CRITIQUE / ONTOLOGIE WOLFFIENNE : LA RÉFORME KANTIENNE DE L'ONTOLOGIE

Dans le manuscrit, constitué par Rink, qui nous donne à connaître la tentative de réponse de Kant à la question mise au concours par l'Académie de Berlin pour l'année 1791 [1], « Quels sont les progrès réels de la métaphysique en Allemagne depuis le temps de Leibniz et de Wolf », Kant reconnaît, certes, que l'illustre Wolff a beaucoup apporté à l'ontologie en ce qui concerne la clarté et la précision dans l'analyse de l'entendement, mais souligne, cependant, qu'il n'a pas contribué à l'extension de cette connaissance [2].

Ce passage s'avère extrêmement précieux pour l'historien de la pensée kantienne, non seulement parce que Kant se positionne relativement à l'apport wolffien en matière d'ontologie, mais également parce qu'il s'agit de l'un des rares textes dans lesquels il fait mention de la "science qui étudie l'étant" [3].

Le moins que l'on puisse dire, c'est que les passages dans lesquels Kant mentionne l'ontologie ne sont pas légion. Ainsi, si l'on prend les neuf premiers volumes des *Gesammelte Schriften*, qui rassemblent les *Œuvres* (*Werke*) proprement dites de Kant, il est notoire que les termes « *Ontologie* » et « *ontologia* » apparaissent à peine à onze reprises sous la plume de Kant – exprimant vraisemblablement sa volonté de ne pas voir assimiler son projet aux ontologies "traditionnelles", ontologies de la « *Schulmetaphysik* », qu'il

1. Lors de la séance publique du 24 janvier 1788, Nicolas de Bequelin, directeur de la classe de physique de l'Académie de Berlin, déclare que le programme du concours pour l'année 1789 comportera une étude sur les progrès réalisés par la métaphysique depuis la mort de Leibniz (c'est dire depuis le début du XVIIIe siècle, Leibniz étant décédé en 1716). En fait, la question ne sera posée officiellement qu'en 1790 et la date de dépôt des manuscrits sera initialement fixée au 1er janvier 1792. Seulement, à cette date, un seul manuscrit était parvenu à l'Académie : celui de Schwab. Devant le peu de succès remporté par la question, l'Académie décida d'accorder un nouveau délai et reporta la date limite de dépôt des manuscrits au 1er janvier 1795, date à laquelle l'Académie reçut plus de 30 réponses.

2. Voir *Progrès*, AK XX-7, 261.

3. C'est Rodolph Göckel qui introduit pour la première fois en 1613 – en grec – le terme ontologie (Goclenius, *Lexicon philosophicum*, Francfort, 1613, repr. Hildesheim, 1980). À partir de 1647, Johann Clauberg définit l'ontologie comme la science qui étudie l'étant, d'abord, comme *cogitabile*, ensuite comme *aliquid*, enfin, comme *res* ou *substantia* (*Metaphysica de ente, quae restius ontosophia*, Groningue, 1647).

connaît notamment *via* la *Metaphysica* [1] de Baumgarten, à partir de laquelle il enseignait la métaphysique et l'anthropologie.

C'est dire que parler d'ontologie dans la perspective kantienne ne va pas de soi. Définir, partant, ce que le philosophe critique entend par ontologie à la suite de ses prédécesseurs, et de Wolff en particulier, exige de se référer aux rares passages dont nous disposons. Dans cette perspective, je me propose, dans cette contribution, de tenter de cerner la conception proprement kantienne de l'ontologie et de préciser en quoi consiste la nouveauté de cette conception en regard de la conception wolffienne de l'ontologie comme « science de l'étant en général, c'est-à-dire en tant qu'il est un étant » [2]. Cette contribution devrait ainsi permettre, à terme, d'établir en quel sens il est possible et légitime de parler d'ontologie dans l'optique critique, et ce, bien que, comme le souligne à juste titre Jocelyn Benoist, « [i]l y a quelques années de cela encore, il aurait pu paraître étrange d'employer à propos de Kant le terme d' "ontologie" » [3].

I. Apports et lacunes de l'ontologie wolffienne

Avant d'en venir à la conception kantienne de l'ontologie et de déterminer en quoi l'ontologie, dans le sens nouveau qu'elle prend au sein du projet critique, rompt avec celle de Wolff et de ses prédécesseurs, j'aimerais examiner le jugement que Kant porte sur l'ontologie wolffienne.

Il est remarquable que l'appréciation que porte le philosophe critique sur l'apport wolffien en matière d'ontologie n'est pas, comme on pourrait peut-être s'y attendre, seulement négative. À plusieurs reprises, Kant souligne, en effet, que « l'illustre Wolff » – épithète, il est vrai, généralement péjorative sous la plume de Kant – a contribué à introduire davantage de clarté (*Klarheit*), de distinction (*Deutlichkeit*), de précision (*Bestimmtheit*) dans la décomposition (*Zergliederung*) des concepts purs de l'entendement et des principes *a priori* utilisés pour la connaissance d'expérience, *ce en quoi précisément consiste l'ontologie* [4]. Il reconnaît également à son illustre prédécesseur le mérite d'avoir apporté plus de profondeur (*Gründlichkeit*) dans les démonstrations en métaphysique. Cet éloge n'est pas sans rappeler le passage de la « Préface » à la seconde édition de la *Critique de la raison pure* où, une fois n'est pas coutume, Kant loue la méthode wolffienne. Ainsi, après avoir expliqué en quoi la critique n'est pas opposée au *procédé dogmatique* de la raison

1. Alexander Gottlieb Baumgarten, *Metaphysica*, Halle, ^{4}1757 (^{1}1739).

2. Christian Wolff, *Discours préliminaire sur la philosophie en général* (traduction sous la direction de Th. Arnaud, W. Feuerhahn, J.-F. Goubet et J.-M. Rohrbasser), Paris, Vrin, 2006, § 73, p. 121.

3. Jocelyn Benoist, « Sur une prétendue ontologie kantienne : Kant et la néo-scolastique », dans *Kant et la pensée moderne : alternatives critiques* (Charles Ramond dir.), Bordeaux, Presses Universitaires de Bordeaux, 1996, p. 137.

4. Voir *Progrès*, AK XX-7, 281. *Cf.* AK XX-7, 261.

dans sa connaissance pure (c'est-à-dire à la démonstration à partir de principes *a priori* sûrs), mais au *dogmatisme* (qu'il définit alors comme la présomption de progresser seulement avec une connaissance pure par concepts sans critique préalable du pouvoir de la raison), Kant reconnaît que dans le plan que prescrit la critique, c'est-à-dire dans le système futur de la métaphysique, il devra suivre

> [...] la méthode rigoureuse [*strengen*] du célèbre Wolff, le plus grand parmi tous les philosophes dogmatiques, le premier à montrer par son exemple (et par cet exemple il devint l'instigateur en Allemagne d'un esprit de profondeur [*Gründlichkeit*] [1] non encore éteint) comment en établissant légitimement les principes, en déterminant clairement les concepts, en recherchant la rigueur des preuves, en se gardant des sauts téméraires dans les conséquences, il faut prendre le chemin sûr d'une science [2].

Mais, comme c'est souvent le cas chez Kant, les louanges laissent la place aux reproches. Parmi les griefs que Kant adresse à l'ontologie wolffienne, on peut en retenir trois principaux :

a) le manque d'intégralité (*Vollständigkeit*) qui caractérise l'ontologie avant la critique de la raison pure – manque qui résulte du fait qu'aucune critique n'avait jusque lors dressé une table des catégories selon un principe déterminé (*fest*) [3]. Dans le manuscrit des *Progrès*, Kant semble répéter à l'égard de l'ontologie wolffienne le reproche qu'il adresse, dans la première *Critique* [4], à Aristote, à savoir : celui de ne pas avoir obtenu ses catégories de manière systématique à partir d'un principe, mais de manière rhapsodique ; démarche qui, à en croire Kant, ne permet pas de garantir le nombre complet des concepts purs (car ce nombre est simplement conclu par induction) ni de saisir pourquoi ces concepts précisément, et pas d'autres, se trouvent dans l'entendement. À travers le reproche adressé ici à Wolff, Kant dénonce, de manière générale, la démarche qui se contente de dégager les concepts selon les circonstances et de les rassembler dans une liste, plus ou moins détaillée selon le temps et l'attention consacrés à l'observation de ces concepts. Cette manière de procéder, qu'il qualifie de « mécanique » [5], ne permet pas de déterminer avec *certitude* à quel point la liste des concepts découverts, au petit bonheur (*auf gut Glück*), est achevée (*vollendet*), mais permet tout au plus d'établir un agrégat de concepts sans ordre ni unité systématique. Kant oppose à cette manière de faire celle de la philosophie transcendantale, qui doit

1. Éloge qui fournit le titre de l'étude remarquable que Jean-Paul Paccioni a consacrée à l'ontologie et à la métaphysique wolffienne, parue en 2006 chez Vrin (*Cet esprit de profondeur. Christian Wolff, l'ontologie et la métaphysique*). Dans cette étude, Jean-Paul Paccioni met en évidence comment l'éloge de Kant, resté certes célèbre, mais souvent comme une anecdote, engage l'approche de la métaphysique en tant que système traité de manière scientifique.

2. CRP, B XXXVI, AK III, 22 ; OP I, 751.

3. Voir Kant, *Progrès*, AK XX-7, 281.

4. Voir CRP, § 10, A 81 / B 107, AK III, 93-94.

5. CRP, A 66 / B 91, AK III, 84.

rechercher ses concepts selon un principe [1] parce que ces concepts sortent purs et sans mélange de l'entendement.

b) Deuxième grief : l'absence (*Ermangelung*) d'une intuition *a priori* reconnue comme principe [2] et le fait que Wolff ait considéré la différence entre sensible et intellectuel comme purement logique. En toute rigueur, c'est Leibniz qui constitue la cible principale de ce reproche, mais il est notoire que Kant l'adresse à plusieurs reprises à Wolff également, notamment dans l' « Esthétique transcendantale ». En bref, Kant reproche à la philosophie de Leibniz et de Wolff d'avoir considéré la différence entre la sensibilité et ce qui est intellectuel comme purement logique. Autrement dit, à ses yeux, l'une des grandes erreurs de l'école de Leibniz et de Wolff est d'avoir situé la sensibilité dans le manque (*Mangel*) de clarté des représentations partielles, par suite, dans l'imprécision (*Undeutlichkeit*), et d'avoir placé, en revanche, la qualité de la représentation de l'entendement dans la distinction. Ce pourquoi Kant n'hésite pas à déclarer, dans l' « Esthétique transcendantale », que la philosophie de Leibniz et de Wolff (il assimile les deux philosophies sur ce point) a assigné à toutes les recherches sur la nature et l'origine de nos connaissances un point de vue faux [3]. Au contraire, Kant soutient que la différence entre sensible et intellectuel est *transcendantale* ou, pour reprendre les termes qu'il utilise dans une note de l'*Anthropologie*, est « réelle [*reale*] » [4], ce qui signifie que cette différence ne concerne pas la forme de distinction ou de confusion, mais l'origine et le contenu des représentations [5]. Kant considère que la clarté et la distinction peuvent se trouver aussi bien au niveau du concept qu'au niveau de l'intuition :

> Distinction et confusion sont [...] des formes qui conviennent aussi bien aux représentations sensibles qu'aux représentations intellectuelles. Des représentations sont sensibles ou intellectuelles [de par] la source d'où elles proviennent, qu'elles soient distinctes ou confuses [6].

De même, dans son cours de *Logique* (Jäsche), Kant explique que la distinction peut être de deux sortes : sensible (c'est-à-dire conscience de la multiplicité dans l'intuition, par exemple lorsque je vois la voie lactée comme une bande blanchâtre) ou intellectuelle (distinction qui dépend de l'analyse du concept au point de vue de la multiplicité qui y est contenue) [7]. Partant, la seule considération de la distinction ou de l'absence de distinction ne nous apprend absolument rien de l'origine des représentations.

1. Sur ce principe, voir le premier chapitre de l' « Analytique transcendantale » (« Du fil conducteur servant à découvrir tous les concepts purs de l'entendement ») et, plus particulièrement, le § 10 dans lequel Kant procède à la déduction métaphysique de ces concepts purs, c'est-à-dire à l'établissement de leur table selon ce fil conducteur.
2. Voir *Progrès*, AK XX-7, 281.
3. Voir CRP, A 44 / B 61-62, AK III, 66. Cf. *Anthropologie*, AK VII, 140-141 note.
4. *Anthropologie*, AK VII, 140 note.
5. Cf. *Découverte*, AK VIII, 218.
6. *Vorlesung über Metaphysik An-Pölitz 2*, AK XXVIII.1, 229-230.
7. Voir *Logique*, AK IX, 34-35. Cf. *Découverte*, AK VIII, 217.

Examinons maintenant la portée du reproche que Kant adresse à Wolff. Parce que la sensibilité se distingue de la connaissance d'entendement, non par la forme logique (la confusion), mais de manière transcendantale, c'est-à-dire d'après l'origine et le contenu, elle n'est pas la connaissance confuse des choses en soi, laquelle contiendrait *indistinctement* ce que l'entendement y reconnaît distinctement. Dans la perspective kantienne, la sensibilité ne contient absolument rien touchant la nature des objets en soi, mais simplement la manière dont le sujet est affecté, quoi qu'il en soit par ailleurs de sa distinction. En d'autres termes : nous ne connaissons pas par la sensibilité la nature des choses en soi seulement *confusément*, nous ne la connaissons *absolument pas*. Kant reconnaît expressément que la sensibilité désigne « la manière dont nous sommes affectés par un objet entièrement inconnu en soi », mais parce qu'elle ne consiste pas dans la confusion, son intuition pourrait avoir le plus haut degré de distinction possible, elle ne contiendrait pas pour autant quelque chose de plus qu'un simple phénomène [1]. Parce que la sensibilité n'est pas une représentation confuse des choses, qui contiendrait simplement ce qui leur revient en elles-mêmes sous la forme d'un amoncellement de caractères et de représentations partielles que notre conscience ne séparerait pas les uns des autres, la connaissance sensible la plus claire que nous pourrions avoir des phénomènes restera toujours distincte de celle que nous pourrions avoir de la chose en elle-même, et ce, quand bien même il serait possible de pénétrer le phénomène jusqu'au fond (*bis auf den Grund durchschauen*). *Tout ce qui est représenté par un sens*, dans la perspective kantienne, *est toujours phénomène – c'est l'un des enseignements les plus fondamentaux à prendre en considération pour saisir la réforme que Kant impose à l'ontologie.*

c) Troisième grand grief que Kant adresse à Wolff : celui d'avoir négligé la distinction – pourtant indispensable à la critique de l'entendement humain, au point qu'elle mérite d'y être classique – entre les jugements analytiques et synthétiques [2]. À Eberhard qui prétend que Wolff connaissait depuis longtemps cette distinction et avait indiqué clairement ce que la *Critique* a introduit sous un autre nom [3], Kant répond, dans le manuscrit des *Progrès*, que si la distinction jugement analytique / jugement synthétique avait été clairement connue du temps de Wolff, elle aurait été non seulement mentionnée dans quelque Logique ou Métaphysique parue depuis, mais, de surcroît, l'importance en aurait été fortement soulignée.

Kant considère que Wolff, contrairement à ce que prétend Eberhard, n'avait aucune connaissance distincte de la différence entre jugement analytique et jugement synthétique, ce pourquoi il cherchait la preuve du principe de raison suffisante, manifestement synthétique, dans le principe de contradiction [4].

1. Voir *Découverte*, AK VIII, 218-220.
2. Voir *Prolégomènes*, § 3, AK IV, 270.
3. Voir *Découverte*, AK VIII, 231.

contradiction [1]. En dernière analyse, parce qu'il ignorait le problème fondamental dont dépend le sort de la métaphysique (sa chute ou son maintien), Wolff ne fit pas un seul pas vers la métaphysique [2].

II. L'EXTENSION DE L'ONTOLOGIE "CRITIQUE"

Afin d'apprécier la réforme que la philosophie critique impose à l'ontologie « comme partie de la philosophie qui s'occupe de l'étant en général et des affections générales des étants » [3], on peut partir de la conception kantienne de la connaissance.

Dans la perspective critique, la connaissance est nécessairement liaison d'une intuition et d'un concept : ni l'intuition seule, ni un concept seul ne suffit à produire une connaissance d'objet. Grâce à la seule intuition, l'objet est *donné*, mais il n'est pas pensé ; par le seul concept, l'objet est *pensé*, mais il n'est pas donné.

Or, et c'est une lourde contrainte que Kant fait peser sur l'ontologie, le seul objet susceptible de nous être donné (dans l'intuition sensible) est phénoménal.

À cette première contrainte, il faut en ajouter une seconde, tout aussi primordiale pour délimiter le champ de la connaissance ontologique dans la perspective critique et saisir la rupture [4] que le criticisme introduit relativement aux ontologies "traditionnelles" : les concepts purs de l'entendement (catégories) n'ont de réalité objective que lorsqu'ils se rapportent à une *intuition* correspondante, c'est dire, pour nous autres hommes, à une intuition *sensible*. C'est là un point fondamental à ne pas perdre de vue : les concepts purs de l'entendement, considérés en eux-mêmes, c'est-à-dire abstraction faite des conditions sensibles, n'ont pas de réalité objective. Sans leur liaison à l'intuition sensible, ces concepts ne sont que de pures fonctions logico-formelles, dépourvues de tout contenu. Pour le dire avec d'autres termes, les catégories sont de *simples formes de pensée,* ce pourquoi il est nécessaire, pour produire une connaissance d'objet, de *sensibiliser* ces concepts. C'est une affirmation récurrente sous la plume de Kant : une intuition doit être donnée au concept, faute de quoi

> il serait une pensée quant à la forme, mais sans aucun objet, et absolument aucune connaissance d'une chose quelconque ne serait possible par lui ; car [...] il n'y aurait rien et ne pourrait rien y avoir à quoi ma pensée pût être appliquée [5].

1. Voir *Prolégomènes*, AK IV, 270.
2. Voir *Progrès*, AK XX-7, 277.
3. Wolff, *Discours préliminaire*, § 73 ; trad. cit., p. 121.
4. *Cf.* Christophe Bouriau, *Aspects de la finitude : Descartes et Kant* (Bordeaux, Presses Universitaires de Bordeaux, 2000) : « La *Critique de la raison pure* rompt avec l'ontologie, dont Wolff avait consacré le rôle éminent dans sa *Philosophia prima sive Ontologia* de 1730 » (p. 23).
5. CRP, § 22, B 146, AK III, 117 ; OP I, 863, trad. légèrement modifiée. *Cf.* A 567 / B 595, AK III, 383 ; OP I, 1193.

C'est de là, selon les termes que Kant utilise dans sa lettre à Beck du 20 janvier 1792, que naît

> toute une science de l'ontologie comme pensée *immanente*, c'est-à-dire comme pensée dont on peut garantir la réalité objective des concepts [1].

C'est, à mon sens, l'un des principaux résultats de la réforme que Kant impose à l'ontologie comme science fondamentale (*Grund-Wissenschaft*) qui comprend, selon la *Métaphysique allemande*, « les premiers principes de notre connaissance de toutes choses en général » [2] : l'ontologie, avec ses principes, se ramène, dans la perspective critique, à une simple exposition des phénomènes [3]. Dans l'optique kantienne, les concepts et principes de l'ontologie, concepts et principes de l'entendement pur, ne peuvent faire davantage qu'épeler (*buchstabieren*) les phénomènes pour les lire comme expérience [4].

Nous l'avons souligné en introduction, les textes dans lesquels Kant fait mention de l'ontologie ne sont pas légion. Cela étant dit, il ressort des quelques définitions dont nous disposons que *la principale répercussion de la révolution ontologique* qu'il opère *concerne le champ d'objet auquel cette science a affaire*. De science de l'étant *en général* [5], comme Wolff définit l'ontologie (ou « philosophie première ») dans le *Discursus*, de « science des propriétés *générales* de toutes les choses » [6] comme Kant lui-même la définit dans l'*Annonce sur le programme de ses leçons pour le semestre d'hiver 1765-1766*, l'ontologie devient

> [la] science [...] qui constitue un système de tous les concepts d'entendement et des principes, mais *seulement* dans la mesure où ils se rapportent à des objets qui peuvent être donnés aux sens et par conséquent justifiés par l'expérience [7].

Dans la perspective critique, l'ontologie ne peut plus prétendre connaître de façon synthétique et *a priori* les choses *en général*, mais seulement les *objets donnés à notre sensibilité, objets d'une expérience possible*. Selon la *Réflexion* 5936 (dont Adickes date la rédaction vers 1783-1784),

> L'ontologie est la science des choses en général, autrement dit, de la possibilité de notre connaissance des choses *a priori*, c'est-à-dire indépendamment de l'expérience. Or, elle ne peut rien nous enseigner des choses en elles-mêmes, mais seulement des conditions *a priori* sous lesquelles nous pouvons

1. Lettre de Kant à Beck du 20 janvier 1792 ; trad. fr. Gallimard, p. 498.

2. Selon le titre du second chapitre de la *Métaphysique allemande* : « *Von den ersten Gründen unserer Erkenntnis und allen Dingen überhaupt* ».

3. Voir CRP, A 247 / B 303, AK III, 207. Dans la perspective wolffienne, l'ontologie explicite les notions générales qui peuvent être prédiquées de tout étant (ce sont les notions d'essence, d'existence, d'attribut, de mode, de nécessité, de contingence, de lieu, de temps, de perfection, d'ordre, de simple, de composé, etc.). Voir *Discours préliminaire*, § 73.

4. Voir *Prolégomènes*, § 30, AK IV, 312.

5. Wolff, *Discours préliminaire*, § 73 ; trad. fr., p. 121.

6. *Annonce-leçons*, AK II, 309.

7. Kant, *Progrès*, AK XX-7, 260 ; trad. fr. Guillermit, p. 10, nous soulignons.

connaître des choses dans l'expérience en général, autrement dit, les principes de la possibilité de l'expérience [1].

En dernière analyse, l'ontologie ne peut rien nous enseigner concernant les choses en soi, mais seulement en regard des objets susceptibles d'être donnés dans notre intuition sensible, objets d'une expérience possible [2]. *C'est*, je pense, *à la seule condition de cette limitation* [3] *que l'on peut parler d'ontologie dans la perspective critique*.

III. LA PLACE DE L'ONTOLOGIE DANS LE SYSTÈME DE LA RAISON PURE

Je me propose, dans cette dernière partie, d'examiner la place qui revient au sein du projet critique à celle que Wolff considérait comme *Philosophie première* [4].

Dans la perspective wolffienne, l'ontologie est la première des trois parties de la métaphysique. Dans le « *Vorbericht von der Weltweisheit* » de sa *Deutsche Logik*, Wolff distingue trois parties dans la métaphysique : « La science première, la Doctrine de l'esprit et la Doctrine naturelle de Dieu constituent la métaphysique ou *Haupt-Wissenschaft* » [5]. Au sein de celle-ci, l'ontologie est dite « *Grund-Wissenschaft* » [6]. L'importance de l'ontologie dans la métaphysique wolffienne apparaît tout particulièrement lorsqu'on considère la table des matières de la *Métaphysique allemande*. Après un premier chapitre de neuf paragraphes, Wolff expose en un chapitre de 180 paragraphes les « premiers principes de notre connaissance de toutes choses en général » [7], chapitre qui correspond à son *Ontologia*, à laquelle il donne d'ailleurs le titre de « *Philosophia prima* ». Wolff explique alors que la primauté de l'ontologie repose sur le fait qu'elle traite des premiers principes et des premiers concepts dont on se sert quand on raisonne. Ce chapitre, le deuxième de la *Métaphysique allemande*, est, selon Max Wundt, « de loin le chapitre le plus important et le plus instructif parce qu'il se tient à la place de

1. Réfl. 5936, AK XVIII, 394 ; trad. fr. S. Grapotte, *Réflexions métaphysiques*, Paris, Vrin, 2011, p. 185.

2. Concernant ce résultat, je renvoie à l'étude que j'ai consacrée à la question de la réalité (*Realität*) chez Kant : *La conception kantienne de la réalité*, Hildesheim, Olms Verlag, 2004.

3. L'analyse des quelques définitions que Kant donne de l'ontologie conduit ainsi à cette conclusion – que l'on pourrait en un certain sens qualifier de paradoxale – que *l'extension* qu'il confère à l'ontologie réside précisément dans la *limitation* de sa sphère d'objet.

4. Voir notamment Wolff, *Discours préliminaire*, § 73.

5. *Deutsche Logik*, § 14, p. 119. Cf. *Discours préliminaire*, § 79 : « [...] on appelle l'Ontologie, la Cosmologie générale et la Pneumatique par le nom commun de *Métaphysique*. La *Métaphysique* est donc la science de l'étant, du monde en général et des esprits [*scientia entis, mundi in genere, atque spirituum*]. » (Trad. fr., p. 124).

6. « On nomme la partie de la philosophie dans laquelle il est traité de la connaissance générale des choses l'ontologie ou science fondamentale [*Grund-Wissenschaft*] » (*Deutsche Logik*, § 14, p. 119).

7. « *Von den ersten Gründen unserer Erkenntnis und allen Dingen überhaupt* » (§ 10-190).

l'ancienne ontologie, la doctrine de l'étant et de ses affections » [1]. Dans le § 87 du *Discursus*, Wolff explicite ce qui détermine l'ordre qui revient aux différentes parties en philosophie :

> L'ordre des parties de la philosophie est tel que précèdent celles auxquelles d'autres empruntent leurs principes. [...] la première place appartient aux parties qui procurent aux autres leurs principes et à partir desquelles on comprend et on démontre les [choses] enseignées ici même [2].

Dans cette mesure, l'ontologie – ou philosophie première – occupe la première place en métaphysique. En effet,

> puisque la Théologie naturelle prend ses principes dans la Psychologie, la Cosmologie et l'Ontologie (§ 96), la Psychologie dans la Cosmologie générale et l'Ontologie (§ 98), et la Cosmologie dans l'Ontologie (§ 97), il est évident que l'on doit traiter l'Ontologie en premier lieu [3].

Afin de déterminer la place qui revient à l'ontologie, dans le sens renouvelé que lui confère Kant, dans le système de la raison pure, on peut partir du célèbre passage de l' « Analytique transcendantale » :

> le nom orgueilleux d'une ontologie, qui prétend donner des choses en général des connaissances synthétiques *a priori*, dans une doctrine systématique [...], doit faire place au nom modeste d'une simple analytique de l'entendement pur [4].

Cette exigence, loin de signifier l'arrêt de mort pur et simple de l'ontologie dans la perspective critique [5], signifie, à mon sens, que l' "ancienne" ontologie et l'analytique de l'entendement pur se trouvent toutes les deux au même niveau. Si l'analytique de l'entendement pur doit et peut prendre la place de l'ontologie, c'est, en effet, avant tout parce qu'elle assume la même fin : déterminer les conditions de notre connaissance du réel. Seulement, nous l'avons vu, ce réel n'est plus le réel des choses en général, le réel en soi, mais le réel donné dans l'intuition (le phénomène comme objet indéterminé d'une intuition empirique) que les catégories et principes de l'entendement pur déterminent comme objet d'expérience.

Si l'on prend ce passage à la lettre, l'ontologie se situe précisément au niveau de la « Première division » de la « Deuxième partie » (la « Logique transcendantale ») de la « Théorie transcendantale des éléments » de la *Critique de la raison pure*. Cela étant dit, il importe d'avoir à l'esprit que si l'ontologie se situe au niveau même de l' « Analytique transcendantale » (incluant

1. Max Wundt, *Die deutsche Schulphilosophie im Zeitalter der Aufklärung*, Tübingen, Verlag von J. C. B. Mohr (Paul Siebeck), 1945, p. 160.

2. Wolff, *Discours préliminaire*, § 87 ; trad. fr., p. 128.

3. *Discours préliminaire*, § 99 ; trad. fr., p. 138.

4. CRP, A 247 / B 304, AK III, 207 ; OP I, 977.

5. Il faut donc nuancer le propos de Christophe Bouriau qui souligne : « Kant *exclut* fermement l'ontologie en lui substituant "une simple analytique de l'entendement pur" » (*Aspects de la finitude : Descartes et Kant*, *op. cit.*, p. 23, nous soulignons).

l' « Analytique des concepts » et l' « Analytique des principes » de l'entendement pur), elle présuppose également la « Première partie » de la « Théorie transcendantale des éléments », à savoir l' « Esthétique transcendantale ». Le seul objet pour lequel les concepts et principes purs de l'entendement (concepts et principes de l'ontologie dans le sens nouveau que donne Kant à la science qui étudie l'étant) valent comme fonction de détermination est l'objet (le seul objet qui puisse nous être) donné dans les formes de notre sensibilité – sensibilité dont l' « Esthétique transcendantale » est la science des principes *a priori* [1]. De sorte que l'on peut considérer que l' « Esthétique transcendantale » fournit « l'assise de l'ontologie critique » [2].

Le second passage que l'on peut mobiliser pour déterminer la place de l'ontologie dans le « système de la raison pure » [3] est le passage de la « Théorie transcendantale de la méthode » dans lequel Kant expose la division de la métaphysique comme philosophie qui doit présenter la connaissance pure *a priori* dans une unité systématique (A 845-846 / B 873-874). Dans ce passage, il est remarquable que Kant identifie la philosophie transcendantale et l'*ontologia* (il utilise ici le terme latin, ce qui suggère, à mon sens, qu'il se réfère à l'ontologie "traditionnelle", ontologie de ses prédécesseurs). La philosophie transcendantale (*ontologia*) est, avec la physiologie de la raison pure, l'une des deux parties de la « métaphysique de la nature » ou métaphysique au sens étroit du terme (c'est-à-dire la partie spéculative de la métaphysique, qui examine grâce à des concepts *a priori* tout en tant qu'il est [4]). Selon ce passage, l'objet de la philosophie transcendantale est de considérer « uniquement l'*entendement* et la raison même dans un système de tous les concepts et principes, qui se rapportent à des objets en général, sans admettre des objets *qui seraient donnés* (*ontologia*) » [5]. Le moins que l'on puisse dire, c'est que cette « définition » de la philosophie transcendantale a de quoi surprendre. Alors qu'il ressort des principaux enseignements de la *Critique de la raison pure* que les concepts et principes purs de la philosophie transcendantale n'ont de réalité objective que pour autant qu'ils sont en rapport aux objets donnés dans notre sensibilité [6], selon cette « définition », le propre des concepts et

1. Voir CRP, A 21 / B 35, AK III, 50.

2. Pour reprendre le titre de l'excellente étude que François-Xavier Chenet a consacrée à l' « Esthétique transcendantale » (*L'assise de l'ontologie critique. L'Esthétique transcendantale*, Lille, Presses Universitaires de Lille, 1994).

3. CRP, A 841 / B 869, AK III, 543.

4. L'autre partie de la métaphysique, au sens large, qui étudie tout en tant qu'il doit être, est la métaphysique des mœurs.

5. CRP, A 845 / B 873, AK III, 546.

6. Davantage, la seconde édition de la *Critique de la raison pure* insiste sur le fait que seule l'intuition *empirique* procure véritablement leur réalité objective aux concepts de l'entendement pur (voir B 148-149, AK III, 118). Kant va même jusqu'à soutenir que les concepts purs ne produisent, à proprement parler, de *connaissance* que pour autant qu'ils sont appliqués à une intuition empirique (voir B 147, AK III, 117). Et la « Remarque » qu'il ajoute en 1787 à la fin de l' « Analytique transcendantale » va encore plus loin puisqu'elle vise à établir que nous avons

principes de la philosophie transcendantale est de se rapporter à des objets *en général*, sans admettre des objets qui seraient donnés.

Il semble possible de lever cette apparente contradiction en mettant en parallèle la définition de la philosophie transcendantale avec celle de la physiologie rationnelle qui, elle, considère l'ensemble des objets *donnés*. La philosophie transcendantale, identifiée ici à l'*ontologia*, a affaire à des objets simplement *possibles*, sans que ces objets soient *effectivement* donnés. Cette définition de la philosophie transcendantale est, au fond, conforme à ce que Kant affirme, par ailleurs, des principes de l'entendement pur. Ainsi, avant même de développer « les jugements que l'entendement produit effectivement *a priori* » [1], Kant suggère que l' « Analytique des principes » n'expose pas l'application proprement dite des catégories, mais *indique* seulement *a priori* le cas où la règle (la catégorie) doit être appliquée [2]. La philosophie transcendantale se contente « d'exposer en des caractéristiques *générales* [...] les conditions sous lesquelles des objets *peuvent* être donnés en accord avec ces concepts » [3]. L' « Analytique des principes » ajoute aux concepts une donnée sensible aussi *abstraite* que possible, à savoir le simple « rapport à la sensibilité en général » [4]. L'exemple le plus significatif que l'on peut mobiliser afin de mettre en lumière que les principes de l'entendement pur exhibent les catégories dans leur *simple rapport à la sensibilité en général* est celui du principe des « Anticipations de la perception ». Il appert, en effet, que ce principe ne détermine *a priori* la sensation (l'élément proprement empirique de la connaissance) que comme « sensation *en général* (sans qu'une sensation *particulière* soit donnée) » [5]. Dans ce principe, l'entendement anticipe simplement une proposition synthétique de la différence interne de la sensation *en faisant abstraction de sa qualité empirique*. Or, dire que ce principe considère la sensation en général, abstraction faite des qualités des sensations particulières, c'est dire qu'il ne se rapporte pas simplement à l'intuition pure, sans quoi il se confondrait avec les principes de la mathématique, mais qu'il se rapporte néanmoins aux phénomènes *selon leur simple possibilité*. Les objets auxquels a affaire la philosophie transcendantale (= *ontologia*) sont simplement les objets possibles, objets d'une expérience possible, objets dont elle fixe les conditions de possibilité [6].

toujours besoin d'une intuition *externe* pour faire voir la réalité objective des concepts purs de l'entendement (voir B 291, AK III, 200).

1. CRP, A 148 / B 187, AK III, 140.
2. Voir A 135 / B 174-175, AK III, 133.
3. A 136 / B 175, AK III, 133, nous soulignons.
4. A 148 / B 187-188, AK III, 140.
5. A 167 / B 209, AK III, 153, nous soulignons.
6. Ce qui explique l'affirmation de Kant à la fin de la « Préface » des PPMSN : « [...] la métaphysique générale, dans tous les cas où elle a besoin d'exemples (d'intuitions) pour procurer de la signification à ses concepts purs de l'entendement, [doit] toujours les emprunter à la théorie générale des corps, donc à la forme et aux principes de l'intuition externe ; et quand ceux-ci ne sont pas complètement présentés, elle erre, instable et chancelante, au milieu de purs concepts dénués de sens » (AK IV, 478). Seule la physique rationnelle, parce qu'elle considère l'ensemble des objets

Néanmoins, cette précision, si elle permet de comprendre la définition, au premier abord problématique, que Kant donne de la philosophie transcendantale dans la « Théorie transcendantale de la méthode », ne permet pas de justifier l'identification, tout aussi problématique, de la philosophie transcendantale et de l'ontologie "traditionnelle", ontologie avec laquelle, je me suis efforcée de l'établir, le projet critique prend ses distances.

De surcroît, si l'on se souvient que l'ontologie se situe au niveau même de l' « Analytique transcendantale », cette identification ne semble pas compatible, au premier abord en tous les cas, avec la définition que Kant donne de la philosophie transcendantale dans l' « Introduction » de la *Critique* comme « philosophie de la raison pure simplement spéculative » [1]. Cette définition, en effet, suggère que le champ de la philosophie transcendantale recouvre celui de la philosophie théorique et comprend, par suite, également l' « Esthétique » et la « Dialectique » transcendantales. Selon la définition de l' « Introduction » de la *Critique de la raison pure*, le champ de la philosophie transcendantale est donc beaucoup plus vaste que celui de l'ontologie.

Nous nous trouvons, ce faisant, confrontés à une double difficulté : l'identification de la philosophie transcendantale à l'*ontologia* (1) contredit la définition de la philosophie transcendantale (A 15 / B 29), (2) semble remettre en question la rupture qui sépare l'ontologie au sens critique du terme de l'ontologie "traditionnelle".

Les passages dans lesquels Kant définit l'une par rapport à l'autre la philosophie transcendantale et l'ontologie étant très peu nombreux, une option pour tenter de préciser l'articulation de la philosophie transcendantale et de l'ontologie – et pour essayer, partant, de résoudre cette double difficulté – est d'exploiter, avec toutes les mises en garde qui s'imposent [2], les copies des

qui sont donnés aux sens externes (la nature corporelle), fournit l'intuition indispensable à la réalisation "complète" des concepts purs de l'entendement. Ce "privilège" de la physique rationnelle sur la philosophie transcendantale tient au fait qu'elle prend de l'expérience ce qui est nécessaire (et rien de plus) pour donner un objet des sens externes au moyen du simple concept de matière (Voir CRP, A 848 / B 876, AK III, 548). À la différence de la science métaphysique *universelle* de la nature, qui traite des « lois, qui rendent possible le concept d'une nature *en général*, sans aucune relation à un objet d'expérience déterminé, et donc sans rien déterminer concernant la nature de telle ou telle chose du monde sensible » (PPMSN, AK IV, 469, nous soulignons), la science métaphysique *particulière* de la nature pose, comme point de départ, le concept empirique de matière et détermine, sans mobiliser aucun autre principe empirique, l'extension de la connaissance *a priori* de cet objet.

1. CRP, A 15 / B 29, AK III, 45 ; OP I, 779.

2. L'usage des notes de cours de Kant requiert d'avoir à l'esprit comment ces notes ont été produites et de déterminer, dans la mesure du possible, à quel type de manuscrit (*Nachschrift*) on a affaire. En bref, on peut distinguer trois modes de production des notes de cours : les notes étaient soit directement copiées par l'étudiant lors du cours, soit recopiées à la maison par un étudiant à partir d'un jeu de notes (originales ou non), soit copiées "de manière professionnelle", donc par des copistes, en vue d'être vendues – on sait, en effet, qu'il y avait une véritable demande de la part des étudiants qui n'assistaient pas aux cours et, par ailleurs, que certains étudiants apportaient en classe des notes qu'ils avaient achetées. Dans cette mesure, on peut distinguer trois sortes de *Nachschriften*, que l'on peut identifier à un certain nombre d'indices : 1) l'*Urschrift* ou *Mitschrift* est le manuscrit préparé dans la salle de cours. Ces notes "originales" ont la spécificité de contenir

cours de métaphysique, cours que Kant dispensait à partir de la *Metaphysica* de Baumgarten et qui comprenaient une section importante consacrée à l'ontologie. Dans la mesure où c'est l'articulation de la philosophie transcendantale et de l'ontologie au sein du projet critique qui m'intéresse plus particulièrement, j'ai décidé de me concentrer sur les leçons de métaphysique contemporaines ou postérieures à la rédaction de la première *Critique*.

Selon la copie du cours « Mrongovius » [1] (1782-1783), la philosophie transcendantale est la propédeutique de la métaphysique appliquée, métaphysique au sens étroit du terme (c'est-à-dire système de la raison pure). Or, selon ce cours, *il n'y a jamais eu de véritable philosophie transcendantale*. La philosophie transcendantale, en effet, était jusque lors comprise comme ontologie [2], or, l'ontologie a affaire aux *choses en général* alors que la philosophie transcendantale s'occupe des *concepts* grâce auxquels nous pensons les choses. Le chapitre consacré à l'ontologie (intitulé « *Ontologia* ») distingue soigneusement la philosophie transcendantale de l'ontologie, celle-ci traitant des *choses en général* alors que la philosophie transcendantale examine le pouvoir de l'entendement ou de la raison à connaître quelque chose *a priori*. On appelle « ontologie »

> la science des propriétés de toutes choses en général. (L'ontologie doit être la science qui traite des prédicats généraux de toutes choses, c'est dire ce genre de prédicats qui sont communs à la plupart des choses – si les prédicats ne sont pas *universalia*, c'est-à-dire communs à toutes les choses, on ne sait

de nombreuses abréviations et phrases tronquées, d'avoir été rédigées avec une écriture "rapide", généralement au crayon, sur des morceaux de papier. Parmi les manuscrits disponibles, rares sont ceux qui ont été rédigés dans la salle de cours (exception faite des notes de Herder). 2) La *Reinschrift* est un manuscrit préparé à la maison à partir de notes originales, dont le texte est plus "propre", contenant peu d'abréviations et de phrases tronquées, toujours écrit à l'encre, avec moins de fautes d'orthographes et d'erreurs grammaticales. De plus, les marges sont soigneusement tracées et les titres souvent calligraphiés. L'objectif était de créer un manuscrit qui soit plus facile à lire, mieux organisé, contenant peu d'erreurs. 3) L'*Abschrift* est un manuscrit copié à partir d'autres copies, soit en vue d'un usage personnel, soit en vue d'être vendu à d'autres étudiants. Il arrive que de telles copies ne contiennent pas les erreurs que recelait le texte à partir duquel elles étaient copiées, mais l'objectif était simplement de reproduire un texte – et souvent le copiste était trop ignorant pour apporter quelque correction. Les indices qui signalent que nous avons affaire à une *Abschrift* est la présence de « blancs » là où le texte était illisible, la répétition de mots ou de lignes. Les fautes d'orthographe dans les noms propres ou les termes philosophiques suggèrent non seulement que le copiste n'a pas assisté au cours, mais que, de surcroît, la matière dispensée ne lui était pas familière. On l'imagine sans peine : ce type de manuscrit est, des trois sortes mentionnées, celui dont le contenu est le moins fidèle à l'exposé du professeur Kant dans la salle de cours.

1. Christoph Coelestin Mrongovius (1764-1855) a étudié à l'Université de Königsberg à partir de mars 1782, et ce, pendant 8 ans. Il a vraisemblablement suivi le cours de métaphysique de Kant durant le semestre d'hiver 1782-1783. Concernant le manuscrit, la copie (264 pages dont 239 de texte) porte sur la page de titre : « Metaphysik / vorgetragen / vom / prof Imanuel Kant. / Nachgeschrieben / von / C. C. Mrongovius. / 1783 d. 4. Février ». Le texte principal est souvent corrigé ou souligné. Même si l'encre est parfois très pâle, rendant le manuscrit difficile à lire, on peut distinguer deux écritures différentes, dont vraisemblablement celle de Mrongovius.

2. Cf. *Metaphysik Mrongovius*, AK XXIX, 752.

absolument pas ce qu'est l'ontologie. [...] Si je dis prédicats généraux, il y aura toujours une exception [...]).

Il s'ensuit, partant, que l'ontologie

> ne contient rien d'autre que tous les concepts fondamentaux et les propositions fondamentales de notre connaissance *a priori* en général : car si elle doit considérer les propriétés de toutes choses, elle n'a pour objet qu'une chose en général, c'est-à-dire chaque objet de la pensée, donc aucun objet déterminé.

Reste alors uniquement à considérer l'acte de connaître (*das Erkennen*). Dans cette perspective,

> la philosophie transcendantale [...] ne dit rien *a priori* des objets, mais examine le pouvoir de l'entendement ou de la raison à connaître quelque chose *a priori*, elle est donc une connaissance de soi de l'entendement ou de la raison quant au contenu, de même que la logique est une connaissance de soi de l'entendement et de la raison quant à la forme ; la critique de la raison pure appartient nécessairement à la philosophie transcendantale [1].

À la question « [...] puisqu'on traitait de l'ontologie sans critique, *qu'était autrefois l'ontologie* ? », les notes Mrongovius répondent catégoriquement : « *Une ontologie qui n'était pas une philosophie transcendantale* » [2] – la philosophie transcendantale résultant de la critique. Jusqu'ici, on traitait des choses en général directement sans examiner comment des connaissances de l'entendement pur ou de la raison pure étaient *possibles*. L'épithète « transcendantal » que Kant utilise alors pour qualifier son projet philosophique implique l'examen de la *possibilité* d'une connaissance ou d'un concept. La philosophie transcendantale, telle qu'elle est définie dans la copie Mrongovius, contient *les principes de la possibilité d'une connaissance a priori* [3]. La philosophie transcendantale s'occupe des sources, de l'étendue et des limites de la raison pure, sans s'occuper des objets. Ce pourquoi il est faux de l'appeler ontologie, où l'on considère les choses selon leurs propriétés générales [4].

1. *Metaphysik Mrongovius*, AK XXIX, 784.
2. *Metaphysik Mrongovius*, AK XXIX, 785, nous soulignons.
3. Cette précision n'est pas sans rappeler la définition, capitale, que Kant donne d'une connaissance *transcendantale* dans l' « Introduction » à la *Critique de la raison pure* : « J'appelle *transcendantale* toute connaissance qui s'occupe non pas tant d'objets que de nos concepts *a priori* des objets en général », définition que Kant modifie ainsi dans la seconde édition de la *Critique* : « J'appelle *transcendantale* toute connaissance qui s'occupe en général non pas tant d'objets que de notre mode de connaissance des objets en tant que celui-ci doit être *possible a priori* » (CRP, A 11-12, AK IV, 23 ; B 25, AK III, 43 – « possible » est souligné par nous).
4. Cf. *Metaphysik Volckmann* (1784/1785) : « Dans l'ontologie, il semble que nous considérons les choses elles-mêmes, selon leurs propriétés générales, alors que la philosophie transcendantale fait abstraction des propriétés des choses, et ne s'occupe que du pouvoir de notre raison pure, indépendamment de l'expérience qui consiste à juger de choses. [La philosophie transcendantale] est une connaissance de soi de notre propre raison, une connaissance des sources à partir desquelles elle peut créer les concepts des choses dont l'expérience ne peut rien nous apprendre » (AK XXVIII, 363). La philosophie transcendantale ne peut pas s'appeler ontologie « car cela signifierait que nous aurions les choses pour objet. Or, l'objet peut bien être comme il veut, je ne considère que sa connaissance en général. [...] Le nom d'ontologie n'est pas approprié, car [...] la

Les copies des cours de métaphysique que Kant a dispensés après 1790 mettent en évidence, au contraire, l'identification récurrente de la philosophie transcendantale et de l'ontologie "traditionnelle" [1]. Ainsi, *Metaphysik L2* (1790-1791 ?) définit la philosophie transcendantale comme le système de toutes nos connaissances *a priori* – on l'appelle généralement « ontologie » [2]. L'ontologie est la première partie de la métaphysique. Le terme lui-même vient des Grecs et signifie « science de l'être », « doctrine générale de l'être » [3]. Elle est la doctrine des éléments de tous les concepts que mon entendement peut avoir *a priori*, et la première et plus importante question à laquelle elle doit répondre est : comment des connaissances *a priori* sont-elles possibles ? Il est notoire que le problème que l'ontologie doit résoudre selon la *Metaphysik L2* (l'ensemble de l'ontologie étant fondé sur la solution de cette question [4]) est le problème central de la philosophie transcendantale – Kant, dans les *Prolégomènes*, définissant l'ensemble de la philosophie transcendantale comme *la solution complète de ce problème, ordonnée et développée systématiquement* [5]. De même, la *Metaphysik Dohna* (1792-1793) est on ne peut plus explicite sur ce point et identifie purement et simplement la philosophie transcendantale et l'ontologie : « *La philosophie transcendantale est ontologie* » [6].

Reste que cette identification – qui reconduit celle du passage de la « Théorie transcendantale de la méthode » (A 845 / B 873) – suggère que la rupture entre la philosophie transcendantale et l'ontologie "traditionnelle" n'est pas aussi radicale que je l'ai établi ci-dessus. Dans cette mesure, lever la double difficulté qu'entraîne, à mon sens, cette identification exige d'effectuer une double limitation. D'une part, en effet, cette identification requiert de restreindre le champ de la philosophie transcendantale aux concepts et

science en question aurait un objet particulier, là où elle n'a que la raison elle-même pour objet et où elle ne considère que les concepts fondamentaux et les principes de l'entendement et de la raison purs. Le nom approprié pour cette science est donc celui de philosophie transcendantale. Une connaissance est connaissance de la raison pure dans la mesure où elle est entièrement *a priori*, mais elle ne s'appelle pas pour autant transcendantale, seule la considération de la possibilité de la connaissance de notre raison pure est transcendantale » (AK XXVIII, 391).

1. Jocelyn Benoist (art. cit., p. 145-146) explicite en quoi c'est l'idée scotiste de la *scientia transcendens* qui, selon lui, est en travail dans la répétition kantienne du projet d'une ontologie qui se confond souvent avec celui d'une philosophie transcendantale.

2. Voir *Metaphysik L2*, AK XXVIII, 541.

3. *Metaphysik L2*, AK XXVIII, 542.

4. Voir AK XXVIII, 542.

5. Voir *Prolégomènes*, § 5, AK IV, 279.

6. *Metaphysik Dohna*, AK XXVIII, 679 (nous soulignons). Sur l'identification de la philosophie transcendantale et de l'ontologie, voir également *Metaphysik Vigilantius* (1794-1795), où « la philosophie transcendantale est également appelée ontologie et [...] est le produit de la critique de la raison pure » (AK XXIX, 949). La métaphysique, ou système des connaissances pures de la raison, est divisée en deux sections : la métaphysique transcendantale et la métaphysique proprement dite. La métaphysique transcendantale est la partie de la métaphysique qui expose les concepts élémentaires en vue de la connaissance *a priori* des objets qui peuvent être donnés. Selon cette copie, ce système des connaissances métaphysiques est appelé ontologie et repose sur la dissection de la raison selon tous les concepts élémentaires contenus en elle, par exemple : la grandeur, la qualité, la substance, etc. (voir AK XXIX, 956).

principes de la possibilité de la connaissance *a priori* (concepts et principes de l'entendement pur), d'autre part, de préciser (et restreindre par là même) le champ de l'ontologie. Nous l'avons vu, l'ontologie dans son acception critique ne traite plus des choses en général, mais des seuls objets susceptibles de nous être donnés, objets de notre sensibilité. Les concepts qu'elle contient ne sont plus les concepts des choses en général, des choses en soi, mais les concepts qui n'ont de sens que dans leur rapport aux objets de notre intuition sensible, qui n'ont de validité objective que pour les objets d'une expérience possible. Ce n'est qu'à la faveur de cette double limitation que l'on peut comprendre en quoi le champ de la philosophie transcendantale recouvre celui de l'ontologie. En dernière analyse, cette conclusion est conforme à la définition que Kant donne de l'ontologie dans le manuscrit des *Progrès* :

> L'ontologie est cette science (formant une partie de la métaphysique) qui constitue un système de tous les concepts d'entendement et des principes, mais seulement dans la mesure où ils se rapportent à des objets qui peuvent être donnés aux sens et par conséquent justifiés dans l'expérience [1].

L'ontologie, dans cette acception que l'on peut qualifier de "critique" pour la distinguer de l'ontologie "traditionnelle", est la propédeutique, la préparation (*die Zurüstung*) [2], l'entrée (*die Halle*), le vestibule (*der Vorhof*) ou encore la première partie de la métaphysique [3]. On l'appelle également « philosophie transcendantale parce qu'elle contient les conditions et les premiers éléments de toute notre connaissance *a priori* » [4].

Sophie GRAPOTTE
(CERPHI, Lyon)

1. *Progrès*, AK XX-7, 260 ; trad. fr. Guillermit, p. 10.
2. Voir *Progrès*, AK XX-7, 316.
3. Voir *Progrès*, AK XX-7, 260.
4. *Progrès*, AK XX-7, 260 ; trad. fr. Guillermit, p. 10.

DE L'ONTOLOGIE À LA PHILOSOPHIE TRANSCENDANTALE : DANS QUELLE MESURE KANT EST-IL WOLFFIEN ?

La polémique avec le wolffianisme caractérise les années de jeunesse de Kant et ses jugements sévères sur la *Schulphilosophie* – dans la *Nova dilucidatio* de 1755, par exemple – semblent exprimer la volonté de s'en démarquer nettement. Sa pensée s'inscrit toutefois dans une continuité qui remonte non seulement jusqu'à Wolff, mais, comme l'a démontré l'interprétation métaphysique au XXe siècle, probablement jusqu'à Duns Scot. Il est désormais acquis dans la recherche kantienne que l'intégration de la philosophie critique dans la problématique du XVIIIe siècle, aussi bien que la connaissance et la prise en compte du contexte philosophique allemand qui précède Kant et lui est contemporain, sont indispensables à une compréhension satisfaisante de son œuvre.

Jusque dans les années 1760, Kant soumet à la critique les trois disciplines de la métaphysique spéciale, telle que systématisée par Wolff, la cosmologie, la psychologie et la théologie rationnelle [1]. Il identifie pour chacune une erreur fondamentale qui délégitime sa prétention théorique. À partir du milieu de cette décennie, Kant se tourne plus particulièrement vers la métaphysique générale, ou ontologie, et réfléchit à sa refondation. Nous nous proposons de suivre ici, à partir de la conception de Wolff, la réarticulation kantienne de cette discipline de la fin des années 1760 jusqu'au seuil de la publication de la *Critique de la raison pure*.

Dans la redétermination pré-critique et critique de l'ontologie – comme dans bien d'autres domaines –, Kant prend comme point de départ et a comme repère la métaphysique de Wolff. Cette dernière lui est familière au moins depuis ses études à l'Albertine où plusieurs professeurs enseignent à partir des manuels wolffiens [2]. Il en approfondit la connaissance à partir de 1756 quand il

1. Sur la division de la métaphysique en générale et spéciale, chez Wolff et ses prédécesseurs, *cf.* E. Vollrath, « Die Gliederung der Metaphysik in eine Metaphysica generalis und eine Metaphysica specialis », *Zeitschrift für philosophische Forschung*, 16/1962, p. 258-284.

2. *Cf.* M. Oberhausen, R. Pozzo (éd.), *Vorlesungsverzeichnisse der Universität Königsberg (1720-1804)*, Stuttgart-Bad Cannstatt, Frommann-Holzboog, 1999, par exemple, p. 124, p. 131, p. 143.

commence son enseignement sur la *Metaphysica* de Baumgarten. Avec une interruption de deux semestres (en 1757 et 1758, il choisit un manuel de Baumeister), il donnera pendant presque quarante ans des cours de métaphysique à partir de cette systématisation de la philosophie wolffienne. Sa lecture directe des œuvres de Wolff est aussi fortement plausible, et nous savons [1] qu'il détenait dans sa bibliothèque personnelle un exemplaire de la première édition de la *Philosophia prima sive Ontologia* [2].

Bien que la recherche récente ait confirmé la longévité de l'aristotélisme allemand à Königsberg au XVIIIe siècle et son arrivée jusqu'à Kant [3], la philosophie de Wolff demeure très probablement la pensée la plus influente sur la formation et l'évolution de la personnalité philosophique de Kant, et son « interlocuteur principal » [4]. Incarnant seul ce que Max Wundt nomme « *das zweite Menschenalter* » (1730-1750) de l'*Aufklärung* [5], Wolff imprime d'une manière inouïe sa marque non seulement sur la première moitié du siècle, mais également sur les décennies suivantes. Quelle est la conception wolffienne de la métaphysique générale que Kant connaît et avec laquelle il engage un long débat, non seulement dans ses *Druckschriften*, mais également dans ses réflexions manuscrites et dans ses leçons ?

À partir des années vingt, après avoir consacré ses efforts presque exclusivement à la mathématique et à la logique, Wolff se tourne résolument vers la métaphysique et entame la construction d'un système philosophique fondé sur l'ontologie, qu'il nomme aussi philosophie première ou *Grund-Wissenschafft* [6]. Il publie en 1720 un ouvrage en allemand sur la question : *Vernünfftige Gedancken von Gott, der Welt und der Seele des Menschen, auch allen Dingen überhaupt, den Liebhabern der Wahrheit mitgetheilet* [7]. Son titre énonce le plan de la métaphysique qui sera élaborée non seulement en allemand, mais par la suite également en latin, avec des écrits indépendants consacrés à chacune des disciplines qui la constituent. La *Métaphysique allemande* sera éditée douze fois jusqu'en 1752 et aura un écho remarquable en Allemagne et dans toute l'Europe.

Contre la tendance anthropologisante et anti-métaphysique de Thomasius, Wolff réalise une synthèse originale des doctrines leibnizienne et cartésienne, en intégrant des éléments provenant de l'empirisme anglais et des théories

1. A. Warda, *Immanuel Kants Bücher*, Berlin, Breslauer, 1922, p. 56.

2. *Ontologia*, Frankfurt/Leipzig, 1730 ; GW II, 3 (Hildesheim, Olms, 1962).

3. F. V. Tommasi, *Philosophia transcendentalis. La questione antepredicativa e l'analogia tra la Scolastica e Kant*, Roma, Olschki, 2008.

4. *Cf.* M. Puech, *Kant et la causalité*, Paris, Vrin, 1999, p. 72.

5. *Die deutsche Schulphilosophie im Zeitalter der Aufklärung*, Tübingen, Siebeck, 1945, p. 122 *sq*.

6. Cf. *Discours préliminaire de la philosophie en général*, paru à Frankfurt/Leipzig en 1728 en tant qu'introduction à la *Philosophia rationalis sive Logica, methodo scientifica pertractata*, GW II, 1 (Hildesheim, Olms, 1983), p. 34 ; trad. fr. par Th. Arnaud, W. Feuerhahn, J.-F. Goubet et J.-M. Rohrbasser, Paris, Vrin, 2006, § 73, p. 121.

7. *Métaphysique allemande*, Halle, 1720, GW I, 2 (Hildesheim, Olms, 1983).

scolastiques. Il se propose de conférer à l'ontologie ou métaphysique générale une forme (*Gestalt*) nouvelle, et de la sortir de l'oubli et du mépris dans lesquels elle était tombée après Descartes [1]. Considérant comme injustifié son abaissement au rang de simple « lexique » de termes étrangers, il procède à sa réhabilitation et à son amélioration, tout en se revendiquant explicitement du contenu de l'ontologie traditionnelle. Il souhaite rendre cette discipline véritablement scientifique et féconde en l'articulant à l'aide de la méthode démonstrative (*Ontologia*, § 1).

Wolff définit la philosophie comme « la science des possibles en tant qu'ils peuvent être » et lui confie la tâche de « rendre raison de ce pourquoi quelque [chose] peut se produire » [2]. Le domaine assigné à la philosophie première est annoncé dans le titre du deuxième chapitre de sa *Métaphysique allemande* (qui traite de l'ontologie et remplace le chapitre habituel sur l'*ens* et ses affections) : « Des premiers principes de notre connaissance et de toutes les choses en général ». C'est dans une parfaite continuité avec le sens classique de cette science que Wolff écrit dans le § 35 des *Anmerckungen* [3] à cet ouvrage :

> La philosophie première, comme on a coutume de la nommer, ou la *science fondamentale*, comme je la nomme, traite des premiers concepts généraux qui conviennent à toutes les choses.

Le *Discours préliminaire* précise l'objet de l'ontologie comme science de l'étant en général :

> il est absolument nécessaire que l'on destine à l'explication de ces notions et de ces principes généraux [de l'étant] une partie spéciale de la philosophie [4].

De même, nous pouvons lire dans l'*Ontologia* – dont le titre indique : *Philosophia prima sive Ontologia,* [...] *qua omnis cognitionis humanae principia continentur* – deux affirmations décisives sur cette question. D'abord, dans le § 1, Wolff justifie l'appellation « philosophie première » pour l'ontologie : cette partie de la philosophie est nommée *philosophia prima* « car elle enseigne les premiers principes et les premiers concepts, qu'on utilise dans le raisonnement ». Dans le § 219, l'ontologie se voit confier la tâche de « mettre au jour les sources de toutes les connaissances humaines » [5]. Les principes mêmes semblent avoir leur source dans l'esprit : l'exposition des deux principes fondamentaux, principes d'identité et de raison suffisante, est introduite par « *eam experimur mentis nostrae naturam...* » [6].

1. *Ontologia*, « Praefatio », p. 11*.
2. *Discours préliminaire*, § 29 et 31, p. 13-14 ; trad. fr., p. 89-90.
3. *Anmerckungen über die vernünfftige Gedancken von Gott, der Welt und der Seele des Menschen, auch allen Dingen überhaupt, zu besserem Verstande und bequemerem Gebrauche derselben heraus gegeben*, Frankfurt a. M., 1724, GW I, 3 (Hildesheim, Olms, 1983).
4. *Discours préliminaire*, § 73, p. 34 ; trad. fr., p. 121.
5. *Ontologia*, § 219, p. 182 : « In Ontologia enim recludimus omnes cognitionis humanae fontes ».
6. *Idem*, § 27, p. 15 ; § 74, p. 53 ; § 75, p. 54.

Deuxième dans l'ordre de la connaissance et de l'enseignement après la logique, mais première dans l'ordre interne des sciences, l'ontologie contient et explicite les notions générales et les principes de toutes les autres sciences. Elle est par conséquent le fondement non seulement de la philosophie, mais de toute vérité et de toute connaissance en général. Selon Wolff, elle est la science qui traite de l'étant en général et de ses affections, et, *en même temps*, des premiers principes et des premiers concepts de la connaissance. La notion la plus générale d'être implique un possible – c'est-à-dire, chez Wolff, un non-contradictoire – auquel l'existence ne répugne pas. Cette notion doit s'appliquer à tout étant. L'existence – qui ne constitue pas l'objet de l'ontologie – est considérée comme extérieure à l'essence et est définie comme *complementum possibilitatis* (ou *Erfüllung des Möglichen*) : elle est un ajout extérieur à l'essence [1] comprise comme possibilité intrinsèque d'exister et composée d'*essentialia*, attributs et modes. En bonne tradition scotiste et suarézienne, on a donc ici affaire à un étant en tant qu'étant défini comme un être objectif, abstrait du sensible et apte à exister ; il dépasse le simple non-contradictoire logique par sa non-répugnance à l'existence, sans pour autant être un étant effectif ou être considéré en vue de son actualisation. Pour arriver à un être en puissance, il est, chez Wolff, nécessaire d'ajouter à ce premier concept la possibilité *extrinsèque* d'exister, à partir de laquelle seulement des causes extérieures peuvent déterminer l'actualisation.

La contribution de Wolff à l'ontologie sera considérée par la critique comme son plus grand mérite et sa réélaboration de cette science comme la partie la plus originale et la plus digne d'intérêt de sa philosophie [2]. Elle a sans doute exercé une influence durable sur la pensée philosophique ultérieure et, en particulier, sur la théorie des catégories jusqu'au XXe siècle. Sa compréhension du rôle et de la nature de la métaphysique générale, a valu à Wolff la réputation d'avoir « rationalisé » la scolastique, en la « traduisant » dans le langage de la pensée de la relation (*Beziehungsdenken*) [3]. Il aurait, selon Wundt par exemple, renouvelé l'ontologie en opérant une séparation entre l'*ens* et le *scibile* qui étaient unis chez ses prédécesseurs, tout en mettant en avant presque exclusivement le rôle déterminant de la connaissance. Sa métaphysique dans son ensemble (et surtout sa *Métaphysique allemande*) serait une *Realphilosophie* définie à partir du connaître, et son ontologie, une science fondée sur la connaissance de soi (*Selbsterkenntnis*) [4].

1. *Métaphysique allemande*, § 13-14, p. 8-9 ; *Ontologia*, § 174, p. 143.
2. M. Wundt, *op. cit.*, p. 159, 185. Aussi, H. Heimsoeth, *Metaphysik der Neuzeit*, München, Oldenburg, 1929, p. 81.
3. M. Wundt, *op. cit.*, p. 150-154.
4. L'exemple de choix pour cette lecture est la définition wolffienne de l'essence de la chose à à partir de son intelligibilité dans la *Métaphysique allemande*, § 33-35, p. 18-19 : « Dasjenige, darinnen der Grund von dem übrigen zu finden, was einem Dinge zukommet, wird das Wesen gennenet. Wer also das Wesen eines Dinges erkennet, der kan den Grund anzeigen von allem, was ihm zukommet. Man erkennet aber das Wesen eines Dinges, wenn man verstehet, wodurch es in seiner Art determiniret wird. Was den Grund von dem übrigen in sich enthält, ist das erste, was

Il est certain que Wolff a conféré à l'ontologie une nouvelle forme relevant de l'esprit scientifique moderne, tout en revendiquant la reprise de son contenu classique et la continuité avec « les scolastiques ». La recherche récente [1] a ainsi relativisé, contrairement aux thèses de Wundt, l'originalité de Wolff dans la question du passage de l'ontologie ou philosophie première, en tant que science de l'étant effectivement présent, à une science du premier connu. Elle a démontré que ce processus a été en fait amorcé bien avant lui, par Duns Scot, qu'il a été systématisé par Suarez et porté à son apogée par Timpler et la scolastique allemande du XVIIe siècle [2]. Ce que M. Puech reproche à Wolff, s'applique donc également à ses prédécesseurs scolastiques, chez lesquels déjà « l'être ne se définit pas par sa présence, mais par sa capacité à recevoir des prédicats, [et] l'ontologie traite de l'*être-déterminable* et non de l'*être-présent* » [3]. Lorsqu'elle reçoit, au XVIIe siècle, le nom d'ontologie, cette science ne porte plus sur l'étant, mais sur l'objectité par laquelle on peut l'atteindre : la cognoscibilité est devenue le critère ultime de l'étant.

Quoi qu'il en soit, on ne saurait parler d'une primauté sans reste de la connaissance dans la philosophie de Wolff : les principes fondamentaux du connaître demeurent, chez lui, pertinents surtout parce qu'ils sont en même temps, voire en premier lieu, principes de l'être. La cognoscibilité de la chose semble fondée tout autant sur la pensée qui la pense que sur la consistance autonome des essentialités, indépendante de la raison connaissante [4] : « L'ordre est intérieur à l'étant et est donc la vraie entité de la chose qui convient à l'étant indépendamment de l'entendement qui le pense » [5]. L'homogénéité entre l'être et le connaître est en effet tacitement présupposée [6] dans la pensée wolffienne et le passage de l'un à l'autre y demeure non interrogé, ce qui ne va pas sans faire problème. Le statut du concept d'étant, directement

sich von einem Dinge gedencken lässet. [...] Also ist das Wesen das erste, was sich von einem Dinge gedencken lässet. Es lässet sich aber von einem Dinge nichts eher gedencken, als wie es möglich ist [...] ». *Cf.* également, *Ontologia*, § 168, p. 137. Voir à ce propos Wundt, *op. cit.*, p. 161 : « Diese Lehre wird aber verbunden mit den ersten Gründen unserer Erkenntnis, weil die Ontologie hier nicht vom Sein, sondern vom Erkennen her entfaltet wird ».

1. *Cf.* par exemple, L. Honnefelder, *Scientia transcendens. Die formale Bestimmung der Seiendheit und Realität in der Metaphysik des Mittelalters und der Neuzeit*, Hamburg, Meiner, 1990 ; J.-F. Courtine, *Suarez et le système de la métaphysique*, Paris, PUF, 1990.

2. « [Le concept d'ontologie] ne s'est imposé qu'au prix d'un dépassement de l'ontologie classique, au moment où l'enquête métaphysique se consacrait prioritairement à l'objectité, ou mieux à "l'objectité sans objet", au possible, au pensable, au quelque chose en général », J.-F. Courtine, *op. cit.*, p. 535.

3. M. Puech, *op. cit.*, p. 93. *Cf.* à ce propos O. Boulnois, *Être et représentation : une généalogie de la métaphysique moderne à l'époque de Duns Scot, XIIIe-XIVe siècles*, Paris, PUF, 1990, p. 485.

4. C'est pourquoi Kant ne se trompera pas en lui reprochant la dimension « objective » de sa philosophie : « [Locke] philosophirt subjectiue, da Wolff und alle vor ihm objectiue philosophirten », *Logik Philippi*, AK XXVI.1, 338.

5. *Ontologia*, § 502.

6. *Cf.* G. Kahl-Furthmann, « Inwiefern kann man Wolffs Ontologie eine Transzendentalphilosophie nennen ? », *Studia philosophica*, 9/1949, surtout p. 89-90.

accessible à l'intuition, mais abstrait du sensible, et des *termini ontologici* reste chez lui ambigu. L'absence d'une critique de la connaissance, mais aussi l'exigence de systématicité portée à son apogée par Wolff – exigence selon laquelle toutes les sciences sont interdépendantes dans un ordre déductif bien déterminé et immuable –, font que la coïncidence entre les lois de l'être et les lois du connaître se trouve simplement posée comme un axiome, qu'elle n'est ni questionnée ni justifiée. Dans la formulation de M. Campo : « la structure ontologique passe [*si travasa*] dans la structure logique » [1]. La justification de cette homogénéité ne constitue pas un objet d'interrogation pour Wolff et son ontologie ne l'entreprend pas. Il faudra attendre la pensée kantienne pour que la question des conditions de possibilité de la connaissance soit véritablement posée. Kant héritera de cette tendance propre à l'ontologie classique et présente encore chez Wolff et la radicalisera en interrogeant du point de vue de la connaissance finie la légitimité de l'homogénéité entre l'être et la pensée.

Malgré une attitude à première vue hostile au wolffianisme – qui lui a valu l'étiquette d'anti-wolffien –, Kant exprime plusieurs fois l'intention manifeste de rattacher sa démarche à la tradition. L'un des aveux les plus explicites se trouve dans les célèbres réflexions « génétiques » (*entwicklungsgeschichtlich*) publiées pour la première fois par B. Erdmann en 1884 [2]. L'une d'entre elles, située par Erdmann dans la première période du criticisme et par Adickes en 1776-1778, est particulièrement importante [3]. Kant, se référant probablement aux méditations qui précèdent et entourent la *Dissertation de 1770*, y confesse que ses recherches philosophiques ont toujours eu pour but (*Absicht*) d'acquérir des connaissances dogmatiques. Il affirme avoir été persuadé pendant une très longue période de pouvoir trouver la méthode adaptée à l'élargissement de la connaissance dogmatique par la raison pure. Cet aveu place indiscutablement la pensée kantienne dans le prolongement de la pensée wolffienne.

Déjà en 1762, Kant écrivait dans la *Recherche sur l'évidence* : « La métaphysique n'est rien d'autre qu'une philosophie qui porte sur les premiers fondements de notre connaissance » [4]. Cet énoncé rappelle fidèlement la définition que propose Baumgarten dans les premiers paragraphes de sa *Metaphysica* :

> La métaphysique est la science des premiers principes de la connaissance humaine. L'ontologie (ontosophie, métaphysique, métaphysique universelle, architectonique, philosophie première) est la science des prédicats généraux de l'étant. Les prédicats généraux de l'étant sont les premiers principes de la connaissance humaine [5].

1. *Cristiano Wolff e il razionalismo precritico*, Milano, Vita e pensiero, [1]1939, GW III, 9 (Hildesheim, Olms, 1980), p. 198.

2. *Reflexionen Kants zur kritischen Philosophie*, vol. II, Leipzig, Reisland, 1884, réimpression par N. Hinske, Stuttgart-Bad Cannstatt, Frommann-Holzboog, 1992.

3. Réfl. 5116, AK XVIII, 95.

4. AK II, 283 ; OP I, 226.

5. *Metaphysica*, § 1-5, AK XVII, 23-24.

Kant fait sienne aussi la synonymie entre la métaphysique générale (ou universelle) et l'ontologie et de nombreuses réflexions y renvoient dans une méditation portant sur la « métaphysique ». Il confirme partager le point de vue wolffien dans la *Metaphysik Herder* (1762-1764) : « [la métaphysique] contient les premières fondations de la connaissance humaine ». Et encore :

> L'ontologie [...] appartient à la métaphysique, car elle contient en elle les premiers concepts fondamentaux : c'est pourquoi elle est la véritable *philosophia prima* et elle est à la métaphysique ce que la métaphysique est à la philosophie [1].

En 1766, dans les *Rêves d'un visionnaire*, la question des limites de l'entendement humain est introduite dans la définition de la métaphysique [2] et la nécessité de les tracer se retrouvera par la suite en tant que tâche de la métaphysique dans plusieurs réflexions [3]. Ce glissement d'accent atteste d'un certain éloignement de Kant de la problématique wolffienne et d'une prise de distance qui ne sera pas immédiatement visible dans ses écrits, mais qui allait influer sur l'*Umwälzung* de la fin de la décennie. En tous les cas, son scepticisme temporaire témoigne d'un vif questionnement à propos de la nature et des causes de la crise que traverse cette métaphysique dont il se déclare fatalement « amoureux » [4]. Il affirme la nécessité de s'appuyer sur des concepts expérimentaux et de déterminer le rapport qu'ils entretiennent avec la connaissance métaphysique. La philosophie devrait « juger » sa propre démarche et étudier le rapport des objets avec l'entendement. Toutefois, elle a encore accès aux choses en elles-mêmes [5], et la nouvelle exigence de délimiter les frontières frontières de son domaine s'ajoute à ses anciennes prérogatives. De toute évidence, la définition wolffienne est devenue insuffisante.

La méditation soutenue du sort de la métaphysique se fait sur la base de plusieurs acquis philosophiques décisifs dont quelques-uns déterminent intimement la compréhension de l'ontologie. Dans les écrits de 1762-1764, Kant pose la distinction radicale entre le logique et l'effectif et redéfinit l'être comme position absolue (*Fondement de l'existence de Dieu*). Il soutient, avec Crusius et contre Wolff, la pertinence d'une pluralité de principes premiers en philosophie, non seulement formels mais également matériels (*Recherche sur l'évidence*) et confère une importance grandissante à la question du donné, qu'il soit empirique ou rationnel. Par la suite, il s'éloigne aussi progressivement

1. AK XXVIII, 157 et 7.

2. « [...] la métaphysique est la *science des limites de l'entendement humain* », AK II, 368 ; OP I, 586.

3. *Cf.* les Réfl. 4362, AK XVII, 520 ; 4455, AK XVII, 557-558 ; 4873, AK XVIII, 16.

4. « La métaphysique, dont le destin fait que je suis amoureux bien que je puisse rarement me vanter de ses faveurs [...] », AK II, 367 ; OP I, 585.

5. « [La philosophie] ne connaît pas seulement les objets, mais aussi leur rapport avec l'entendement humain », AK II, 369 ; OP I, 588. Néanmoins, l'affirmation selon laquelle l'un des avantages de la métaphysique serait de « résoudre les problèmes que soulève l'esprit du chercheur, quand il épie par la raison les propriétés cachées des choses » (AK II, 367 ; OP I, 585) est très probablement ironique.

de l'affirmation d'une primauté incontestable de la méthode analytique en philosophie, tout en considérant l'articulation de la méthode propre à la métaphysique comme la condition indispensable à sa refondation comme science crédible et solide.

Vers la fin de la décennie s'amorce une mutation qui influera de manière significative sur sa conception de l'ontologie. Kant repense continuellement à l'époque le rôle de la métaphysique, sa portée et sa place au sein du savoir ; ce processus est particulièrement visible dans les réflexions manuscrites. Des différentes problématiques qui conduisent aux thèses de la *Critique de la raison pure*, deux rythment plus particulièrement les définitions de la métaphysique : la question d'une origine pure et *a priori* des connaissances dont traite l'ontologie et le recentrement de la tâche de cette science sur le sujet connaissant. L'ontologie y est tantôt assimilée à la métaphysique (sous-entendu : « générale » ou « théorique »), tantôt, après 1769-1770, si l'on suit la chronologie proposée par Adickes, à la philosophie transcendantale. La Réfl. 3931 (1769) est explicite : « La métaphysique véritable ou la philosophie pure est composée de l'ontologie » [1]. La même identification se retrouve dans la Réfl. 3959 : « La métaphysique ne contient que l'ontologie » [2].

Kant reste apparemment fidèle à la conception wolffienne : « L'ontologie traite des prédicats des choses, qui s'appliquent *universaliter* ou *disiunctive* à toutes [les choses] » [3]. Elle est définie comme science des premiers principes : « La science, qui parvient aux fondements suprêmes *a priori*, est [la] métaphysique » (Réfl. 3917). Toutefois, la distinction entre la connaissance des choses et les choses en elles-mêmes devient de plus en plus marquée. L'ontologie se voit ordonnée à la connaissance seule et ses principes sont explicitement distingués de ce que la tradition nommait les *principia essendi* :

> La première partie [porte] sur les premiers fondements de notre connaissance pure par la raison de toutes les choses (le *principio cognoscendi* suprême). *Ontologie* [4].

La Réfl. 3946 rédigée, selon Adickes, dans la même période (1769), introduit une précision annonçant le point de vue nouveau propre à la *Dissertation de 1770*, à savoir l'exigence de séparer les connaissances métaphysiques de tout élément empirique ou sensible :

> La métaphysique est ainsi une science des concepts et des principes fondamentaux de la raison humaine, mais non de la connaissance humaine en général, dans laquelle il y a beaucoup d'empirique et de sensible [1].

1. Réfl. 3931, AK XVII, 353.
2. Réfl. 3959, AK XVII, 367.
3. Réfl. 4169, AK XVII, 442. *Cf.* aussi la Réfl. 3988 : « La métaphysique est une science qui examine le rapport [*Verhältnis*] de la raison humaine aux propriétés premières des choses », AK XVII, 378. Même définition dans l'*Annonce pour le semestre d'hiver 1765-1766* : « [...] j'en viens à l'*ontologie*, c'est-à-dire à la science des propriétés générales des choses » (AK II, 309 ; OP I, 518).
4. Réfl. 4166, AK XVII, 441.

Ainsi, dans de nombreuses réflexions de l'époque apparaît clairement la nouvelle inflexion kantienne qui, en rapport avec une méditation sur la définition et la fonction de la logique, confie à l'ontologie la seule raison *pure*, isolée de tout élément empirique. Dans la Réfl. 4168 [2], par exemple, Kant écrit : « l'ontologie [considère] le principe suprême de toute connaissance par la raison pure » [3]. Il s'agit de déterminer dans cette science ce que la raison peut connaître « sans » ou « avant » l'expérience et de mettre en lumière les « sources [*Quellen*] », les conditions et les limites de ce type de connaissance (Réfl. 4362 et 4455). Plus proche des développements de la décennie suivante, la Réfl. 3716, datant, selon Adickes, de 1764-1765, anticipe parfaitement le déplacement qui allait se produire dans la définition de la métaphysique générale. Pensant jusqu'au bout la définition wolffienne [4], Kant la réarticule en tenant compte de la nouvelle exigence qui veut que les objets effectifs soient donnés uniquement par une affection des sens :

> La métaphysique n'est pas une philosophie sur les objets, parce que ceux-ci peuvent être donnés uniquement par les sens, mais [une philosophie] sur le sujet, à savoir sur les lois de sa raison [5].

Dans ce parcours, la *Dissertation de 1770* représente un point de vue singulier. Kant y soutient pour la dernière fois l'existence d'un usage *réel* de l'entendement et la possibilité d'accéder grâce à lui aux choses mêmes, en accord avec la compréhension traditionnelle de l'ontologie. Il est entre-temps parvenu à la conviction qu'il y a une science des objets des sens et que la connaissance sensible autonome, régie par ses propres lois, est « très vraie » (§ 12). Parallèlement, l'intellect est considéré comme capable de se représenter les choses telles qu'elles sont en elles-mêmes ; il est défini comme la faculté par laquelle le sujet pense les choses qui « ne sauraient tomber sous les sens » [6]. Kant postule la pertinence d'un usage « réel » de l'entendement grâce auquel « sont donnés les concepts mêmes des choses et de leurs rapports ». Il s'y ajoute un usage logique par lequel les concepts sont subordonnés et comparés les uns aux autres (§ 5). L'usage réel est réservé à la métaphysique comprise comme « la philosophie qui contient les *premiers principes* de l'usage de l'*entendement pur* » [7]. Les concepts ontologiques – les catégories ultérieures, telles la possibilité, l'existence, la nécessité ou la substance – doivent être scrupuleusement séparés de la sensibilité et recherchés uniquement dans l'entendement pur. Remarquons que Kant n'est pas encore parvenu à l'exigence de leur complétude et se contente d'une énumération partielle. Cette

1. AK XVII, 359.
2. Réfl. 4168, AK XVII, 441-442.
3. *Cf.* aussi la Réfl. 4152, AK XVII, 436.
4. *Anmerckungen*, § 32 : « Denn alle allgemeine Begriffe, die man in der Metaphysik erkläret, lassen sich nicht durch die Sinnen, sondern bloß durch den Verstand begreiffen ».
5. AK XVII, 259.
6. § 3-4, AK II, 392 ; OP I, 637-638.
7. § 8, AK II, 395 ; OP I, 642.

métaphysique, dont fait certainement partie l'ontologie, est donc en mesure d'accéder aux choses mêmes et sa validité est intimement dépendante du respect de la méthode indiquée ici :

> il faut, avec soin, prendre garde que les principes qui appartiennent en particulier à la connaissance sensitive ne sortent pas de leurs limites propres et n'affectent pas les notions intellectuelles [1].

À cette seule condition, la métaphysique peut être mise à l'abri des erreurs et peut se distinguer véritablement des « jeux de l'esprit » du passé. Comme dans l'ancienne ontologie, dans l'usage réel de l'entendement « les concepts primitifs des choses et des relations, et les axiomes eux-mêmes, sont donnés primitivement par l'entendement » [2], à cette – notable – différence près, qu'il s'agit ici de l'entendement *pur*, soigneusement préservé de toute « contagion » du sensible. Cette distinction est originale et infléchit singulièrement la définition de la métaphysique générale héritée de Wolff et de Baumgarten, chez lesquels l'expérience est considérée encore comme source et vérification de la connaissance. Chez eux, les connaissances métaphysiques se caractérisent par leur généralité ; chez Kant, la différence de degré est désormais définitivement remplacée par une différence de nature [3]. La séparation entre les deux mondes, phénoménal et intelligible, semble être radicale. Si les frontières de la sensibilité sont clairement délimitées à partir de 1770, tel n'est pas encore le cas pour l'entendement. Le but principal de Kant pendant la décennie silencieuse sera de parvenir à tracer avec la même netteté les limites de la raison.

L'ontologie se maintient donc en tant que philosophie pure (§ 23) dans la *Dissertation*, et peut encore légitimement prétendre parler des concepts des choses telles qu'elles sont, donc demeurer une théorie de l'être dans le sens fort de sa définition traditionnelle. Kant semble profondément convaincu en 1770 de la pertinence et de la légitimité d'un tel usage réel de l'entendement, mais ne rédige pas la métaphysique générale que celui-ci rend possible. Dans cet écrit à visée propédeutique, le but immédiat de Kant est d'articuler au moins en partie la méthode à même d'assurer le progrès véritable de cette science : il assume donc le sort de la métaphysique traditionnelle, sa visée, ses ambitions, sa portée [4].

Pour la dernière fois dans les *Druckschriften*, l'ontologie, comme science des concepts et des principes de la raison *et* des choses « telles qu'elles sont », a, grâce à l'usage réel de l'entendement, pleinement droit de cité [5].

1. § 24, AK II, 412 ; OP I, 667.
2. § 23, AK II, 411 ; OP I, 666.
3. *Cf.* M. J. Vázquez Lobeiras, *Die Logik und ihr Spiegelbild. Das Verhältnis von formaler und transzendentaler Logik in Kants philosophischer Entwicklung*, Frankfurt a.M., Peter Lang, 1998, p. 168.
4. § 23, AK II, 411 ; OP I, 666. *Cf.* aussi la Réfl. 5115, AK XVIII, 94.
5. *Cf.* N. Hinske, « Ontologie oder Analytik des Verstandes ? Kants langer Abschied von der Ontologie », dans *Quaestio*, 9/2009 (éd. par C. Esposito, *Naissance et développements de l'ontologie XVIe-XXIe siècles*), p. 306 : « Reallogik (bzw. Analytik des Verstandes) und Ontologie

Dans la décennie suivante, Kant s'éloigne progressivement des convictions exprimées dans la *Dissertation*. Il met en doute et rejette finalement la possibilité d'un usage réel de l'entendement et parvient à la conclusion que les catégories ne peuvent s'appliquer qu'à l'expérience possible. Il pose la question du rapport entre la représentation et l'objet. La recherche sur les limites de l'usage des concepts de la raison devient – comme l'atteste la célèbre lettre à M. Herz du 21 février 1772 – une recherche sur la possibilité de leur application aux objets que l'entendement ne produit pas [1].

Il gardera en revanche à jamais la conviction que « l'idée fondamentale de la métaphysique » dépend intimement du postulat de l'hétérogénéité « totale » entre l'origine de ses principes et de ses connaissances, et ceux des autres sciences, mathématiques ou fondées sur le sensible [2]. La distinction radicale entre le sensible et l'intelligible recentre l'ontologie sur le sujet et ses pouvoirs [3] et amorce ce qui deviendra une séparation formelle d'avec les choses elles-mêmes : « La métaphysique ne traite pas d'objets, mais de connaissances » [4].

De nombreuses réflexions autour de 1770 soulignent son caractère éminemment « subjectif » : elle est « une science du sujet [*wissenschaft des subiects*] » [5] et traite « des [lois] subjectives de la raison pure » (Réfl. 3939). Elle ne donne aucun objet, car c'est la raison elle-même qui est devenue son objet [6] :

> On demande si la métaphysique traite des objets qui peuvent être connus par la raison pure, ou [si elle traite] du sujet, à savoir des principes et des lois dans l'usage de la raison pure. Parce que nous pouvons connaître tous les objets uniquement par notre sujet, [...] elle est donc subjective [7].

La distinction entre la forme et la matière, que la *Dissertation* explicite notamment au § 4, se retrouve aussi dans les définitions de la métaphysique au sens de *metaphysica generalis*. Cette dernière s'occupe, selon Kant, uniquement de la forme de la connaissance, comprise comme loi de l'esprit, la matière étant identifiée à la sensation qui « décèle la présence de quelque objet sensible » :

sind für Kant zu diesem Zeitpunkt offenbar ein und dasselbe bzw. nur die beiden Seiten derselben Medaille ».

1. AK X, 131 ; trad. fr., p. 95.

2. Ainsi, CRP, A 843-844 / B 871-872.

3. Pour une interprétation de la rupture opérée par Kant comme un « retour réflexif de la représentation sur elle-même », *cf.* J. Benoist, « Sur une prétendue ontologie kantienne : Kant et la néo-scolastique », dans Ch. Ramond (éd.), *Kant et la pensée moderne : alternatives critiques*, Bordeaux, Presses Universitaires de Bordeaux, 1996, surtout p. 160-162.

4. Réfl. 4853, AK XVIII, 10.

5. Réfl. 3948, AK XVII, 361.

6. « Die Logic tractirt die obiective Gesetze der Vernunft, das ist, wie sie verfahren soll. Die metaphysik die subiectiven der reinen Vernunft, wie sie verfährt. In beiden ist die Vernunft das Obiect », Réfl. 3939, AK XVII, 356. Aussi, la Réfl. 4457, AK XVII, 558 : « [...] kann wohl durch die metaphysik was erfunden werden ? Ja, in Ansehung des subiects, aber nicht des obiects ».

7. Réfl. 4369, AK XVII, 521-522.

> La métaphysique est *philosophia pura*. La forme de toute connaissance est simplement rationnelle, la matière [est] sensitive ; par conséquent la métaphysique est la philosophie sur la forme [1].

De ces années (1770-1771, selon Adickes) date aussi la célèbre réflexion 4284 dans laquelle la métaphysique est considérée comme « étrangement amère [*befremdend bitter*] », car elle anéantit l'orgueil et dissipe les illusions de la connaissance. Kant semble douter même de son statut de science. Définitivement séparée des sens, elle est identifiée à la connaissance de soi de la raison [2]. La prise de distance par rapport à la *Dissertation* est irrévocable :

> L'usage de la métaphysique eu égard au théorique est simplement négatif ; elle ne permet pas la connaissance des choses et elle n'est pas dogmatique ; car d'où tirerait-elle la connaissance des choses sans les sens [3] ?

Ce que l'on pourrait appeler un infléchissement gnoséologique – hérité et radicalisé – de l'ancienne ontologie est clairement perceptible, et l'homogénéité entre les choses en elles-mêmes et les principes et concepts de la connaissance humaine est en un certain sens brisée. L'ontologie est formée par des « concepts de l'entendement pur » et ceux-ci constituent son seul objet : la métaphysique est « une philosophie sur [*über*] les concepts de l'intellect pur » [4]. Ces concepts fondamentaux, appelés à partir de 1772 « catégories », « coulent de la nature » [5] même de la raison humaine et en forment en même temps les « lois » (Réfl. 3952). Ils sont indispensables à la connaissance et à tout accès aux choses : ce sont des règles « sans lesquelles les objets ne peuvent pas du tout être connus par nous » [6] ; ce sont des « conditions, sans lesquelles nous ne pouvons pas penser par la raison des objets certains » [7]. Dans cette dernière réflexion 3938, Kant affirme même que dans la raison se trouvent des « déterminations [*Bestimmungen*] sans lesquelles les objets *ne pourraient pas être* » [8]. Enfin, ces concepts représentent les conditions qui déterminent la manière dont la raison juge selon des lois de l'expérience [9].

Quels sont désormais les objets que la métaphysique doit connaître, auxquels elle ouvre l'accès, et que sont devenus les « premiers prédicats des

1. Réfl. 4366, AK XVII, 521. *Cf.* la Réfl. 4146, AK XVII, 433 : « Die Metaphysik ist eine philosophie der reinen Vernunft, der Form des subiects und nicht des obiects (ist die Critic der reinen Vernunft) ». La Réfl. 3959 est aussi particulièrement importante dans ce contexte : « Die metaphysic enthält nichts als die ontologie*, welche falschlich als eine Wissenschaft von Dingen überhaupt *qvoad praedicata universalia et disiunctiva* betrachtet wird (*denn es ist keine materie, folglich ein Etwas überhaupt, das obiect) », AK XVII, 367.
2. AK XVII, 495.
3. Réfl. 4445 (1772), AK XVII, 552-553.
4. Réfl. 3930, AK XVII, 352.
5. Réfl. 3946, AK XVII, 360.
6. Réfl. 3949, AK XVII, 361.
7. Réfl. 3938, AK XVII, 355.
8. *Ibid.*, nous soulignons.
9. Réfl. 3954, AK XVII, 363.

choses » qui étaient « l'affaire de la métaphysique » [1] ? La réflexion 4634 apporte une réponse restrictive : on ne saurait plus avoir accès aux choses en général (*Dinge überhaupt*), mais uniquement à ce qui peut nous être donné dans l'expérience. Les choses qui ne seront jamais données dans l'expérience « ne sont rien » pour la raison spéculative [2]. Les concepts fondamentaux de la raison contiennent les conditions qui rendent possible l'expérience, mais jamais les choses en soi. C'est pourquoi ils sont *a priori* et « pleinement valables » uniquement à propos des objets de l'expérience :

> Dans l'ontologie nous avons parlé des concepts de l'entendement, dont l'usage est possible dans l'expérience, car ce sont eux qui rendent possible l'expérience [3].

Kant formule par conséquent au plus tard en 1778-1779 le principe suprême des jugements synthétiques [4], qui, postulé dans la *Critique de la raison pure* [5], en déterminera fondamentalement l'ontologie. Les choses qu'on peut connaître et sur lesquelles l'ontologie est en droit de se prononcer, sont uniquement les choses telles qu'elles nous apparaissent, à savoir les phénomènes ; les noumènes sont à jamais retirés à la connaissance théorique.

Les leçons d'*Encyclopédie philosophique* (1775) confirment qu'il ne saurait plus être question d'un accès aux choses « telles qu'elles sont », mais de la considération des principes et des concepts de la connaissance. La chose (*Ding*) est devenue objet (*Gegenstand*) :

> Les objets donnés par la raison pure appartiennent à l'ontologie. Mais sont-ils pour autant des objets effectifs ? Non, mais [quelque chose] de simplement pensé. L'ontologie ne contient donc aucun objet, mais uniquement des concepts, des lois et des principes de la pensée pure [6].

Malgré les modifications essentielles qu'elle subit, l'ontologie semble en conséquence demeurer pertinente jusqu'au seuil de la première *Critique*. Tous les efforts philosophiques des années 1770 sont, comme Kant le confesse à M. Herz, soumis au désir de trouver « la clé de tout le mystère, celui de la métaphysique jusqu'ici encore cachée à elle-même » [7]. Le sort de l'ancienne ontologie en dépend étroitement.

La relation entre l'ontologie, reprise par conséquent dans le projet critique au prix des inflexions mentionnées, et la nouvelle philosophie transcendantale kantienne, est à l'époque, et le demeurera d'ailleurs aussi par la suite, assez ambiguë. La quasi identité de leur domaine et de leur tâche ne facilite pas la

1. Réfl. 3946, AK XVII, 359.
2. Réfl. 4634, AK XVII, 618.
3. Réfl. 5603 (1778-1779), AK XVIII, 247.
4. *Cf.* la Réfl. 4758 (1775-1777), AK XVII, 706 et la Réfl. 4757, AK XVII, 703.
5. CRP, A 158 / B 197, AK III, 145 ; OP I, 898.
6. AK XXIX.1.1, 11-12.
7. Lettre du 21 février 1772, AK X, 130 ; trad. fr., p. 94.

distinction [1]. Bon nombre de réflexions témoignent des différentes tentatives de Kant de diviser cette « science entièrement neuve » [2] tout en maintenant en son sein l'ontologie préalablement réarticulée. Il repense la partition en une métaphysique générale et une métaphysique spéciale, en superposant sa philosophie transcendantale à la première :

> Toute philosophie est soit rationnelle (non la logique), soit empirique. Celle-là : ses principes ne proviennent pas de l'expérience. La [philosophie] rationnelle est soit pure, soit appliquée. Celle-là, transcendantale, celle-ci, métaphysique ; ou bien : celle-là, métaphysique générale, celle-ci, spéciale [3].

La même identification peut être rencontrée dans les Réfl. 4851 et 5130 (1776-1778) où l'ontologie est distinguée de la critique de la raison et présentée comme la deuxième partie de la nouvelle philosophie transcendantale [4]. Cette dernière serait une *metaphysica generalis* « dont l'objet est constitué par la raison et ses concepts » [5]. L'inclusion de l'ontologie dans la philosophie transcendantale comme science autonome et légitime est ainsi une constante de la pensée kantienne depuis la fin des années 1760 (d'après la datation proposée par Adickes) et le restera, au prix d'une apparente hésitation, aussi dans l' « Architectonique » de la *Critique de la raison pure*. La Réfl. 5131 (1776-1778), anticipe même sur le nom qu'elle portera parfois dans la période critique, ainsi que sur la distinction entre catégories et jugements : « L'ontologie est la science des connaissances premières de l'entendement pur : 1. des concepts, analytique. 2. des jugements » [6].

Le passage à l'articulation proprement kantienne de l'ontologie est tracé de manière concise dans la *Metaphysik Mrongovius* (1783), où, comme d'ailleurs dans ses cours en général, le prolongement et la critique de la tradition peuvent être suivis dans le détail :

> On constate aisément qu'elle [*i.e.* l'ontologie] ne contiendra rien d'autre que tous les concepts et les principes fondamentaux de notre connaissance *a priori* en général : car si elle devait examiner les propriétés de toutes les choses, elle n'aurait comme objet qu'une chose en général, c'est-à-dire tout objet de la pensée, par conséquent aucun objet déterminé. Ainsi, il ne me reste à considérer que la connaissance [7].

1. *Cf.* à ce propos l'étude de K. Bärthlein, « Zum Verhältnis von Erkenntnistheorie und Ontologie », *Archiv für Begriffsgeschichte*, 56/1974, p. 257-316.
2. Lettre à M. Herz de la fin 1773, AK X, 144 ; trad. fr., p. 107.
3. Réfl. 4855 (1776), AK XVIII, 11.
4. Réfl. 5130 : « Transscendentalphilosophie hat 2 Theile : Critik der reinen Vernunft und Ontologie », AK XVIII, 100.
5. Réfl. 4851, AK XVIII, 9.
6. AK XVIII, 100. *Cf.* aussi, *Metaphysik L1* (*Teilstücke Heinze*) : « Die Ontologie [muss] zwei Theile haben [...] : a) Die Analytik der Begriffe [...]. b) Die Synthesis der Betrachtung der Grundsätze », AK XXVIII.1, 185.
7. AK XXIX.1.2, 784 ; *cf.* aussi, AK XXIX.1.2, 752 : « Dans l'ontologie on parle des choses en général, donc, en fait, d'aucune chose – on s'occupe de la nature de l'entendement [qui est] de

Kant nomme l'ontologie philosophie transcendantale et la fait précéder par la critique. L'analyse préalable des frontières et de l'origine des concepts et des principes de la raison lui appartient nécessairement. C'est ici que se situe le point de rupture avec la tradition :

> Parce qu'on traitait de l'ontologie sans la critique – qu'est-ce que l'ontologie était à l'époque ? Une ontologie, qui n'était pas une philosophie transcendantale [1].

Désormais en charge de la réflexion sur la nature et sur la possibilité de la connaissance par la raison pure, elle devrait, soutient Kant, porter à l'avenir le nom plus approprié de philosophie transcendantale, afin d'éviter la confusion avec une science postulant la connaissance théorique des choses en elles-mêmes. Elle n'est plus seulement une science sur les principes et concepts fondamentaux sur lesquels repose la connaissance de la raison pure, mais contient « les principes de la possibilité de la connaissance *a priori* » [2]. Toutefois, Kant ne suivra pas sa propre injonction et gardera le nom traditionnel d'ontologie encore dans les années 1790.

Devenue une théorie de la possibilité de la donation des phénomènes et limitée à l'être-connu, l'ontologie devra donc s'occuper désormais des structures de l'entendement qui permettent la rencontre avec les données d'une expérience possible et en prescrivent les modalités. Néanmoins, son statut dans la *Critique de la raison pure* demeurera complexe et ambivalent, et engendrera, déjà dans la postérité immédiate de Kant, des interprétations contradictoires, non seulement au sujet de sa légitimité au sein du projet critique, mais aussi de son rapport à la doctrine wolffienne.

Tinca PRUNEA-BRETONNET
(Paris IV-Sorbonne)

penser des choses ». Mêmes arguments dans la *Metaphysik Volckmann* (1784-1785), AK XXVIII.1.1, 389-390.

1. AK XXIX.1.2, 784-785.
2. AK XXIX.1.2, 786.

L'ONTOLOGIE DANS LE SYSTÈME WOLFFIEN : FORTUNE ET INFORTUNE D'UN CHEMIN DE PENSÉE

C'est l'étonnement sur un terme, celui d'ontologie, qui est au point de départ des réflexions que je voudrais proposer. Il évoque en effet le questionnement sur l'être en tant qu'être, avec, à la source grecque de la pensée de l'Occident, quatre noms emblématiques : Héraclite, jamais on ne se baigne dans le même fleuve et Parménide en son poème disant le plein de l'être. Platon vient ensuite, avec le Beau, soleil des Idées, et Aristote, son élève, traçant le cadre de ce qui sera la science de l'Occident, avec au sommet justement la science de l'être en tant qu'être. En arrière-plan se trouve Socrate, le maître de Platon, et qui fait qualifier les deux premiers de pré-socratiques. Or, et c'est là l'étonnement, l'histoire de la langue des philosophes atteste le caractère récent du terme d'ontologie. Il pointe à la fin du XVIe siècle, s'affermit au XVIIe avant tout dans le courant que l'on désigne comme scolastique. Et c'est Christian Wolff qui au XVIIIe siècle le place au porche d'une philosophie qui lui doit sa valeur de système [1]. Kant, au terme des Lumières, y fait écho, avec une critique assez radicale pour paradoxalement assurer sa pérennité, avec même un effet de rétroactivité qui fera que l'on parlera sans hésiter de l'ontologie platonicienne ou aristotélicienne. En aval de Wolff, le terme garde sa place, le prix à payer étant la surprenante diversité des démarches désignées. En cette vie d'un terme, l'enjeu pour Wolff est celui d'une philosophie qui soit sur le chemin sûr de la science, je l'indiquerai dans un premier temps. C'est précisément sur ce point qu'intervient Kant, louant le projet, mais en montrant l'impasse, que seule la question critique permet de dénoncer. En conclusion j'évoquerai quelques distorsions du terme d'ontologie, tant en sa rétro-activité que dans l'avenir qui a été le sien.

1. J. Ritter, *Historisches Wörterbuch der Philosophie*, t. 6, Basel, Stuttgart, Schwabe, 1984, p. 1189-1200.

L'ONTOLOGIE, PHILOSOPHIE PREMIÈRE, TRAITÉE SELON UNE MÉTHODE SCIENTIFIQUE

L'enjeu est donc, au début du XVIIIe siècle où Wolff commence à enseigner à Leipzig puis à Halle, celui d'une philosophie se constituant comme science, pour être à la hauteur de ce siècle des Lumières, siècle de la raison, telle qu'elle se donne en la réussite qui a été la sienne au siècle précédent : une physique mathématique, en deux formes, les tourbillons cartésiens et la gravitation newtonienne. C'est, dans les deux cas, le qualificatif de *mathématique* qui assure cette scientificité. Dans l'œuvre de Wolff de 1719 appelée *Métaphysique allemande*, cette raison se manifeste suffisamment pour inquiéter les autorités et le contraindre à s'exiler à Marbourg [1]. C'est là qu'il entreprend une œuvre latine monumentale. Un premier ensemble, développant la *Métaphysique allemande*, est introduit par une *Logique générale*, suivie par une *Ontologie*, suivie d'une *Cosmologie*, d'une *Psychologie empirique* et d'une *Psychologie rationnelle* [2]. À chaque fois le titre comporte une qualification d'importance évidente : « *methodo scientifica pertractata* », « traitée selon une méthode scientifique ». Dans le grec de « méthode », c'est *chemin* qui s'entend, le « chemin sûr d'une science » dont parlera Kant. Cette qualification se répètera dans bien des titres de l'œuvre wolffienne. – C'est donc à l'*ontologie* que va mon attention.

Le titre précis du traité est *Philosophie première ou ontologie*, titre qui n'était pas présent dans la *Métaphysique allemande*. On peut remarquer que l'ordre du titre général allant de la philosophie première à l'ontologie s'inverse en passant, aux § 1-2, de l'ontologie à la philosophie première : « L'*ontologie* ou *philosophie première* est la science de l'être en général, ou en tant qu'il est être ». Cela veut dire que le premier terme est désormais ontologie qui vaut comme philosophie première, car comme Wolff l'explique aussitôt, « elle donne les principes premiers et les notions premières qui sont en usage dans le raisonnement ». Il note que cette ontologie, telle qu'on la trouve dans les traités scolastiques, donne lieu à des propos stériles consistant en notions confuses et obscures, faisant mépriser cette démarche. La voie de la science est aussitôt indiquée : « Puisque la science est la capacité de démontrer ce que l'on affirme, les propositions de l'ontologie sont à démontrer. » La clef est donc ici la *démonstration*, seule voie de la science [3].

En quoi consiste une telle science ? Pour aller au plus court, je me contente de prendre une table des matières, à la fin de l'ouvrage, tenant sur une seule

1. *Vernünfftige Gedancken von Gott, der Welt und der Seele des Menschen, auch allen Dingen überhaupt*. Cet ouvrage est désigné sous le nom de *Deutsche Metaphysik*. Publié en 1719, l'ouvrage aura de nombreuses rééditions.

2. Les chapitres de la *Métaphysique allemande* deviennent autant de livres, avec la suite de la *Logique*, appelée aussi *Philosophia rationalis*, l'insertion de l'*Ontologie*. Les ouvrages paraissent entre 1728 et 1734, à Francfort et Leipzig.

3. *Philosophia prima sive Ontologia, methodo scientifica pertractata qua omnis cognitionis humanae principia continentur*, Francfort et Leipzig, 1736, GW II, 3, § 1-2, p. 1-2.

page, et annoncée par Wolff lui-même comme « donnant à voir un aperçu de l'œuvre entière »[1]. La ligne suivante, en pleine page, donne le titre général de l'œuvre en question : « Prolégomènes de la philosophie première »[2]. J'en relève ce qui peut faire saisir le mouvement de la pensée et les problèmes liés à ce terme d'ontologie. Les deux parties sont données en deux titres, dont on verra l'importance extrême : « I. La notion d'être en général et les propriétés qui en découlent ; II. Les espèces des êtres et leurs rapports respectifs ».

La première partie comprend trois sections. La première présente « les principes de la philosophie première », qui sont deux : le principe de contradiction et le principe de raison suffisante. La deuxième considère « l'essence et l'existence de l'être, et quelques notions apparentées », la division étant triple : « possible et impossible », « déterminé et indéterminé », « la notion d'être ». La troisième traite « des affections générales de l'être », d'abord de couples : « identité et similitude », « singulier et universel », « nécessaire et contingent », puis, séparément, de « la quantité » et de « la qualité », et enfin de trois termes : « ordre, vérité, perfection ».

La seconde partie se divise aussi en trois sections : « l'être composé », où il s'agit d'abord de son essence, puis de l'extension, de la continuité, de l'espace et du temps, des qualités et dimensions de l'être composé, enfin du mouvement. Vient ensuite « l'être simple » en sa différence d'avec l'être composé, des modifications des choses, spécialement celles qui sont simples, du fini et de l'infini. Une dernière partie traite du « rapport des êtres entre eux », sous la forme d'abord de « la dépendance des choses et de leur relation », puis en traitant des causes et des signes.

À ce point, après une simple lecture de cette table, on peut considérer que l'on a une grille efficace pour traiter avec ordre une question, ainsi, pour prendre une des suggestions, celle du mouvement, sans que cela permette cependant une unité d'ensemble, celle d'un *système*, qui est bien la caractéristique de base de tout ce qui se présente comme *science*. – Il faut pour éclairer cette difficulté revenir sur l'introduction générale présentant l'ontologie comme *philosophie première*. S'il faut une *philosophie première,* qui soit démonstrative, ce n'est pas seulement pour elle-même, c'est que sans elle « c'est toute la philosophie en son universalité qui ne peut être traitée selon une méthode démonstrative »[3].

Cela revient dans l'ensemble ouvert par la *Logique* et l'*Ontologie*, dans le corpus latin, comprenant une *cosmologie*, une *psychologie empirique*, une *psychologie rationnelle*, une *théologie naturelle*. Wolff explique que le dernier traité a des principes dont la solidité est appuyée sur ce qui a été établi dans

1. *Ontologia*, p. 697.
2. *Ibid.*
3. *Ontologia*, § 6.

l'ensemble ouvert par l'*Ontologie* [1]. C'est de cette valeur de système de la pensée de Wolff que Kant va partir pour se situer par rapport à lui.

L'INFORTUNE, LA CRITIQUE KANTIENNE DE L'ONTOLOGIE

S'il convient d'en venir à Kant, c'est en raison de la position qu'il prend à propos de l'*ontologie*, croisant ainsi un thème majeur de la pensée wolffienne. Mais c'est sur le fond d'une déclaration lucide sur l'importance de Wolff en son siècle qu'il faut placer cela.

Du rapport de Kant à Wolff, l'essentiel est dit à la fin de la « Préface » de la seconde édition de la *Critique de la raison pure* avec « la méthode rigoureuse du célèbre Wolff », déclaré « le plus grand parmi tous les philosophes dogmatiques ». Il procède

> en établissant légitimement les principes, en déterminant clairement les concepts, en recherchant la rigueur des preuves, en se gardant des sauts téméraires dans les conséquences, [tout cela étant] ce qui fait prendre le chemin sûr d'une science.

Cette dernière expression est celle qui, dès le départ de la « Préface », dénonçait ce qui manquait à la métaphysique, et que la *Critique* fait paraître à partir des sciences qui ont su trouver ce chemin. Ce n'est donc pas feinte, lorsqu'à la fin du passage sur Wolff, il explique que s'opposer à ce dernier, tout en refusant le propos critique, est « se débarrasser des liens de la science » et tomber dans la « philodoxie » [2]. C'est dire que finalement on ne peut reconnaître sans cela tout l'apport de Wolff. Il lui a manqué seulement de pousser sa confiance en cette raison jusqu'à lui donner comme première tâche de faire la critique de son propre pouvoir.

C'est peut-être ce qui explique que, lorsqu'il prend position à propos de l'ontologie, il ne se réfère pas expressément à Wolff. La griffe wolffienne ne fait cependant aucun doute, lorsqu'on lit l'*Annonce sur le programme de ses leçons pour le semestre d'hiver 1765-1766* annonçant l'ontologie comme « science des propriétés universelles de toutes choses. Différence des êtres spirituels et matériels » [3]. – Dans une sorte de conclusion sur la démarche de l' « Analytique transcendantale » de la *Critique de la raison pure*, Kant rappelle que les principes de cette « Analytique » concernent seulement les phénomènes, avec cette conclusion :

> le nom orgueilleux d'une ontologie, qui prétend donner des choses en général des connaissances synthétiques *a priori*, dans une doctrine systématique (par

1. *Theologia naturalis*, *Pars* I, GW II, 7, § 11, p. 7 : « Theologia naturalis principia ex Ontologia, Cosmologia et Psychologia petit ».

2. CRP, B XXXV-XXXVII, AK III, 21 (l. 24) – 22 (l. 24) ; OP I, 751-752.

3. *Rêves d'un visionnaire*, AK II, 309 (l. 13-15).

exemple le principe de causalité) doit faire place au nom modeste d'une simple analytique de l'entendement pur [1].

C'est bien de la causalité qu'il s'agit dans l'avant-dernier chapitre de l'ontologie wolffienne. – La modestie de l'analytique kantienne est celle de la démarche transcendantale, cette première tâche de la raison s'interrogeant sur *les limites de la légitimité de son emploi*, qui sont celles des conditions de l'expérience.

L'examen de l'ontologie wolffienne permet à ce point d'aller bien plus au fond. J'ai relevé, dans sa première partie, celle qui porte sur la notion d'être en général, la deuxième section, qui a à décider « de l'essence et de l'existence de l'être » [2], compétence qui résulte des deux principes de la philosophie première, celui de contradiction, concernant l'essence, celui de raison suffisante, portant sur l'existence. Il faut faire venir ici, dans les *principes premiers de l'entendement pur*, les « analogies de l'expérience », prenant pour modèle de la liaison de la cause à l'effet observé la construction du quatrième terme dans l'analogie mathématique, mais en précisant que *l'existence ne se laisse pas construire* car seule l'expérience l'atteste [3]. La modestie de la science consiste en cette *non maîtrise de l'existence* quand la raison est en droit de se prononcer sur l'universel et le nécessaire dans un processus donné dans l'expérience.

Mais c'est aussi rejoindre le second lieu de la critique kantienne de l'ontologie. Wolff est d'une grande lucidité, en liant ainsi dans la notion d'être essence et existence. On peut lui accorder que la connaissance plénière suppose les deux. Plus précisément encore, il importe que la *définition*, expression de l'*intelligibilité* d'un être, permette de se prononcer sur son *existence*, satisfaisant ainsi aux deux principes qui ouvrent l'ontologie, contradiction et raison suffisante. Or la remontée dans la pluralité des êtres ne va pas sans ce point d'arrêt qu'est l'*Ens supremum*, celui dont il s'agit quand on parle de Dieu. Comme la *définition* de Dieu comporte l'existence nécessaire, toute preuve de Dieu passant par la causalité rejoint finalement l'ontologie, et y puise la force de son argumentation. Ce n'est pas un hasard si, pour dire en quoi tient « le nom orgueilleux d'ontologie », Kant renvoyait à la causalité. L'argument, initié par saint Anselme, revenant sous des formes variées par la suite, a pour lieu propre l'ontologie. La réflexion kantienne était assez forte pour que l'appellation d'*argument ontologique* s'impose rétroactivement [4].

Une dernière remarque, cependant. Le chapitre sur les causes n'est que l'avant-dernier de l'ontologie wolffienne. J'ai dit comment le dernier chapitre concernait le *signe* [5]. Wolff le lie à la causalité, transcription du rapport cause à effet. Il prend en compte le déroulement du temps, et il n'est pas sans suggérer quelque rapport au langage, quelque chose qui pourrait aller vers la question

1. CRP, B 313, AK III, 207 (l. 12-22) ; OP I, 977.
2. Voir *supra*, p. 165.
3. CRP, A 178-180 / B 221-223, AK III, 160-161 ; OP I, 916-917.
4. CRP, A 592-602 / B 620-630, AK III, 397 (l. 11) – 403 (l. 22) ; OP I, 1210-1217.
5. Voir *supra*, p. 165.

du symbole chez Kant. Mais le penchant semble plutôt aller du côté du signe mathématique.

LA FORTUNE, QUI REVIENT À L'INFORTUNE : USAGE RÉTROACTIF ÉQUIVOQUE, CHAMP OUVERT AUX FORMES MULTIPLES

La fortune du terme d'*ontologie* est cette sorte de rétroactivité qui le fait employer en des domaines bien antérieurs à son apparition du XVIe au XVIIIe siècle. C'est ainsi qu'il vient nommer une démarche de la source grecque de la philosophie, les racines grecques du terme n'étant pas d'ailleurs sans en faciliter l'adoption. Je me bornerai à quelques remarques sur l'introduction de cette dénomination chez Aristote, d'autant que celui-ci est la référence première en cette question de Wolff lui-même. Sur les chemins de la pensée occidentale le terme revient lors du retour d'Aristote, à la Renaissance du XIIIe siècle. Je me bornerai ensuite à deux emplois du terme au XIXe et XXe siècle.

C'est bien à Aristote que Wolff se réfère expressément lorsqu'il définit l'ontologie comme science de l'être en tant qu'être, à reconnaître comme philosophie première, au sens où celle-ci est garante de la systématicité de la philosophie entière. On éclaire pleinement le débat en reprenant les trois propositions par lesquelles l'excellent connaisseur d'Aristote qu'est P. Aubenque formule le problème de la question de l'être chez lui :

> 1. Il y a une science de l'être en tant qu'être. 2. Il n'y a de science que du genre. 3. L'être n'est pas un genre [1].

L'ontologie wolffienne marque toute la distance entre Wolff et Aristote, puisque la structuration du tableau récapitulatif se fait sur le couple genre / espèce. Elle est hommage à Aristote en ce qui concerne la science. Mais c'est au prix de l'être ramené à un genre [2]. L'impasse de cette dernière proposition se trouve aisément, en remarquant qu'il n'est pas possible ici d'ajouter au genre la différence permettant la détermination de l'espèce, puisque ce qui est différent de l'être s'annule en néant. La science première est aporétique. Elle n'en est pas moins science, introuvable parce que toujours recherchée, les deux qualificatifs ne cessant de se susciter l'un l'autre. – Révélateur est le premier couple retenu pour les « affections générales de l'être » chez Wolff, « identité et similitude » [3]. La perte est sévère à l'endroit d'Aristote : « l'être se dit diversement par rapport à l'un » [4], l'un n'annulant en aucune manière le « diversement ». Cela permet d'ailleurs de donner au grec *logos* sa valeur de parole, alors que dans *ontologie*, c'est sur raison qu'il verse.

1. P. Aubenque, *Le problème de l'être chez Aristote*, Paris, PUF, ^{2}1966, p. 222.
2. Voir *supra*, p. 165.
3. *Ibid.*
4. Aristote, *Métaphysique* Γ, 1003a, 33-34.

Là où Wolff ne se satisfait que d'univocité, Aristote connaît l'analogie, étrangère à la pensée de Wolff.

Cette possibilité de donner au dire sa force chez Aristote me permet une remarque par rapport à sa reprise médiévale. La problématique wolffienne trouvait son plein emploi dans l'*Ens supremum*, cause universelle, et cela autorisait Kant à qualifier d'ontologique ce qui était pour lui le tissu de toute affirmation dogmatique de l'existence de Dieu. Chez le grand commentateur d'Aristote qu'a été Thomas d'Aquin, en une part importante de son œuvre, l'entrée la plus féconde pour lui est celle des *Noms divins* [1], rechargeant, à travers le pseudo-Denys, un héritage néo-platonicien. Les noms divins, c'est la façon de *dire* Dieu, et l'analogie, modeste, car elle est plus proche de l'équivocité que de l'univocité, prend toute sa place, pas tellement éloignée de l'aporétique de la science de l'être en tant qu'être. – Peut-être à ce point peut-on éclairer quelque peu la venue tardive du terme d'*ontologie*. Un terme est formé sur ce modèle chez Aristote, et c'est celui de *théologie*, candidate dans *Métaphysique* E au titre de science première, avec la science de l'être en tant qu'être [2]. En contraste, la diversité dans le dire de l'être ne pouvait laisser venir une *ontologie*. – Il est vrai que le Dieu tête de série n'est pas sans poser des problèmes qui renvoient à l'argument ontologique. Kant revient ici – fortune et infortune. On peut noter que Thomas d'Aquin ne voulait pas de ce qui s'appellera argument ontologique.

En aval de Wolff, le terme d'ontologie a vérifié sa fortune, mais au prix d'une diversité de sens qui a des goûts d'infortune. Je relève seulement deux moments dans l'histoire de son usage. L'un est son entrée dans la pensée catholique du XIXe siècle, et qui va se prolonger dans la première moitié du XXe, et cela en faisant purement et simplement sien l'*Opus latinum* que j'ai présenté. Il se trouve que cet ensemble d'œuvres est publié à Vérone, avec une autorisation des autorités ecclésiastiques, du vivant même de Wolff, peut-être à son insu. Ce plus grand parmi les systèmes dogmatiques comme disait Kant plaisait, aux portes des États pontificaux, par sa fermeté dogmatique, et avant tout par sa démonstration de l'existence de Dieu, venant en clef de voûte de sa théologie rationnelle. C'est lui qui se laisse lire derrière les textes de Vatican I sur la possibilité d'accéder à Dieu par la raison droite – cadeau, donc, de ce philosophe protestant, issu des Lumières [3]. La plus étonnante confirmation de cela est la néoscolastique, mise en place par Léon XIII, en 1890, pour redonner vigueur à la pensée catholique. Elle se voulait retour, à la fois bien fondé et réel, à la pensée de la Renaissance du XIIIe siècle, avant tout en référence à Thomas d'Aquin. Or la structuration de l'enseignement systématique était très

1. *Summa theologica*, la *Pars*, q. XIII.

2. *Métaphysique* E, 1026a, 10-33.

3. C'est un médecin italien, Joseph Serer, qui publie chez Ramanzini à Vérone : *Logica* (1735), *Ontologia* (1735), *Cosmologia* (1736), *Psychologia empirica* (1736), *Psychologia rationalis* (1737), *Theologia naturalis*, *Pars* I (1779), chez un autre éditeur de Vérone, Marcus Morone. – J. École n'exclut pas que cette édition ait été faite à l'insu de Wolff.

strictement celle de l'*Opus latinum* wolffien publié à Vérone, et il a régi l'enseignement catholique pendant toute la première moitié du XXe siècle [1].

Heidegger tient une place importante dans la fortune de l'ontologie, et il n'est pas sans intérêt de retrouver avec lui Kant, amplificateur du terme wolffien, ainsi que la source grecque, à laquelle cette dénomination issue du grec, obligeait à penser. « *Ontologique* » intervient pour qualifier une *différence*. C'est un *oubli* qui est ainsi désigné, celui donc de la *différence ontologique* entre *être* et *étant*, présente chez les présocratiques, ainsi Héraclite et Parménide, et il va marquer toute la philosophie occidentale. La gravité de l'oubli tient de son effet sur la *vérité*, et c'est à ce point qu'Heidegger fait venir Kant. Celui-ci parle en effet dans la *Critique de la raison pure* d'une définition purement nominale de la vérité, adéquation de la pensée et du réel, devenue générale [2]. Elle dit main mise, ce qui justement, dans le propos d'Heidegger caractérise l'*étant* où s'oublie l'*être*. Le transcendantal kantien la place en horizon, dans un retrait où, voilée selon la force du terme grec d'*alétheia*, elle appelle vers l'avant [3]. – L'*ontologie* y gagne d'être *fondamentale*, statut qui est le sien chez Heidegger. On est en droit de parler de bonne fortune pour l'ontologie wolffienne. Heidegger sait d'ailleurs dans ses commentaires sur Platon et Aristote retrouver cela, tempérant son diagnostic de l'oubli de l'être qui aurait été total des présocratiques à lui. Ainsi y a-t-il quelque parenté d'allure entre l'être introuvable et toujours recherché d'Aristote et « l'éclaircie de l'être » de la *Lettre sur l'humanisme* [4].

François MARTY
(Centre Sèvres)

1. Je pense ici aux programmes élaborés pour les facultés catholiques à la suite de *Deus scientiarum Dominus*, de Pie XI, en 1931, dans la ligne de la néoscolastique mise en place par *Aeterni Patris* de Léon XIII en 1879. C'est le Concile de Vatican II (1962-1965) qui mettra fin à cette uniformité des programmes.

2. CRP, A 57-62 / B 82-86, AK III, 79 (l. 1) – 81 (l. 25) ; OP I, 817-820.

3. M. Heidegger, *Phänomenologische Interpretation von Kants Kritik der reinen Vernunft*, Frankfurt, Vittorio Klostermann, 1977, § 16, p. 188-197.

4. M. Heidegger, *Lettre sur l'humanisme*, trad. fr. R. Munier, Paris, Aubier, 1964, p. 157.

PHILOSOPHIE MORALE

WOLFF ET LES DÉBUTS DE LA PHILOSOPHIE MORALE DE KANT : L'HÉRITAGE OUBLIÉ

Lorsqu'on reconstitue la période initiale de formation de la philosophie morale de Kant, de la *Nova dilucidatio* de 1755 à la *Dissertation de 1770* [1], on réalise rapidement l'immense influence qu'ont exercée sur le cours de sa pensée Crusius et Hutcheson, dans un premier temps, puis Jean-Jacques Rousseau, un peu plus tard [2]. Ceux-là auront surtout convaincu Kant de l'irréductibilité de la morale à la raison théorique et spéculative, celui-ci aura donné une impulsion décisive à la métaphysique de la liberté et de la raison pratique inaugurée par la *Critique de la raison pure*. Tout au long de cette évolution s'étendant sur une quinzaine d'années, et en particulier à partir du milieu des années 1760 où Kant a déjà arrêté plusieurs des grandes lignes de sa philosophie morale, la figure de Christian Wolff, rarement mentionnée par ailleurs dans ce contexte, paraît surtout servir de repoussoir [3]. C'est en effet en opposition directe à la compréhension théorique, logico-démonstrative, naturaliste et eudémoniste de la morale selon Wolff que Kant a formé, *via negationis*, sa propre réflexion, en se réappropriant, non sans de profondes transformations, l'instance du sentiment moral de la philosophie anglo-saxonne, le concept d'obligation élaboré par Crusius et le souffle de la liberté émanant du *Contrat social* de Rousseau.

1. Nous reprenons ici les conventions de renvois établies dans cet ouvrage. Par ailleurs, la référence aux *Leçons d'éthique*, à la fin de ce texte, renvoie à *Emmanuel Kant. Leçons d'éthique*, présentation, traduction et notes par Luc Langlois, Paris, Librairie Générale Française, Le Livre de Poche, 1997.

2. Les ouvrages principaux qui seront pris en compte ici sont : C. A. Crusius, *Anweisung vernünftig zu leben*, Leipzig, 1744, trad. fr. par Lukas K. Sosoe, *Instructions pour une vie raisonnable*, Paris, Les Belles Lettres, 2007 ; F. Hutcheson, *Inquiry into the Original of our Ideas of Beauty and Virtue*, London, 1725, trad. fr. par Anne-Dominique Balmès, *Recherche sur l'origine de nos idées de la beauté et de la vertu*, Paris, Vrin, 1991. Quant à Rousseau, la référence implicite renvoie au *Contrat social* et à *Émile ou de l'éducation*.

3. L'étude la plus exhaustive sur cette période de maturation de la pensée morale de Kant demeure l'ouvrage de Josef Schmucker, *Die Ursprünge der Ethik Kants in seinem vorkritischen Schriften und Reflexionen*, Meisenheim am Glam, Verlag Anton Hain KG, 1961. Voir aussi l'étude plus récente de Clemens Schwaiger, *Kategorische und andere Imperative. Zur Entwicklung von Kants praktischer Philosophie bis 1785*, Stuttgart-Bad Cannstatt, Frommann-Holzboog, 1999. L'auteur prend le plus souvent le contrepied de l'interprétation de Schmucker, en faisant de Baumgarten, et non de Crusius ou de Hutcheson, l'inspiration principale de Kant quant à son concept d'obligation. C'est une étude avec laquelle il faudra dorénavant compter, même si sa thèse principale n'emporte pas d'emblée l'adhésion.

Or dans quelle mesure la philosophie pratique de Wolff a-t-elle influencé la pensée morale de Kant et jusqu'à quel point celle-ci s'est-elle éloignée de celle-là ? C'est à cette question que sera consacrée la présente étude.

En vérité, les choses sont bien plus complexes qu'il n'y paraît. Il n'est par exemple plus possible aujourd'hui de s'en tenir à la position de Paul Menzer et de Max Küenburg [1] selon qui Kant, largement sous l'emprise de Wolff dans les années 1750, aurait définitivement rompu avec lui dans la *Preisschrift* de 1763. Pas plus qu'on ne saurait donner raison à Schilpp [2] qui va jusqu'à douter qu'il y ait jamais eu de réelle influence de l'École leibnizo-wolffienne sur la pensée éthique de Kant, laquelle aurait selon lui été immunisée dès le départ contre le formalisme démonstratif de cette approche grâce aux premières convictions piétistes de Kant. Quand on sait que les *Leçons d'éthique* de celui-ci furent dispensées jusque dans les années 1790 à partir des *compendia* de Baumgarten, soit les *Initia philosophiae practicae primae* (1760) et l'*Ethica philosophica* (1751, 1763), qui, bien que développant un propos autonome, restent à maints égards dans le sillage de l'éthique wolffienne, on peut soupçonner que le rapport de Kant à ce qui fut le sol natal de son itinéraire de pensée est bien plus complexe que ce que suggèrent ces interprétations.

Afin d'examiner à neuf cette relation ambigüe, je partirai de (1) la position de Kant sur la question de la causalité libre dans la *Nova dilucidatio* de 1755, avant de présenter sommairement (2) les principales thèses de la *philosophia practica* de Wolff. J'interrogerai ensuite (3) la *Preisschrift* de 1763, où la pensée de Kant prend un tour décisif, et dans une moindre mesure les *Observations sur le sentiment du beau et du sublime* de 1764. Enfin, je dresserai un bref bilan de la dette de Kant à l'endroit de Wolff en me référant notamment aux *Leçons d'éthique* des années 1775-1780.

La thèse que j'aimerais défendre est la suivante : la philosophie morale de Wolff a non seulement constitué le point de départ de l'itinéraire kantien, mais elle a continué, à travers toutes les ruptures subséquentes, à inspirer à celle-ci certains de ses motifs essentiels, par un jeu d'influences entrecroisées. Contre la conception théologique de la morale de Crusius, Kant retient de Wolff l'assise rationnelle de celle-ci en notre seule volonté, mais contre l'eudémonisme de Wolff, il retient l'idée de la valeur inconditionnée de l'obligation telle qu'exprimée par Crusius (et sans doute aussi par Baumgarten). Contre Wolff et avec Hutcheson, il retient que la morale procède d'un mode de révélation et d'affirmation foncièrement distinct de la preuve logique, soit le sentiment, mais contre Hutcheson et avec Wolff, il retient que la morale ne saurait reposer sur la psychologie empirique. Contre Wolff et avec l'aide de

1. Paul Menzer, *Der Entwicklungsgang der Kantischen Ethik bis zum Erscheinen der Grundlegung zur Metaphysik der Sitten*, Berlin, 1897 (continué dans les *Kant-Studien*, vol. 2 et 3, 1898 et 1899) ; Max Küenburg, *Der Begriff der Pflicht in Kants vorkritischen Schriften*, Innsbruck, Rauch, 1927.

2. P. A. Schilpp, *Kant's Pre-critical Ethics*, Evanston and Chicago, North-Western University Studies in the Humanities, N° 2, 1938.

Rousseau, Kant aperçoit l'origine pratique libre et intelligible de la morale, mais contre Rousseau et en se rappelant Wolff, il refuse de voir dans l'innocence pré-civilisationnelle l'idéal de la perfection morale, qui ressortit plutôt à un *telos* de la raison et à un progrès infini. Mais tout au long de ce parcours, on assiste à une désontologisation et à une intériorisation du concept de perfection, central dans la philosophie de Wolff, renversement qui traduit peut-être le mieux la différence avec la *philosophia practica* wolffienne.

I. LIBERTÉ, RESPONSABILITÉ ET NÉCESSITÉ MORALE : LA DÉFENSE WOLFFIENNE DE KANT CONTRE CRUSIUS

Ce jeu d'influences entrecroisées se révèle pour la première fois dans la *Nova dilucidatio* où Kant, examinant à neuf le principe leibnizo-wolffien de raison suffisante – renommé par lui principe de raison déterminante – est amené tour à tour à concéder à Crusius – l'anti-wolffien par excellence – et à Wolff, dont il épouse finalement la position.

Un enjeu métaphysique précède ici l'enjeu plus strictement moral du principe de raison déterminante. Il concerne la thèse leibnizo-wolffienne de la dérivation intégrale de l'existence à partir de la logique et l'idée que celle-là n'est que le prolongement de celle-ci comme simple *complementum possibilitatis*. Manifestement marqué par Crusius, qui soutient que certaines choses existantes sont suffisamment déterminées par le simple fait de leur existence actuelle, Kant est amené à distinguer dans le principe de raison déterminante la *ratio essendi* – qui peut être conçue comme une cause réelle concernant l'être et le devenir – et la *ratio cognoscendi*, qui détermine la vérité logique du jugement. Or il est un être pour lequel on doit admettre que l'existence ne dérive pas de la possibilité logique, et cet être est Dieu. Loin que son concept renferme la raison de son existence, c'est son existence en soi nécessaire qui rend intelligible son concept, puisque, d'une part, il ne saurait y avoir pour lui de raison d'être antérieurement déterminante et que, d'autre part, la notion de *causa sui* que lui appliquent, comme par un coup de baguette magique, Descartes et Leibniz, brouille irrémédiablement la distinction entre la cause et l'effet sans laquelle le principe de causalité devient proprement incompréhensible.

Dans ce débat métaphysique, Kant se trouve reconnaître, pour la première fois, mais uniquement pour l'instant à propos de la question de Dieu, que les plans de la réalité et de la connaissance, de l'existence et de la logique, ne peuvent pas être entièrement confondus ni conçus comme un *continuum* nécessaire. On sait que c'est précisément ce thème de la distinction de la logique et de l'existence qui nourrira par la suite sa critique de la métaphysique dogmatique de Leibniz et de Wolff.

Plus directement liée à notre propos est la question, que pose Kant plus loin, de savoir si le principe de raison déterminante est aussi incompatible avec la liberté humaine, et si la différence entre l'ordre des raisons logiques et l'ordre du fait actuel s'étend aussi à la libre volonté. C'est en tout cas la conclusion de Crusius selon qui le principe de raison suffisante ne peut être démontré en ce qui a trait aux libres volitions, car s'il pouvait l'être, il reviendrait à nier la liberté et la responsabilité morale, au profit du seul enchaînement nécessaire de la série des causes et des effets, rien ne pouvant être et s'expliquer sans une raison antécédente qui le détermine. Pour Crusius donc, ce principe de raison suffisante appliqué à la volonté entraîne un fatalisme et un « nécessitarisme » qui rappellent le concept stoïcien du destin [1]. En clair, il n'y a pas d'actes libres dans le système de la raison suffisante, puisque tout ce qui arrive est conçu comme la conséquence d'une raison qui le détermine. Au contraire, c'est le fait en lui-même suffisamment fondé de la liberté qui permet seul l'imputation, la responsabilité et la décision.

À ce niveau, le problème de la continuité ou de la discontinuité du logique et du réel reçoit une signification éminemment morale. Or toute l'entreprise de Kant, dans la seconde section de la *Nova dilucidatio*, va pourtant consister, contre Crusius mais avec Wolff, à réconcilier les notions de libre volonté et de raison déterminante. Il y parvient en repensant le thème de la nécessité qui est au cœur du principe de raison déterminante, en proposant une intelligence de la liberté qui distingue nettement la réalité de l'être libre mais fini, de celle de l'être libre et infini, ou parfait. C'est qu'en l'être divin, en effet, on peut aisément comprendre que la nécessité des raisons soit pleinement en accord avec la liberté, car ces raisons sont parfaitement intérieures à l'être parfait et ne font qu'un avec lui. Chez l'homme par contre, cette parfaite adéquation de la volonté intérieure et de l'ordre des raisons fait immanquablement défaut, mais cela ne veut aucunement dire que sa volonté n'est que l'effet d'une nécessité extérieure effaçant toute trace de liberté. Au contraire, et ici Kant rejoint le motif central de la *psychologia rationalis* de Wolff, c'est l'*origine de la nécessité*, selon qu'elle ressortit à la seule *sollicitation sensible* ou à la *représentation intellectuelle*, selon qu'elle relève d'une cause externe ou d'un motif intérieur, qui doit être prise en compte. Il n'y a fatalité et non-liberté que lorsque les actes s'accomplissent en fonction d'inclinations et de sollicitations extérieures, qui font de l'homme le jouet de ses passions ; il y a liberté, au contraire, lorsque ces actes sont déterminés par une *nécessité intérieure*, qui découle de la représentation intellectuelle du bien et du meilleur. Aussi se trouve-t-il des raisons antérieurement déterminantes, précisément des raisons intellectuelles, qui, loin de nier la liberté du vouloir, en sont l'expression même, lorsque la volonté agit non pas selon des influences externes, mais selon la nécessité interne des représentations de la perfection, qui hisse l'action au niveau de l'intelligence et d'une auto-détermination rationnelle.

Kant avance ainsi qu'il peut y avoir une liberté et une spontanéité de l'action qui est en accord avec un principe intérieur, celui de la représentation. Plus l'action est le résultat de la représentation intellectuelle de la perfection,

1. Kant, *Nova dilucidatio*, AK I, 398-399 ; OP I, 132.

du bien et du meilleur, plus elle est libre, même si elle exprime une nécessité rationnelle qui semble contraire à son auto-disposition. En fait, Kant comprend cette liberté à deux niveaux, l'un, inférieur, qui est la liberté d'indifférence, et selon lequel le vouloir demeure en soi neutre face aux divers et contradictoires motifs de son action possible, et l'autre, supérieur, qui conçoit la liberté comme un pouvoir d'agir d'après la seule représentation du meilleur possible, l'agir devant alors être fondé en raison.

La *Nova dilucidatio* dramatise cette opposition entre liberté d'indétermination et nécessité morale dans un dialogue fictif entre Titius, défenseur du déterminisme rationaliste, et Caïus, avocat de la liberté d'indifférence. Il n'y a pas, soutient Titius, c'est-à-dire en fait Wolff et Kant, de contradiction entre le principe de raison suffisante et la libre volition, puisque celle-ci, obéissant à un motif intérieur, peut à chaque fois être tenue responsable de ses actes :

> Ton action n'a donc pas été *inévitable*, comme tu sembles le supposer, car tu n'as pas cherché à l'éviter, elle a été *infaillible*, étant donné l'inclination de tes désirs dans les circonstances. Et cela, à coup sûr, aggrave ta faute ; car la violence de tes désirs a été telle que tu n'as pas supporté de changer de décision [1].

La responsabilité morale serait anéantie si la volonté morale était contrainte par une cause extérieure ; elle demeure entière en l'occurrence, puisque l'action s'est décidée plutôt d'après des représentations et des raisons qui peuvent *attirer* la volonté, sans pour autant la déterminer aveuglément.

Dans une parfaite fidélité à la doctrine de Wolff, Kant prend donc ici pleinement parti pour l'application du principe de raison suffisante au domaine des libres actions, et cela au fond pour deux raisons. La première est qu'il tient manifestement à ancrer la liberté et le domaine moral dans la rationalité. Ce motif se révélera être en fait une constante du chemin de pensée de Kant, car même lorsqu'il rompra avec les prémisses selon lui trop théoriques de la conception wolffienne, pour adhérer aux philosophies du sentiment moral et à la conception de l'obligation selon Crusius, il tiendra toujours à penser l'immanence de la liberté et de la raison, ce qui le conduira à l'affirmation d'un usage pratique de la raison dans la *Dissertation de 1770* [2]. Mais deuxièmement, on peut déjà apercevoir dans ce parti pris rationaliste le souci de ne pas excentrer le principe de la moralité de la structure même de la volonté subjective, pour le réduire par exemple, comme le fera Crusius, à un simple décret de la volonté souveraine de Dieu. Ce sera une autre préoccupation de Kant que de maintenir ce lien interne entre la volonté et l'ordre des raisons

1. Kant, *Nova dilucidatio*, AK I, 402 ; OP I, 138.

2. Kant, *Dissertation de 1770*, AK II, 396 ; OP I, 643 : « En conséquence, la *philosophie morale*, dans la mesure où elle fournit les premiers *principes de discernement*, n'est connue que par l'entendement pur et appartient elle-même à la philosophie pure : pour avoir fait dévier les critères de cette philosophie vers le sens du plaisir ou de l'aversion, Épicure a été critiqué à bon droit et, avec lui, certains modernes qui l'ont suivi, en quelque mesure, de loin, comme Shaftesbury et ses disciples ».

morales, sans lequel liberté et rationalité seraient condamnées à s'opposer. Et sur ces deux points, il est clair que l'influence de Wolff a été déterminante.

II. PREMIÈRES DIVERGENCES... RETOUR SUR LES PRINCIPALES IDÉES MORALES DE WOLFF

Un premier point de désaccord sur la philosophie pratique se profile néanmoins entre Kant et Wolff dans la *Nova dilucidatio*. Il porte sur la question du *summum bonum* et sur sa réalisabilité en cette vie, et concerne du même coup la pensée de la perfection, véritable noyau de l'éthique wolffienne, mais qui deviendra rapidement l'objet principal de la critique de Kant.

C'est que les prémisses ontologico-téléologiques de la philosophie de Wolff, qui amènent celui-ci à définir le bien moral comme un *accomplissement de notre nature*, tendent à réduire le souverain Bien au seul plan de la vie terrestre. En effet, Wolff distingue l'*höchste Gut* comme acquisition progressive de toutes les perfections en lien avec notre nature, de la *letzte Absicht*, qui suppose le complément de la grâce et qui est surtout un sujet d'étude pour les *Gottes-Gelehrten* (titre qui n'est pas nécessairement un compliment sous la plume de Wolff...). Selon cette lecture, le supplément de la grâce venant palier à nos déficiences désigne moins un ordre supranaturel qu'un simple adjuvant venant favoriser et stimuler la réalisation de notre nature. Sans doute, la dimension du souverain Bien renvoie-t-elle chez Wolff à un *progressus ad indefinitum*, mais cet horizon de progrès reste défini de manière plutôt naturaliste, comme réalisation de soi et atteinte du bonheur en cette vie [1]. Dans la *Nova dilucidatio*, on perçoit déjà le déplacement que subit ce thème lorsque Kant fait dire à Titius, son personnage imaginaire, que « Dieu, dans son infinie bonté, veut, pour ses créatures, la perfection la plus grande et *la félicité du monde spirituel* » [2], ce qui dépasse le principe wolffien de la simple obéissance à la loi de la nature. La mesure du bien, la fin du monde moral, paraît donc dans ce passage et les passages connexes de la *Nova dilucidatio* échapper à la naturalité, pour désigner une dimension pointant plutôt vers un *transcendens* suprasensible et spirituel.

Qu'est-ce à dire ? Qu'au-delà de l'enjeu théologique, qui pour l'instant est de peu d'importance pour Kant, ce déplacement annonce déjà la transformation du concept wolffien de perfection dont la compréhension téléologique comme accomplissement de notre nature cédera rapidement le pas chez lui à

1. *Cf.* Christian Schröer, *Naturbegriff und Moralbegründung. Die Grundlegung der Ethik bei Christian Wolff und deren Kritik durch Immanuel Kant*, Stuttgart, Berlin, Köln, Mainz, Verlag W. Kohlhammer, 1988, p. 162. Voir aussi Christian Wolff, *Deutsche Ethik*, GW I, 4, Hildesheim, Georg Olms Verlag, § 44 et 45. § 45, p. 32 : « [...] so wird durch Beobachtung des Gesetzes der Natur das höchste Gut oder die Seeligkeit, deren man fähig ist, erhalten und ist dannenhero seine Erfüllung das Mittel, wodurch wir das höchste Gut oder unsere Seeligkeit, *deren wir auf Erden fähig sind* [nous soulignons], erlangen [...] ».

2. Kant, *Nova dilucidatio*, AK I, 404 ; OP I, 142 (nous soulignons).

l'idée d'une *qualité intrinsèque de la volonté*, à la notion d'une *perfection en soi du vouloir*, ce qui va entraîner, grâce à l'influence de Crusius, le dégonflement de la thématique morale du perfectionnisme au profit du thème désormais central de l'*obligatio*. Mais avant d'examiner plus à fond le contentieux en devenir entre Kant et Wolff, il n'est pas inutile de faire un bref survol des principales idées morales de ce dernier.

Wolff entreprend, dès sa dissertation de 1703 intitulée *Philosophia practica universalis mathematica methodo conscripta* [1], de reconstruire l'éthique comme science selon la rigueur logico-démonstrative des mathématiques. Grâce à la discipline de la méthode logico-démonstrative et mathématique reproduisant les lois de l'esprit, on évitera la solution de continuité entre les divers domaines – ontologique, psychologique, cosmologique, théologique – de l'univers des sciences. Cela signifie entre autres qu'entre l'ontologie comme science de toutes les choses possibles et ne renfermant en elles-mêmes aucune contradiction, et la morale comme science des choses bonnes et congruentes à notre perfection, il y a accord, intégration et *subsomption continue du plus particulier sous le plus général*. Or la discipline qui va faire le pont entre l'ontologie téléologique wolffienne et la philosophie pratique universelle est la *psychologie rationnelle*. On l'a vu plus tôt, l'application du principe de raison suffisante au champ des représentations devait signifier pour Wolff la réconciliation possible entre spontanéité et raison.

En fait, les principes de la philosophie morale de Wolff découlent de sa conviction rationaliste selon laquelle l'essence de l'âme et de l'esprit réside dans la faculté théorique de connaître. La *res cogitans* de Descartes se trouve ici réinterprétée en un sens dynamique, comme force, dans la mesure où l'âme est d'abord et avant tout une *vis repraesentativa universi* [2]. Dans cet ordre d'idées, tout ressortit dans l'âme à ce pouvoir primitif de représentation, qui s'étend de la simple perception à l'évidence intellectuelle pure, en passant par les expériences du désir, de l'affect et de la libre détermination du vouloir. Est décisif le critère de l'évidence et de la clarté des représentations (en quoi Wolff se montre ici plus cartésien que leibnizien) : plus la nécessité rationnelle d'une représentation s'impose à l'esprit, plus est grand son degré d'intellectualité, et plus se révèle à l'esprit une perfection qui exprime la nature rationnelle de l'homme.

Dans une lettre qu'il adresse à Leibniz le 4 mai 1715, Wolff exprime en ces termes la signification du concept de perfection :

> J'ai besoin de la notion de perfection pour traiter de la morale. Car, lorsque je vois que certaines actions tendent vers notre perfection et vers celle d'autrui, alors que d'autres contribuent à notre imperfection et à celle d'autrui, le sentiment de perfection excite un certain plaisir [*voluptas*] et le sentiment de

1. Wolff, GW II, 35, p. 189-223.

2. Wolff, *Psychologia rationalis*, GW II, 6, § 68, p. 46 : « Vis repraesentativa universi est natura animae, quatenus repraesentationes istas actuat ; essentia vero, quatenus ad tales potius, quam alias, tali potius, quam alio ordine actuandas restringitur ».

> l'imperfection un certain déplaisir [*nausea*]. Et les émotions [*affectus*], par lesquelles l'esprit est à la fin incliné ou détourné, sont des modifications de ce plaisir ou de ce déplaisir. C'est de cette façon que j'explique l'origine de l'obligation naturelle [...]. De cela découle ainsi la règle générale de la loi de la nature selon laquelle nos actions devraient tendre vers la plus haute perfection de notre être ainsi que de celui d'autrui [1].

L'idée de perfection fait ainsi écho, dans le champ pratique, à la prééminence de la cause finale, thèse aristotélicienne reprise, *via* le dynamisme, par l'École leibnizo-wolffienne, et qui, depuis son fondement ontologique, s'étend jusqu'à la nature de la volonté bonne.

La représentation intellectuelle de la perfection de la volonté joue de la sorte un rôle capital dans la pensée morale de Wolff, car elle est l'expression, sur le versant pratique, d'une conception de la rationalité qui comprend l'ensemble des êtres, du monde inanimé jusqu'à la *res cogitans*, en passant par la chaîne du vivant, comme un *continuum* et un mouvement ascendant de perfection. En fait, plus la volonté renferme et inclut la totale *ratio sufficiens* de l'action, plus la représentation de l'action est proche de la réalisation effective de l'action bonne. C'est la déficience de l'homme qui fait qu'au lieu de s'en remettre aux seules représentations évidentes de son intellect, il cède aux inclinations multiples de la sensibilité qui l'empêchent de réaliser l'intégration de son être et l'éloignent de la perfection entendue par Wolff comme l'unité du divers et du multiple dans la chose [2]. Celle-ci n'étant toutefois qu'une modalité particulière de la faculté de représentation, on comprend que son objet le plus insigne, l'agir libre et raisonnable, est lui-même tout ordonné à la représentation la plus claire de la perfection du vouloir, c'est-à-dire de la réalisation en un tout harmonieux de l'unité de la nature sensible et rationnelle de l'homme. La représentation de cette perfection est en outre la source d'un plaisir qui préfigure le bonheur véritable de l'homme duquel celui-ci ne se détourne que par ignorance et par faiblesse de conviction, les deux étant indissociablement liés chez Wolff.

III. LE TOURNANT DE LA *PREISSCHRIFT*

Or ce que Kant va réaliser bientôt, c'est-à-dire dans la *Preisschrift* de 1763, c'est l'insuffisance de cette conception de la morale qui chez Wolff tend à réduire la vertu à un simple moyen, comme tel incapable de rejoindre la dimension d'une qualité intérieure du vouloir. Alors que la philosophie pratique wolffienne ne connaît que des impératifs hypothétiques, Kant se range pour un temps du côté de Crusius pour recentrer la moralité sur l'idée de l'obligation

1. Wolff, *Briefwechsel zwischen Leibniz und Christian Wolff*, Hildesheim, Georg Olms, 1963, p. 166.

2. Wolff, *Deutsche Metaphysik*, § 152 : « Die Zusammenstimmung des mannigfaltigen machet die Vollkommenheit der Dinge aus », GW I, 2, p. 78.

valant inconditionnellement et par elle-même. Il en résulte un déplacement de tout le discours philosophique sur la morale, qui ne peut dorénavant plus se comprendre comme une simple modalité théorique articulée à des prémisses naturalistes et eudémonistes, mais qui demande à être redéfini selon une double exigence. La première veut que le bien, la vertu, l'agir juste, renferment une nécessité intrinsèque, non-relative, qui doit pouvoir être reconnue pour elle-même indépendamment de l'aspiration humaine au bonheur. C'est Crusius (et probablement aussi Baumgarten), on vient de le dire, qui précède Kant sur ce chemin. La seconde a trait au type d'évidence de la morale, qui ne peut plus se confondre avec le mode démonstratif de la preuve logique, mais qui relève plutôt d'un mode d'authentification immédiate, celui du sentiment. C'est Hutcheson qui va sur ce point aiguiller la réflexion kantienne.

Mais entre l'inconditionnalité de l'obligation et la spontanéité de la révélation du bien dans le sentiment, une tension s'annonce déjà, que Kant n'affronte pas encore résolument dans la *Preisschrift*, ni dans les *Observations sur le sentiment du beau et du sublime*, mais qui commencera seulement à se résorber dans la *Dissertation de 1770* avec la reconnaissance d'un pouvoir intrinsèquement pratique de la raison elle-même.

S'agissant de la valeur absolue de l'obligation, Kant est amené à reprendre la distinction, instituée par Crusius, entre *nécessité des moyens* et *nécessité des fins*, par laquelle il parvient ni plus ni moins, et avant même de la nommer, à *l'idée de l'impératif catégorique* :

> Tout *devoir* énonce une nécessité de l'action et est susceptible d'une double signification. Ou bien en effet je *dois* faire quelque chose (comme un *moyen*), si je veux autre chose (comme une *fin*) ; ou bien je *dois faire immédiatement* autre chose (comme une fin) et la réaliser. On pourrait appeler la première nécessité, nécessité des moyens (*necessitatem problematicam*), la seconde, nécessité des fins (*necessitatem legalis*). La première espèce de nécessité ne désigne absolument aucune obligation, mais simplement la règle en tant que solution à un problème : ce que sont les moyens dont je dois me servir lorsque je veux atteindre une certaine fin.

En revanche, la morale véritable doit reposer sur « une règle et un fondement de l'obligation, elle doit ordonner l'action comme immédiatement nécessaire, et non pas sous la condition d'une certaine fin ». « Une telle règle immédiate et suprême de toute obligation, ajoute Kant, devrait être absolument indémontrable » [1].

Le registre du concept se révèle donc à cet égard impuissant, encore qu'il ne sera pas tout à fait annulé, comme on va le voir à l'instant. Car dorénavant le bien moral sera à la fois saisi comme ce qui se communique immédiatement à la conscience par le *sentiment* :

> C'est de nos jours, il faut le dire, que, pour la première fois, on a commencé à reconnaître que, si la faculté de représenter le *vrai* est la *connaissance*, celle

1. Kant, *Recherche sur l'évidence*, AK II, 298-299 ; OP I, 245-246.

> d'éprouver le *bien* est le *sentiment*, et qu'il ne faut pas confondre les deux. De même donc qu'il y a des concepts indécomposables du vrai, c'est-à-dire de ce qui se trouve dans les objets de la connaissance considérés en eux-mêmes, il y a aussi un sentiment irréductible du bien [1].

La notion obscure et complexe du bien peut bien profiter du travail de l'analyse des concepts, si précieux pour la philosophie leibnizo-wolffienne ; il n'en demeure pas moins que les sensations simples du bien d'où tout le reste découle se valident par elles-mêmes, sans autre forme de démonstration, et se manifestent immédiatement à la conscience comme un sentiment de plaisir accompagnant les représentations.

De manière encore assez confuse se profile pourtant dans ces lignes de la *Preisschrift* le problème qui va peu à peu inspirer à Kant son concept central d'autonomie : immanente à la volonté humaine, d'origine à la fois non-théorique (*ad* Wolff) et non-théologique (*ad* Crusius), la conscience d'un bien inconditionné et d'une valeur intrinsèque ne pourra s'appuyer que sur l'adhésion directe et immédiate de la volonté ; Kant dira plus tard : sur une loi qui est si intime à la volonté, que c'est elle qui se la donne rationnellement et librement à elle-même (*ad* Hutcheson, cette fois-ci).

Mais pour lors, Kant adhère à la solution immanentiste de Hutcheson, contre la solution théonomique de Crusius, pour qui l'objectivité du bien se fonde uniquement sur la volonté de Dieu qui est la *ratio essendi vel fiendi* de la loi morale [2]. Dans la même foulée, Kant refuse cependant de réduire toute la morale à cette instance du sentiment. Il pense en effet qu'il faut distinguer un *principe formel* de l'obligation, qui porte la marque de l'universalité rationnelle, des *principes matériels* indémontrables de la connaissance pratique.

Quel est au juste ce principe formel de l'obligation ? Nul autre en fait que celui de Wolff ! :

> Accomplis la plus grande perfection qu'il t'est possible est le premier *principe formel* de toute obligation à *agir*, comme la proposition : Abstiens-toi de ce qui s'oppose à la plus grande perfection dont tu es capable, est le premier principe formel relatif au devoir de *s'abstenir* [3].

Certains ont suggéré que ce principe formel wolffien dissimulait en fait un principe matériel et vide de sens, puisque non-distinguable de la finalité eudémoniste de la nature humaine (c'est par exemple la position de Schilpp) ; on a

1. *Recherche sur l'évidence*, AK II, 299 ; OP I, 247.

2. *Cf.* la présentation de Lukas Sosoe des *Instructions pour une vie raisonnable* de Crusius, *op. cit.*, en particulier ce passage, p. 15 : « À la différence de Kant qui offre à la loi morale un siège dans la raison et voit l'objectivité de la morale dans la liberté, Crusius la découvre dans la volonté de Dieu qui est la *ratio essendi vel fiendi* de la loi morale. La loi morale n'est donc rien d'autre que la loi de Dieu, la volonté de Dieu, et la liberté consiste en cette loi. Néanmoins, Dieu ne nous détermine pas à ceci ou à cela. Il n'est pas un Créateur tyrannique. Il nous a donné la liberté afin que nous puissions lui obéir volontairement, en faisant de la liberté la faculté dominante qui doit soumettre les autres facultés et se servir d'elles comme moyens en vue d'atteindre le dessein de Dieu qui est également celui de l'homme ».

3. *Recherche sur l'évidence*, AK II, 299 ; OP I, 246-247.

aussi avancé que ce principe formel avait une signification foncièrement différente pour Wolff et pour Kant, car le premier aurait eu surtout en tête *la perfection de l'agent*, la réalisation progressive de sa nature, et le second *la perfection de l'action*, reconnue comme bonne en soi, en quel cas cependant le principe de perfection reviendrait à cette prescription vide et vague à souhait : « Fais de ton mieux ! » (c'est à peu de choses près la position de Menzer) [1].

Ces lectures ratent cependant l'articulation entre le formel et le matériel, bien qu'elle soit encore très sommaire, qui se dessine dans la *Preisschrift*, et qui anticipe, d'une certaine façon, la position ultérieure de Kant. Car autant pour Wolff que pour Kant, la *qualité de l'agent* et la *qualité de l'action* sont correspondantes dans l'agir moral. La signification qu'il faut plutôt donner au principe formel dans l'optique envisagée par Kant tient plutôt au fait qu'il ne saurait pour lui y avoir de *connaissances pratiques déterminées* sans que les principes matériels simples du sentiment soient en même temps subsumés sous le concept universel de perfection. En sa première amorce, le « formalisme » de la morale kantienne se trouve directement redevable envers la philosophie pratique de Wolff, essentiellement pour rappeler que l'évidence morale doit être mise en rapport avec une structure de rationalité, que les travaux ultérieurs de Kant décriront comme rationalité pratique. Entre la généralité de la règle formelle et les diverses déclinaisons du sentiment, Kant recherchera donc un principe unificateur qui n'amenuise ni l'animation spontanée de la conscience pour le bien, ni la perspective universelle plus froide en laquelle elle doit pouvoir inscrire son action.

Cette tension entre la contrainte du devoir et l'élan naturel du sentiment gît encore au cœur des *Observations sur le sentiment du beau et du sublime* de 1764. Sans doute, Kant réaffirme-t-il dans cet écrit que les principes de la vertu « ne sont pas des règles spéculatives, mais la conscience d'un sentiment qui vit dans tout cœur humain » ; « je crois tout englober, précise-t-il, si je dis que c'est le *sentiment de la beauté et de la dignité de la nature humaine* » [2]. Mais il laisse entendre plus loin que la vraie vertu est *fondée sur des principes*, qu'elle est une prescription inconditionnée et une obligation supérieure, qui en appelle à la fermeté et à la résolution du caractère, ce qui somme toute a peu à voir avec les *kind affections* que décrit Hutcheson [3].

IV. BILAN : LA DETTE DE KANT ENVERS WOLFF

Il n'est donc pas exagéré, au terme de ce bref parcours, de parler d'une inspiration wolffienne de la morale de Kant, laquelle va puiser dans sa période de maturation plusieurs de ses intuitions dans une philosophie que l'historiographie a eu trop tendance à concevoir comme étant aux antipodes de la

1. *Cf.* J. Schmucker, *op. cit.*, p. 69 *sq.*
2. Kant, *Observations*, AK II, 217 ; OP I, 463.
3. Kant, *Observations*, AK II, 219-220, et 221 ; OP I, 465-466, et 468.

morale kantienne. Certes, les divergences entre les deux l'emportent sur les points d'accord, *mais Kant retient de Wolff un ensemble de convictions qui vont lui permettre de maintenir, même dans la période où il sera le plus près de la philosophie du sentiment moral, un lien entre la morale et la raison.*

Avec Wolff, Kant adhère par exemple à une *éthique du dépassement des sollicitations sensibles*, qui l'incite à penser l'évidence matérielle du sentiment toujours en relation avec une forme rationnelle de l'obligation. À aucun moment de son itinéraire, cette relation de la matière du sentiment et de son *évaluation* sous une forme rationnelle n'échappe à l'attention de Kant (*ad* Hutcheson). Avec Wolff encore, et c'est une autre constante de sa philosophie, Kant rejette le positivisme moral, en particulier son expression théologique (*ad* Crusius) : on ne peut connaître ce que Dieu veut sans savoir préalablement ce qui est bon ou mauvais en soi. Kant n'aura de cesse en fait d'approfondir ce thème de l'immanence de la morale à la raison jusqu'à la première formulation, dans les *Fondements de la métaphysique des mœurs*, du principe de l'autonomie de la volonté, en puisant au passage dans la riche conception de la liberté livrée dans les *Instructions* de Crusius. Avec Hutcheson et Wolff, il comprend cependant qu'il ne peut y avoir d'agir moral que sous la condition d'une authentification directe auprès de la volonté.

L'apport le plus important de Wolff réside cependant sans conteste dans cette idée que l'agir moral doit obéir à une certaine forme rationnelle. *Ce qu'on a depuis appelé le formalisme de la morale kantienne trouve en fait son origine dans la pensée wolffienne concevant la perfection de la volonté comme un accord de l'action avec toutes les volontés et comme un accord de la volonté avec elle-même dans la série de ses actions* [1]. Wolff ne distingue pas toujours nettement ces deux dimensions, mais la perfection de l'action suppose à la fois chez lui un consensus possible de toutes les volontés raisonnables et l'accord de la volonté avec elle-même, la contradiction, sous l'un ou l'autre de ces rapports, étant précisément le contraire de l'acte moral. Dans ses *Leçons d'éthique*, Kant ne s'exprime pas autrement, et même s'il déplore le caractère tautologique du principe wolffien de perfection, il s'inspire manifestement de Wolff lorsqu'il affirme que

> La bonté morale est [...] le gouvernement de notre arbitre selon des règles qui font que nos actions s'accordent et valent de manière universelle. Une telle règle, qui constitue le premier principe de la possibilité de l'accord de tous les libres arbitres, est la règle morale.

Et plus loin :

> La moralité est l'accord des actions avec la loi universellement valide du libre arbitre. Elle exprime la relation de nos actions à cette règle universelle. Dans toutes nos actions, ce qui est moral est régulier : l'essence de la moralité est

1. Wolff, *Deutsche Metaphysik*, GW I, 2, § 152 : « Wiederum, der Wille ist alsdenn vollkommen, wenn alles und jedes Wollen mit einander übereinstimmet, keines dem andern zuwider läuft ».

> qu'en elles nos actions se produisent d'après le motif de la règle universelle. Si je retiens comme fondement que toutes mes actions doivent s'accorder avec la règle universelle, qui vaut pour chacun et en tout temps, alors celles-ci prennent leur source dans le principe moral [1].

Cette forme de la perfection, ou plutôt de l'obligation morale, ne trouvera tout son sens que lorsque Kant aura découvert qu'elle exprime une loi de liberté enracinée dans l'essence pratique de la raison. Le « célèbre Wolff », comme l'appelle respectueusement la *Critique de la raison pure* [2], loin d'avoir été répudié par Kant, aura contribué à cette découverte capitale, avec les Hutcheson, Crusius et Rousseau, dans une féconde confrontation d'idées de laquelle Kant tirera sa propre synthèse, originale et combien marquante pour la compréhension de notre propre humanité.

Luc LANGLOIS
(Université Laval, Québec)

1. Kant, *Leçons d'éthique*, p. 93, p. 127. Voir aussi mon introduction, p. 30-38.
2. Kant, CRP, B XXXVI, AK III, 22 ; OP I, 752 et A 856 / B 884, AK III, 552 ; OP I, 1401.

LA CONSCIENCE MORALE.
KANT, HÉRITIER DE WOLFF ET DE BAUMGARTEN ?

Quel rôle la conscience morale joue-t-elle dans la philosophie pratique de Kant ? Telle est la question qui guidera ici notre démarche. Or, il faut l'avouer, la réponse à cette question ne va pas de soi, notamment quand on s'interroge sur la place qu'occupe le thème de la conscience morale dans les écrits des années 1780. Un premier constat s'impose en effet : ce thème ne semble pas avoir de place dans l'architectonique de la philosophie morale kantienne. Ainsi, la conscience morale ne fait qu'une apparition furtive dans la *Fondation de la métaphysique des mœurs*. Elle est mentionnée au passage à l'occasion du fameux exemple de la fausse promesse. Mais sans plus. Par ailleurs, la *Critique de la raison pratique* consacre une page entière au *Gewissen* et de là on pourrait conclure que ce dernier se voit décerner un rôle dans la morale kantienne. Or, il n'en est rien. La conscience morale intervient à vrai dire dans la section complémentaire à la toute fin de l' « Analytique » intitulée « Élucidation critique », plus précisément en rapport avec le problème de la possibilité de la liberté, problème qui relève en fait de la première *Critique*. La conscience morale est donc introduite ici de manière accessoire. Elle ne fait pas partie de l'argumentation rigoureuse déployée dans la seconde *Critique*, ce qui nous amène à conclure qu'elle est exclue de la partie fondationnelle de la morale kantienne.

Si l'on cherche un texte où la conscience morale fait l'objet d'un traitement systématique, il faut en vérité attendre la publication de la *Métaphysique des mœurs*. Bien sûr, en 1793, l'ouvrage de Kant sur la *Religion* consacre une section de sa quatrième partie à la conscience morale. Mais, malgré l'intérêt que présente ce texte sur lequel nous aurons à revenir, ce thème est abordé dans le contexte spécifique de la foi religieuse. C'est donc la « Doctrine de la vertu » de 1797 qui définit de manière précise le rôle de la conscience morale et qui la situe au sein de la philosophie pratique de Kant. La question qui se pose est alors la suivante : qu'en est-il de la valeur et de la portée de ces développements ? Si la conscience morale est abordée dans cet ouvrage, n'est-ce pas parce qu'il s'agit en quelque sorte d'un passage obligé ? On sait que Kant développe la seconde partie de la *Métaphysique des mœurs* selon une structure traditionnelle, dictée d'avance pour ainsi dire. Ne construit-il pas en effet son exposé en distinguant les devoirs envers soi-même et les devoirs envers autrui ? Si l'on en croit Victor Delbos, ce carcan est sans doute le bienvenu pour un Kant passablement âgé qui, dans cette œuvre, se livre à un « effort souvent pénible et stérile de simple arrangement schématique » [1]. Est-ce à dire que le traitement réservé à la conscience morale serait attribuable aux contraintes imposées, entre autres, par l'approche rationaliste ? Ainsi, tout comme dans les ouvrages de Wolff et de Baumgarten, la conscience morale figure en bonne place dans la « Doctrine de la vertu ». Kant y consacre une sous-section de l' « Introduction » et il y revient dans son développement, suivant plus ou moins la démarche de l'*Ethica* de Baumgarten. Si ce dernier, en effet, traite successivement sous la rubrique des devoirs envers soi-même 1) de la « connaissance de soi », 2) du « jugement porté sur soi » et 3) des « [devoirs] de la conscience », Kant pour sa part fusionne au § 13 le jugement porté sur soi et la conscience, et traite aux § 14 et 15 du « connais-toi toi-même ».

Bien sûr, il est aisé d'établir ces recoupements, mais cela ne doit pas nous conduire à penser que Kant se livre ici à un traitement conventionnel de la conscience. Le développement systématique de ce thème intervient certes un peu tardivement dans l'éthique kantienne, mais cela ne veut pas dire qu'il soit demeuré extérieur à la révolution provoquée par Kant en morale. Au contraire, nous allons voir que dans les années 1790 Kant accorde une attention toute particulière à ce thème, qu'il est loin de juger insignifiant ou accessoire. Ainsi, par exemple, est-il en mesure de déclarer à ses élèves au semestre d'hiver 1793-1794 que « la théorie de la conscience est de la plus grande importance en morale » [2]. Comment devons-nous interpréter cette affirmation ? Comme la simple mise à jour d'un concept par ailleurs suranné ou comme l'aveu qu'un concept révisé de conscience morale apporte à l'éthique kantienne une dimension essentielle, négligée jusque-là ?

Dans ce qui suit, nous allons procéder d'abord à un bref examen de la définition de la *conscientia* chez Wolff et Baumgarten, après quoi nous nous appliquerons à exposer la critique tant implicite qu'explicite que Kant a faite de l'approche rationaliste face à cette question. Nous serons alors en mesure de constater que Kant voit dans la conscience une composante à part entière de l'expérience morale. Si l'on a trop souvent l'habitude de taxer la conception kantienne de morale de l'intention, nous allons voir que l'attention portée par la conscience morale à l'action singulière permet de conclure que Kant est loin d'être indifférent au déroulement de même qu'aux conséquences de cette action.

1. Victor Delbos, *La philosophie pratique de Kant*, Paris, PUF, 1969, p. 560.

2. *Metaphysik der Sitten Vigilantius*, AK XXVII, 613. *Cf.* Thomas Sören Hoffmann, « Gewissen als praktische Apperzeption. Zur Lehre vom Gewissen in Kants Ethik-Vorlesungen », *Kant-Studien* 93, 2002, p. 438.

I. WOLFF ET BAUMGARTEN : LES ASPECTS DIDACTIQUE ET INCITATIF DE LA CONSCIENCE MORALE

Il ne fait aucun doute que le thème de la conscience morale occupe une place importante dans l'éthique wolffienne. Ainsi fait-elle d'emblée l'objet du second chapitre de la Première partie de la *Deutsche Ethik*, à la suite du chapitre consacré à la « règle universelle » de l'agir humain. De même, dans le tome premier de la *Philosophia practica universalis*, Wolff lui consacre plus d'une centaine de paragraphes, dans lesquels est introduite une multitude de distinctions touchant la conscience morale. Et ceci sans compter le second tome, où le thème est à nouveau abordé. Il ne faudrait pas croire toutefois que Wolff en ceci est entièrement original. À coup sûr, quelques unes des variantes qu'on y rencontre sur ce thème sont de lui, mais dans l'ensemble son exposé fait fond sur un riche héritage issu de l'orthodoxie luthérienne. En effet, la conscience morale ayant connu un regain d'intérêt chez les théologiens protestants du XVIIe siècle, Wolff peut s'appuyer sur l'important travail de différenciation phénoménologique réalisé à propos de ce thème. On réalise, par exemple, que le *Tractatus Luculentus* de Friedrich Balduin publié en 1654 (deuxième édition) comporte en regard de la conscience des distinctions telles que *conscientia recta, erronea, dubia, scrupulosa, laxa*, etc. que l'on retrouve chez Wolff [1]. De même, la distinction entre la *conscientia antecedens* et la *conscientia consequens* existait bien avant que Wolff ne l'évoque dans ses traités. Mais s'il décide de réactiver cette tradition au XVIIIe siècle, c'est bien sûr dans une intention différente. Son éthique se place, comme on le sait, sous la conduite de la raison, si bien qu'elle marque ses distances par rapport aux morales d'inspiration théologique. Elle est fondée sur la loi naturelle, qui est une loi de la raison. Et il va de soi que la définition wolffienne de la conscience morale porte la marque de cette réévaluation.

Au § 73 de la *Deutsche Ethik*, elle est présentée de la manière suivante : « Le jugement portant sur nos actions en vue de savoir si elles sont bonnes ou mauvaises s'appelle *conscience* [*Gewissen*] » [2]. Si d'entrée de jeu la conscience est ici définie comme un « jugement », on peut dire que l'approche sera sensiblement la même chez Baumgarten, à cette différence près que ce dernier insiste davantage sur la subsomption de l'action sous la loi : « La faculté de subsumer ses actions libres sous la loi est la *conscience* [*conscientia*] » [3]. De cette manière, Baumgarten attire l'attention sur la procédure qui permet de parvenir à la vérité, à savoir la subsomption opérée à la faveur d'un raisonnement bien mené. Et encore ici, Wolff et Baumgarten n'innovent aucunement lorsqu'ils donnent au raisonnement moral la forme de ce que la tradition appelait un *syllogismus practicus*. Dans la majeure figure la

1. Voir à ce sujet Heinz D. Kittsteiner, *La naissance de la conscience morale*, trad. fr. J. L. Evard et J. Morsel, Paris, Cerf, 1997, p. 143-144.

2. Wolff, *Deutsche Ethik*, § 73, GW I, 4, p. 46.

3. Baumgarten, *Ethica Philosophica*, § 175, dans AK XXVII, 780.

loi, dans la mineure le fait qui est soumis à l'examen et enfin la conclusion statue sur la possibilité de subsumer l'action sous la règle. Or, il faut se garder de ne voir dans cette procédure qu'un simple artifice ou un procédé rhétorique. La vérité de la conclusion et par là-même la justesse de la conduite morale dépendent du respect strict des règles du raisonnement. Ainsi Wolff déclare-t-il que la conscience est « juste » lorsque le jugement est vrai. Mais ce que l'on apprend plus loin dans son texte, c'est que « la démonstration » en bonne et due forme est précisément « le moyen qui permet de savoir si oui ou non notre conscience est juste » [1]. Donc non seulement la majeure du syllogisme, à savoir la loi morale placée sous le signe de la perfection, est-elle rationnelle, mais la raison grâce à ses opérations logiques est elle-même l'instance qui permet de déterminer la valeur morale de l'action soumise à l'examen.

Parmi les nombreuses différenciations introduites par Wolff à propos de la conscience, il convient de porter une attention particulière à la distinction générale qu'il introduit à l'intérieur du jugement moral. En effet, le jugement de la conscience comporte un volet théorique et un volet pratique, ce qu'en allemand Wolff rend par le doublet *lehrend* et *antreibend* [2], que l'on peut traduire par didactique et incitatif. Dans le premier cas, il n'est question que de l'opération logique de subsomption, alors que le volet pratique du jugement de conscience précise que l'action bonne doit être accomplie, et l'action répréhensible omise. Or, ce second volet est particulièrement important dans la mesure où il nous rappelle que ce jugement ne porte pas sur l'action en général, mais bien sur « nos » actions singulières. Parce que la conscience met l'action envisagée en rapport avec le sujet individuel, cela signifie pour Wolff et Baumgarten [3] que le résultat de la délibération n'exprime pas qu'une vérité théorique générale. Au contraire, la conclusion du syllogisme rappelle le sujet moral à ses devoirs. Ce sujet est en quelque sorte lié par la conclusion, qui lui signifie ce qui est exigé de lui et ce qui lui est interdit. En somme, s'il est permis de faire appel à une dichotomie classique, nous pourrions dire que la conscience morale selon le modèle présenté ici fournit à la fois un principe de discernement et un principe de motivation (*principium diiudicandis* et *principium executionis*). Au processus logique de la déduction s'ajoute le caractère normatif de la conclusion. Cette conclusion comporte en effet un aspect obligatoire pour l'agent moral et de la sorte Wolff complète le volet cognitif de cette conscience par un volet pratique.

En faisant état de l'obligation qui est comprise dans le jugement de la conscience, Wolff expose une dimension qui est traditionnellement constitutive du concept de conscience morale. Il écrit par exemple : « notre conscience

1. Wolff, *Deutsche Ethik*, § 94, GW I, 4, p. 57. Voir à ce sujet Stefanie Buchenau, « La connaissance des principes moraux chez Christian Wolff », *Archives de Philosophie* 65, 2002, p. 137-138.

2. Wolff, *Deutsche Ethik*, § 78, GW I, 4, p. 48. *Practica universalis*, § 418, GW II, 10, p. 319.

3. Baumgarten, *cf.* « *movens* », « *incendens* », *Initia philosophiae practicae*, § 204, dans AK XIX, 90.

nous oblige [*verbindet*] à conformer nos actions à la loi de la nature »[1]. Reste toutefois à savoir de quelle manière la conscience est reliée au problème de l'obligation et de la motivation, question que nous allons également devoir adresser à Kant. Pour l'instant, qu'il nous soit permis d'adopter une position kantienne et d'émettre des doutes quant à la conception de l'obligation que nous offre Wolff : une loi rationnelle fondée sur un idéal de perfection est-elle en elle-même suffisamment contraignante pour le sujet pratique ? Telle est la question que le Kant précritique adressait implicitement à Wolff dans son écrit de 1764 sur l'*Évidence des principes de la théologie naturelle et de la morale*[2]. Lui-même à la recherche d'un principe susceptible de fonder l'obligation, Kant avait mis en lumière l'aspect simplement « formel » du principe wolffien de perfection, insistant sur la nécessité de compléter ce principe par des principes matériels, afin que l'obligation morale soit concrètement établie. Et pour fonder ces principes matériels, il s'était tourné vers le « sentiment moral » mis en avant par Hutcheson. Sans doute lui-même conscient de la difficulté, Wolff a toujours insisté, en marge de son éthique rationnelle, sur l'importance de la religion pour la vie morale. C'est ce que note Heinz Kittsteiner dans son ouvrage *La naissance de la conscience morale* :

> On a souvent observé que Wolff place certes la doctrine morale sur un socle qui lui est propre, mais que, par ailleurs, il insiste à satiété sur l'importance de la religion, de l'Église et de la théologie. Un regard en arrière sur le discours théologico-moral montre toutefois que justement les conceptions intellectualistes de la conscience ont besoin d'instances de sanction supplémentaires, qui alimentent le syllogisme logique de la dynamique des lieux de récompense et de châtiment[3].

Nous ne pouvons pousser ici cette discussion plus avant. Il importe bien plutôt d'examiner la manière dont le Kant de la maturité a cherché à satisfaire à ces exigences.

II. La conception kantienne de la conscience

Pour la seconde partie de notre exposé, il peut s'avérer utile de conserver la dichotomie wolffienne entre jugement théorique et jugement pratique à titre de fil directeur pour aborder la théorie kantienne de la conscience morale. Nous commencerons par le second volet, sachant toutefois que c'est à l'occasion de sa discussion du premier volet que Kant se montre le plus critique vis-à-vis de ses prédécesseurs Wolff et Baumgarten.

1. Wolff, *Deutsche Ethik*, § 137, *cf.* § 8, GW I, 4, p. 76 (§ 8 non paginé).
2. Kant, *Recherche sur l'évidence*, AK II, 298-300 ; OP I, 245-249.
3. H. Kittsteiner, *La naissance de la conscience morale*, *op. cit.*, p. 206. D'ailleurs, Wolff n'hésite pas, dans la « Préface » à l'édition de 1722 de sa *Deutsche Ethik* (non paginée), à faire reposer l'obligation morale sur la crainte des châtiments en cas d'écarts de conduite. Du moins cette mesure s'impose-t-elle pour les hommes déraisonnables, *cf.* § 38, 39, GW I, 4, p. 28-29.

C'est l'aspect obligatoire de la conscience morale qui est d'emblée mis en évidence au moment où Kant introduit ce thème dans la *Métaphysique des mœurs*. En effet, la conscience compte au nombre des « prénotions » de la morale qui, à coup sûr, ne sont pas en elles-mêmes des devoirs, mais qui, chacune à sa manière, traduisent la façon dont le caractère normatif de la raison pratique est ressenti par le sujet moral. Se situant au plan de la réceptivité du sujet, ces prénotions ont toutes un caractère esthétique. Ainsi, à côté de la conscience on trouve également le sentiment moral, l'amour des hommes et le respect, ces concepts étant réunis dans l' « Introduction » à la « Doctrine de la vertu » sous la rubrique « Prénotions esthétiques qualifiant la réceptivité de l'esprit aux concepts du devoir en général ». Ces quatre prénotions sont donc reliées à la réceptivité (*Empfänglichkeit*), c'est-à-dire à la sensibilité du sujet. Elles relèvent plus précisément de la sphère du sentiment. Or, comme le sentiment ne se commande pas, il ne peut faire l'objet d'un devoir. Il est plutôt ici l'effet produit par la raison pratique sur le sujet. Aussi, l'origine de tels sentiments n'a-t-elle rien d'empirique. Ils émanent d'une détermination rationnelle.

Et cette origine rationnelle de la conscience morale comme « disposition d'esprit esthétique » [1] est bien marquée dans la définition qu'en donne Kant : « [...] la conscience est la raison pratique remontrant à l'homme son devoir dans chaque cas d'application d'une loi, pour l'acquitter ou le condamner » [2]. Nous pouvons pour l'instant laisser de côté la tournure judiciaire de cette formulation. Concentrons-nous plutôt sur l'allure que prend la réceptivité face au devoir dans le cas de la conscience. Le texte précise que la conscience intervient « dans chaque cas d'application d'une loi », c'est-à-dire lorsque des actions concrètes sont posées. Nous sommes dès lors plongés dans le contexte de l'action individuelle. Ainsi, par exemple, si le respect est un sentiment ressenti devant la sublimité de la loi morale en général, la conscience en revanche exprime la réceptivité face au devoir à l'occasion d'une action particulière. Kant affirme ici que c'est la raison pratique qui « affecte » le « sentiment moral » [3], concrétisant ainsi l'obligation. Celle-ci se manifeste pour un cas précis, de sorte que le sujet se demande : ai-je vraiment agi conformément à ce que prescrit le devoir ? Ou encore : ai-je pris toutes les précautions dans mon action pour satisfaire aux exigences du devoir ? On le voit, la conscience met en scène le sujet en tant qu'il est personnellement impliqué dans un contexte

1. Kant, MM, AK VI, 399 ; OP III, 681.
2. Kant, MM, AK VI, 400 ; OP III, 683.
3. Kant, MM, AK VI, 400 ; OP III, 683. Il est remarquable que Kant en 1797 définisse encore la conscience à l'aide du sentiment moral. En effet, dans le texte peut-être le plus ancien que nous ayons de Kant sur la conscience, la *Praktische Philosophie Herder* (1762-1764), la conscience est définie à l'aide du concept de sentiment moral emprunté à Hutcheson. Ceci est d'ailleurs conforme à ce que nous avons vu à propos de l'obligation morale dans la *Recherche sur l'évidence*, où c'est par des principes matériels fondés sur le sentiment moral que Kant entendait consolider le caractère obligatoire des principes moraux. Dans les notes de Herder, la définition se présente comme suit : « la conscience morale [*Gewissen*] unit la considération des actions libres avec le sentiment moral », AK XXVII, 5.

d'action. Elle est la manière dont l'obligation morale se manifeste dans chaque cas [1]. D'ailleurs l'obligation ressentie de la sorte doit aux yeux de Kant posséder une force motivationnelle. C'est du moins ce qui ressort d'un passage des *Leçons d'éthique* éditées par P. Menzer, où l'on apprend que la conscience, si elle n'est pas « fainéante », devrait pouvoir « engendrer [...] l'effort qui est requis pour satisfaire à la loi morale » [2]. Comme on peut le constater, la définition de la conscience dans le cadre systématique de la « Doctrine de la vertu » place le volet pratique de ce concept au centre des préoccupations. La question que nous devons maintenant aborder consiste à examiner ce qu'il advient chez Kant du volet que Wolff qualifie de « théorique ».

Pour le dire d'entrée de jeu, Kant oppose une fin de non-recevoir à l'inclusion par Wolff du jugement théorique dans la conscience morale. Et c'est sans doute par là qu'il se démarque le plus clairement de ses prédécesseurs rationalistes. Si les commentateurs s'entendent pour dire que la conception défendue par Kant présente une grande « nouveauté » [3], son originalité tient entre autres à cette critique de la conception intellectualiste de la conscience. La thèse kantienne est contenue dans cette courte phrase, qui prend l'exact contrepied de la conception de Wolff et Baumgarten : « Une conscience qui se trompe est un non-sens » [4]. Non pas que Kant entende par là que la conscience ne puisse jamais se tromper. Il insiste plutôt sur le fait que la conscience n'a à vrai dire rien à voir avec la vérité ou la fausseté du jugement moral. Elle se situe au-delà de cette alternative, dans un autre registre, ce que les prédécesseurs de Kant n'ont pas noté. Pour Wolff et Baumgarten, avons-nous vu, la conscience est d'abord affaire de jugement, de déduction logique. Il s'agit de statuer sur la valeur morale de l'action. Elle fait office de principe de discernement, de critère moral, en sorte que pour Wolff « si ce jugement est vrai, la conscience est juste ; s'il est faux, la conscience est erronée » [5] et pour Baumgarten : « La conscience dont le raisonnement est vrai est dite juste, celle dont le raisonnement est faux, est erronée » [6]. Le jugement et le raisonnement dont il est question ici comportent une dimension objective, un aspect cognitif sans doute inhérent à l'expérience morale, mais qui ne relève pas en tant que tel de la conscience au sens où l'entend Kant. C'est pourquoi il affirme dans son ouvrage sur la *Religion* : « Qu'une action en général soit juste ou injuste, c'est là-dessus que juge l'entendement, mais non la conscience. » Et d'ajouter

1. *Cf.* Ingeborg Schüssler, « L'interprétation de la conscience morale chez Kant : du sentiment à la religion », dans *Droit et vertu chez Kant. Kant et la philosophie grecque et moderne*, Athènes, Union scientifique franco-hellénique, 1997, p. 109-110. Wilhelm Heubült, « Gewissen bei Kant », *Kant-Studien* 71, 1980, p. 453-454.

2. Kant, *Leçons d'éthique* (Menzer), trad. fr. L. Langlois, Paris, Le Livre de Poche, 1997, p. 246.

3. *Cf.* Thomas S. Hoffmann, article cité, p. 426, p. 438 ; H. Kittsteiner, *op. cit.*, p. 161-162 ; Michèle Cohen-Halimi, « L'aphasie de Kant ? (... et si l'être de la loi morale n'était que littérature...) », *Revue de métaphysique et de morale* 4, décembre 2004, p. 585-586.

4. Kant, MM, AK VI, 401 ; OP III, 683. Cf. *Insuccès*, AK VIII, 268 ; OP II, 1409.

5. Wolff, *Deutsche Ethik*, § 74, GW I, 4, p. 46.

6. Baumgarten, *Ethica Philosophica*, § 177, dans AK XXVII, 781.

plus loin : « La conscience ne juge pas les actions comme des cas qui tombent sous la loi » [1]. Dans ces conditions, on comprend mieux pourquoi la conscience n'avait pas de place dans la structure argumentative de la *Fondation de la métaphysique des mœurs* ou encore dans la *Critique de la raison pratique*. Si ces grands textes fondateurs portent sur l'établissement de la loi morale, sur la subsomption des maximes sous cette loi, voire sur la discussion de cas précis à titre d'exemples de jugements moraux valables, il n'y a pas encore place dans ces discussions pour la conscience, puisque celle-ci « présuppose » [2] comme acquis de tels jugements. Ce n'est qu'une fois cette exigence objective satisfaite que la conscience entre en jeu, puisqu'il s'agit pour elle de savoir si dans le cas de l'action à poser ou de l'action déjà accomplie, le sujet se conforme réellement à ce qu'exige le devoir. De cette manière, la conscience ne peut être ni juste ni erronée. La question est plutôt de savoir si l'on agit consciencieusement, ou si l'on sombre dans l' « inconscience ». Et là encore, inconscience (*Gewissenlosigkeit*) ne signifie pas absence de conscience. Le terme renvoie pour Kant au fait d'ajourner cet examen, de se détourner sciemment de la voix de la conscience, qui questionne constamment le sujet sur la conformité ou non de son action avec le devoir [3]. La conscience est pour Kant la voix du devoir pour le sujet placé en situation concrète d'action.

Afin d'analyser l'impact qu'exerce l'inclusion du volet théorique sur la conception wolffienne de la conscience, nous pouvons nous pencher sur cet aspect essentiel du phénomène qu'est la certitude. Il s'agit du moment subjectif de la conscience, de ce que Kant appellerait le *Für-wahr-halten*, c'est-à-dire l'acte de tenir pour vrai ou l'assentiment. Si le volet cognitif de la conscience chez Wolff se situe au plan objectif, la certitude en revanche le conduit à aborder la conscience sur le plan subjectif. Et c'est le rapport entre ces deux plans qui est digne d'intérêt ici. En effet, si chez Kant la certitude propre à la conscience morale porte sur la question de savoir si oui ou non le sujet moral s'est interrogé avec la plus grande circonspection afin de savoir s'il a agi en fonction de ce que prescrit le devoir, chez Wolff, en revanche, la certitude est, comme il était à prévoir, entièrement conditionnée par la teneur même du devoir, par la vérité du jugement objectif. Il est insuffisant pour Wolff de dire que l'on a agi au meilleur de sa connaissance, encore faut-il être assuré que l'on a agi conformément à ce qui est objectivement bon. Et la valeur de cette action se mesure chez Wolff à son succès, au résultat de l'action qui doit toujours viser l'atteinte d'une perfection plus grande. Cet élément de succès est présent au tout début du chapitre de la *Deutsche Ethik* portant sur la conscience. On peut lire au § 73 : « Dans la mesure où l'homme est capable de juger du résultat de ses actions [...] il a une conscience » [4]. Si la moralité chez Wolff est tributaire d'une telle capacité théorique de prévision, on comprend

1. Kant, *Religion*, AK VI, 186 ; OP III, 223-224.
2. Kant, *Metaphysik der Sitten Vigilantius*, AK XXVII, 616, 617.
3. Kant, MM, AK VI, 401 ; OP III, 683.
4. Wolff, *Deutsche Ethik*, § 73, *cf.* § 5, GW I, 4, p. 46, 6-7.

pourquoi la certitude de cette conscience est fondée sur l'exactitude de la prévision, sur la vérité du jugement objectif. En fait, cette certitude ne peut être entière que lorsque le jugement est juste, que lorsque l'action à entreprendre est connue « distinctement » comme bonne. Cette certitude conduit du reste à la tranquillité d'esprit, au repos de la conscience [1] puisqu'une conscience juste ne peut réserver de mauvaise surprise. Il est en vérité impossible que le déroulement de l'action aille à l'encontre de ce qui était prévu. La conscience rétrospective (*consequens*) ne peut ici que coïncider avec la conscience anticipante (*antecedens*).

> Lorsque nous avons une conscience juste et certaine, notre jugement sur l'action est-il non seulement vrai, mais nous en sommes convaincus. Aussi n'avons-nous pas à nous soucier de ce que le résultat [*Ausgang*] de l'action se présente différemment de ce que nous avions prévu, puisque la conscience rétrospective demeure identique à la conscience anticipante [2].

Par contre, lorsque la conscience rétrospective ne coïncide pas avec la conscience anticipante, il faut en conclure que cette dernière était erronée, donc que l'on n'était pas certain. Dans ce cas, le sujet moral ne peut manquer de se faire des reproches pour l'erreur (objective) qu'il a commise, reproches qui peuvent même aller jusqu'aux remords, jusqu'à la morsure de la conscience.

Toute autre est la manière kantienne d'envisager la certitude ici. Dans les leçons sur la métaphysique des mœurs *Vigilantius* (1793-1794), Kant indique les trois étapes que doit franchir la conscience lorsqu'elle procède à son examen. Mentionnons pour l'instant les deux premières : 1. il lui faut être consciente (*Bewusstsein*) « du fait, que le sujet a entrepris et mené cet examen… » et 2. il lui faut la « conscience [*Bewusstsein*] de la certitude de ce fait », à savoir d'avoir bel et bien conduit cet examen [3]. Kant n'en exige pas plus de l'être moral consciencieux : il doit être assuré d'avoir mené avec la plus grande précaution son examen de la situation, sans plus.

Le contraste entre Wolff et Kant apparaît de manière encore plus claire lorsque le premier constate qu'il peut à l'occasion y avoir inadéquation entre vérité et certitude. Ainsi Wolff mentionne-t-il le cas d'agents moraux dont la conscience est dans les faits erronée, mais qui se dupent eux-mêmes en se croyant « certains » en leur âme et conscience [4]. Leur certitude est à vrai dire illusoire. Ce à quoi il propose de remédier en perfectionnant chez eux l'art de la démonstration afin de les amener à une conscience juste [5]. Chez Kant toutefois, un tel exemple est jugé tout différemment. La conscience, en effet, n'est pas chez lui affaire de vérité objective, mais de « sincérité ». Et telle est la

1. Wolff, *Deutsche Ethik*, § 129, GW I, 4, p. 73.

2. Wolff, *Deutsche Ethik*, § 101, GW I, 4, p. 61. Cf. *Practica universalis*, § 462, GW II, 10-11, p. 354.

3. Kant, *Metaphysik der Sitten Vigilantius*, AK XXVII, 616.

4. Wolff, *Deutsche Ethik*, § 96, GW I, 4, p. 58.

5. Wolff, *Deutsche Ethik*, § 94, 95, GW I, 4, p. 57. Cf. *Practica universalis*, § 458, 459, GW II, 10, p. 351-352.

troisième étape ou exigence posée par Kant à la conscience à l'occasion de son examen. Dès lors, une personne qui a scrupuleusement agi en fonction de ce qu'elle croyait être son devoir demeure pour Kant « consciencieuse », encore que sa compréhension du devoir dans le cas en question puisse s'avérer objectivement fautive [1]. En somme, la certitude de la conscience dépend chez Kant de la sincérité et de l'authenticité du sujet dans l'accomplissement de l'action au meilleur de sa connaissance, alors que chez Wolff cette certitude est tributaire de la connaissance claire et distincte, de la juste saisie de la situation (*Einsicht in den Zusammenhang der Dinge* [2]).

Les leçons de Kant sur la philosophie pratique nous permettent de constater que le thème de la conscience morale l'a préoccupé pendant toute sa carrière. Il n'est toutefois pas question pour nous ici de parcourir les diverses étapes qui ont mené à la conception définitive telle qu'elle se manifeste dans les œuvres des années 1790. Il convient pour nous de relever certains aspects soulevés dans ses cours, notamment dans la perspective d'une confrontation avec l'approche rationaliste. On sait, en effet, que Kant se servait en classe de l'*Ethica philosophica* de Baumgarten, qu'il avait tout le loisir de critiquer du point de vue de sa propre philosophie morale. Or, deux remarques relatives à la terminologie de Baumgarten méritent ici de retenir notre attention, dans la mesure où elles contribuent à nous faire comprendre la spécificité du concept kantien de conscience morale. La première est formulée dans la *Praktische Philosophie Powalski* (fin des années 1770) et s'énonce comme suit : « Le *judicium* est à distinguer de la *diiudicatio* » [3]. Avec la *diiudicatio*, c'est Baumgarten qui est visé puisque la section de l'*Ethica* qui précède immédiatement les développements sur la conscience (*Officia erga conscientiam*) s'intitule *Diiudicatio tui ipsius* [4]. C'est dire que Kant distingue deux manières de juger le sujet moral. Ou bien l'acte du juger est pris dans son sens purement logique comme activité de subsomption sous un concept ou sous une loi. Telle est la façon dont Baumgarten avec son concept de *diiudicatio* envisage le jugement porté sur lui-même par le sujet moral. Il s'agit d'une simple fonction théorique de discernement. Ou bien c'est la dimension judiciaire du jugement qui est mise en valeur, ce que Kant a en vue lorsqu'il a recours au mot *judicium*. Et c'est cette dimension qui est cruciale pour lui. Ne définit-il pas

1. Voir à ce sujet T. S. Hoffmann, article cité, p. 439 : « Nach Vigilantius rechnet Kant durchaus mit der Möglichkeit, dass jemand, dessen Verstand über das, was Pflicht ist, falsch urteilt, dennoch gewissenhaft, d.h. in dem Bewusstsein handeln kann, dass seiner Handlung moralisch nichts im Wege steht [...] ». Voir, par contre, Wolff, *Deutsche Ethik*, § 106, GW I, 4, p. 63 : « Wenn uns unser Gewissen anklaget, so ist das nachfolgende Gewissen dem vorhergehenden, darnach wir gehandelt haben, zu wieder. Derowegen da das vorhergehende Gewissen uns die Handlung als gut vorstellete, so zeiget hingegen das nachfolgende, dass sie böse sey. Und so verhält sichs auch im Gegentheile. Wenn wir aber erkennen, dass wir Böses gethan haben, so werden wir darüber missvergnüget, und erfolgt daher die Reue [...] ».

2. Wolff, *Deutsche Ethik*, § 23, GW I, 4, p. 18.

3. Kant, *Praktische Philosophie Powalski*, AK XXVII, 197. *Cf.* Kant, *Moral Mrongovius*, AK XXVII, 1490.

4. Baumgarten, *Ethica Philosophica*, dans AK XXVII, 778 et 780.

dans son ouvrage sur la *Religion* la conscience comme une « *sich selbst richtende moralische Urteilskraft* », c'est-à-dire comme une faculté judiciaire morale qui s'intente un procès à elle-même [1] ? Le jugement en question ici n'a pas qu'une dimension logique, il prend une allure juridique dans la mesure où le sujet moral est sommé de venir comparaître devant le tribunal de sa conscience afin de rendre compte de ses actes. La procédure est bien sûr interne au sujet moral. C'est pourquoi Kant n'hésite pas à démultiplier les rôles que ce sujet est appelé tour à tour à jouer : l'accusé, le juge, le procureur et l'avocat de la défense. Quoi qu'il en soit, cette métaphore de la cour de justice transposée au sein du sujet individuel vise avant tout à montrer que le jugement de la conscience a un pouvoir de contrainte, si bien que par-delà le simple jugement logique, le juge, investi des pleins pouvoirs [2], prononce un verdict qui acquitte ou condamne le prévenu, en sorte que sa sentence est pour ainsi dire exécutoire. La peine imposée se solde dès lors par le regret, le remords et la honte du sujet face à lui-même. Mais elle n'en a pas moins la valeur d'une peine, vivement ressentie. Telle est la nature de la sentence prononcée par ce juge impartial qui habite en lui et qui a pour nom conscience morale.

Ce n'est donc pas un hasard si Kant, tel que déjà indiqué, condense les deux sections de l'*Ethica* touchant le jugement et la conscience en un seul paragraphe (le § 13), qui dans son titre même porte la trace du caractère clairement judiciaire du jugement de la conscience : « Du devoir de l'homme envers lui-même comme juge [*Richter*] de lui-même ». C'est dire que pour Kant, cet aspect contraignant et exécutoire du jugement de la conscience est essentiel au phénomène lui-même. Le *judicium* est en ce sens beaucoup plus lourd de conséquences que la *diiudicatio*. Kant, par cette critique du vocabulaire de Baumgarten, souligne l'absence de cette dimension judiciaire dans la conception de la conscience morale exposée dans l'*Ethica*. Sans doute l'expression *forum conscientiae* est-elle présente dans le chapitre des *Initia* consacré à la conscience, mais il n'y fait qu'une brève apparition [3]. Il en va de même de la *Deutsche Ethik* de Wolff, dont le chapitre sur la conscience ne mentionne le mot « juge » que de manière négative, faisant valoir que la conscience peut se passer d'un « juge extérieur ». En comparaison, le traitement réservé par Kant à la métaphore judiciaire est très important car celle-ci est au cœur de sa conception de la conscience.

La seconde remarque terminologique est introduite par Kant, entre autres, dans les *Leçons d'éthique* éditées par P. Menzer et elle va dans le même sens

1. Kant, *Religion*, AK VI, 186 ; OP III, 223.

2. Kant, MM, AK VI, 438 ; OP III, 726-727.

3. Il est vrai que ce tribunal de la conscience avait été évoqué plus tôt dans l'œuvre, dans le chapitre consacré au *Forum* en général, mais le *forum internum* de la conscience y fait l'objet d'un traitement très succinct. *Cf.* Baumgarten, *Initia philosophiae practicae*, § 126, 180, 182, 203, dans AK XIX, 62, 82, 83, 90.

que la première remarque. Kant estime cette fois que le mot « faculté » [1] utilisé par Baumgarten (et Wolff) est inapproprié pour désigner la conscience. En effet, une faculté est conçue comme un pouvoir qui demeure à notre libre disposition. Ce qui signifie dans le cas de la conscience que le recours à celle-ci comme à une faculté serait simplement facultatif. La *Praktische Philosophie Powalski* qualifie d'ailleurs un tel recours de *willkürlich* et de *müssig* [2], dans la mesure où il est laissé à notre bon plaisir. Or, nous savons que pour Kant, la conscience est toujours d'emblée à l'œuvre. Elle est un « fait inéluctable » [3], si bien que le sujet moral ne peut se défiler, se soustraire à son jugement. La voix de la conscience est pour Kant constamment présente, elle résonne sans relâche et l' « inconscient » n'est pas celui qui en est privé, mais celui qui s'en détourne, avons-nous dit. Dans les leçons des années 1770 et 1780, Kant préfère au mot faculté celui d' « instinct », qu'il abandonnera par la suite. Mais il importe de noter, en marge de l'inspiration vraisemblablement rousseauiste du terme [4], que pour Kant l'instinct renvoie à un besoin immédiatement ressenti. Le texte des leçons publiées par Menzer établit très clairement le contraste.

> La conscience est l'instinct qui nous amène à nous juger nous-mêmes d'après des lois morales. Ce n'est pas une simple faculté mais un instinct, et son jugement n'est pas logique mais judiciaire. Nous avons certes la faculté de nous juger logiquement selon les lois morales, mais nous pouvons user de cette faculté à notre gré. Au contraire, la conscience possède ce pouvoir de nous traduire contre notre volonté devant son tribunal [5].

On comprend l'enjeu pour Kant ici. Il s'agit de se démarquer par rapport à l'intellectualisme de la conception rationaliste de la conscience morale, lequel se manifeste par l'accent mis sur les concepts distincts ou par la rigueur logique du syllogisme subsumant l'action sous la loi. Il manque en fait à cette approche une explication adéquate du caractère coercitif du jugement porté sur soi et de l'effet d'un tel jugement sur la réceptivité. En effet, il y a une différence essentielle entre une erreur théorique commise par inadvertance et la faute morale que l'on regrette amèrement. Et ce n'est pas parce que Wolff et Baumgarten intègrent dans leur exposé les thèmes du remords (*Reue*) et de la morsure de la conscience (*Gewissen-Biss*), empruntés à la tradition religieuse, qu'ils parviennent à en rendre compte de manière philosophiquement satisfaisante. C'est en revanche ce que Kant s'efforce de faire, demeurant en cela fidèle au phénomène.

1. *Cf.* Baumgarten, *Ethica Philosophica*, § 175, dans AK XXVII, 780 ; *Initia philosophiae practicae*, § 200, dans AK XIX, 89. Le reproche touche aussi Wolff, *Practica universalis*, § 417, GW II, 10, p. 318.

2. Kant, *Praktische Philosophie Powalski*, AK XXVII, 162, *cf.* AK XXVII, 196.

3. Kant, MM, AK VI, 400 ; OP III, 683.

4. *Cf.* Jean-Jacques Rousseau, *Émile ou de l'éducation*, dans *Œuvres complètes* IV, Paris, Gallimard, La Pléiade, 1969, p. 600.

5. Kant, *Leçons d'éthique* (Menzer), p. 243. Cf. *Moral Mrongovius*, AK XXVII, 1488.

Nous avons vu que si Kant intègre le thème de la conscience morale dans sa *Métaphysique des mœurs*, ce n'est pas par pur conformisme ou encore parce qu'il s'agirait d'une figure imposée. À la faveur d'une discussion critique entre autres des conceptions de Wolff et de Baumgarten, il en est venu à développer une théorie originale, qui soit apte à prendre en compte la dimension affective de la conscience, sans négliger par ailleurs de montrer que le processus judiciaire se situe au plan strictement rationnel. Mais rien ne nous empêche de poser à nouveau la question et de demander si la théorie kantienne de la conscience n'est pas en définitive une concession faite à la tradition de la philosophie morale. Dit autrement, ce thème est-il encore d'actualité après la percée effectuée par Kant dans ses œuvres des années 1780 ? En effet, la *Fondation de la métaphysique des mœurs* avait établi que ce qui peut être qualifié de bien, absolument parlant, c'est une volonté bonne. Du coup, la valeur morale de la conduite humaine renvoie essentiellement à la volonté et à l'intention, ce qui conduit à la fameuse distinction entre moralité et légalité. Le bien moral réside en fait dans la volonté, dans la volonté qui agit exclusivement par respect pour la loi, sans égard aux conséquences. C'est là un motif bien connu de la morale kantienne et qui représente en lui-même une percée d'importance. Or, il faut en convenir, le thème de la conscience morale se situe résolument du côté de la légalité de l'action, et non de la moralité de l'intention. La conscience s'interroge sur l'action elle-même. Elle se situe strictement au plan de la légalité, de la conformité à la loi : l'action à entreprendre ou l'action déjà accomplie est-elle en accord avec ce que prescrit la loi ? Voilà la question. D'aucuns pourraient dès lors affirmer que la conscience fait ici en quelque sorte double emploi avec la morale de l'intention développée dans la *Fondation* et dans la seconde *Critique*. Pire encore, on pourrait être amené à croire que le thème de la conscience, tard venu, produit une interférence fâcheuse dans le discours kantien, comme si se produisait là une régression, de la volonté bonne au déroulement concret de l'action, lequel n'exclut pas, comme on sait, un comportement intéressé, quand bien même l'action serait objectivement bonne. Dans ces conditions, l'importance accordée à la conscience dans les années 1790 marque-t-elle un retour à la simple légalité en morale ?

Nous aimerions clore cet exposé par la remarque suivante : en vérité, la conscience morale fait intervenir dans le discours de Kant une dimension différente de ce qui avait été développé jusque-là, dimension qui n'est pas moins constitutive de l'expérience morale. On pourrait même aller jusqu'à dire qu'elle vient combler ce qui dans les œuvres des années 1780 apparaît comme une lacune, à savoir l'absence de prise en compte de l'action comme telle. Après tout, l'agent moral ne vise à rien d'autre qu'à faire le bien. Il est de son devoir de bien agir. Et ceci ne fait pas pour autant intervenir un élément conséquentialiste dans la pensée morale de Kant, comme c'était le cas chez Wolff. L'action bonne ne s'évalue pas à son résultat, à son succès. Kant demeure ferme sur ce point. Mais il reste qu'il est du devoir de l'être moral de bien agir.

Et bien agir exige cette précaution minimale qui consiste à se demander, avant toute chose, si l'action projetée est conforme au devoir. Car dans le cas contraire il faut être prêt à porter la responsabilité de son geste. Dans la section consacrée à la conscience, l'ouvrage sur la *Religion* rappelle le précepte suivant : « *On ne doit rien oser qui risque d'être injuste* (*quod dubitas, ne feceris* ! Pline) » [1]. D'où la pertinence de la métaphore du tribunal qui, intervenant après-coup, interroge l'agent moral quant à la nature morale ou immorale des gestes posés. S'il a bien agi, sa seule récompense ne peut être que l'acquittement. Mais s'il a mal agi, la conscience est là pour lui en faire reproche, mais aussi, et voilà qui nous apparaît important, pour lui tenir rigueur des conséquences de ses actions répréhensibles.

Faisant écho à sa discussion avec Benjamin Constant à propos du droit de mentir, la «Doctrine de la vertu » introduit un exemple de casuistique dans la section consacrée au mensonge. L'exemple soumis ressemble en fait étrangement à celui qui fait l'objet de la polémique avec Constant. Kant s'interroge sur la culpabilité du domestique à qui le maître demande de répondre, si quelqu'un venait frapper à la porte, qu'il est absent du domicile. Le cas de figure est le suivant : si le valet accepte de mentir à l'agent de police qui demande à voir le maître, permettant de la sorte à ce dernier de s'enfuir par derrière pour commettre un crime, alors le domestique ayant par son mensonge contribué à ce méfait doit, selon Kant, en partager la responsabilité. En d'autres termes, la conscience est habilitée à reprocher au domestique les conséquences néfastes de son mensonge. Cette responsabilité face à l'action immorale et à ses conséquences est un motif récurrent chez Kant, tant dans ses œuvres que dans ses leçons de philosophie pratique [2]. Elle se veut ainsi l'indice de ce que Kant, malgré les apparences, voire en dépit d'un préjugé tenace, ne demeure pas indifférent au déroulement de l'action libre et à ses conséquences.

Claude PICHÉ
(Université de Montréal)

1. Kant, *Religion*, AK VI, 185 ; OP III, 223.
2. Kant, MM, AK VI, 431 ; OP III, 718-719. Cf. *Insuccès*, AK VIII, 269 ; OP II, 1411 note ; *Religion*, AK VI, 187 ; OP III, 225 ; *Metaphysik der Sitten Vigilantius*, AK XXVII, 618-619.

TÉLÉOLOGIE

CE QUE KANT DOIT À WOLFF : L'ÉPUISEMENT DE LA CRÉATION

Dans la mesure où Kant est souvent présenté comme le fossoyeur de la métaphysique spéciale, il ne vient pas immédiatement à l'esprit qu'il ait pu être sur ce chapitre un héritier légitime de Wolff. La « Dialectique transcendantale » n'est-elle pas, en effet, dirigée contre la cosmologie, la psychologie, la théologie rationnelles dont Wolff est le champion ? Pourtant, à y regarder de plus près, Kant pourrait bien être entré dans la succession wolffienne, notamment en ce qui concerne la théologie naturelle (ou rationnelle). Non seulement héritier d'un legs plus ambigu qu'on ne le dit généralement, mais peut-être même exécuteur testamentaire des volontés de Wolff, dans la mesure où Kant prolonge certaines avancées de la *Métaphysique allemande* et de la *Theologia naturalis*. Le concept de création nous donnera l'occasion de repérer sur quels points précis Kant doit quelque chose à Wolff. On partira d'une évocation de la conception « mécanique » du monde (le terme prend chez Wolff une acception bien particulière), avant d'examiner comment la relation de l'entendement divin au monde créé a pu trouver chez Kant un écho dans son entreprise d'épuisement de la création (*Erschöpfung der Schöpfung*).

UNE PHILOSOPHIE MÉCANIQUE ?

Qu'est-ce qui justifie l'accusation de « philosophie mécanique » dont Wolff a fait l'objet (et les frais) ? La déclaration formelle des *Pensées rationnelles* de 1720 (§ 557 *Die Welt ist eine Maschine*) mérite qu'on se penche sur la définition que donne Wolff :

> Une machine est un ouvrage composé, dont les mouvements sont fondés (ont leur raison d'être) dans le mode de composition [*in der Art von Zusammensetzung*] [1].

1. Wolff, *Vernünfftige Gedancken von Gott, der Welt und der Seele des Menschen, auch allen Dingen überhaupt* (cité désormais *Deutsche Metaphysik*), *Gesammelte Werke*, éd. J. École,

Plus intéressante encore est la manière dont est administrée la preuve que « le monde est une machine » : le monde, assure Wolff, est un ouvrage composé, dont les mouvements, etc. ; une machine est un ouvrage composé, dont les mouvements, etc. DONC le monde est une machine. Étrange raisonnement : admettrait-on, au motif que la girafe est un mammifère quadrupède à pelage jaune et noir, et que le guépard est un mammifère quadrupède à pelage jaune et noir, que la girafe est un guépard ? Pour rétablir la « preuve » il faudrait dire évidemment : « si quelque chose est ABC, c'est une machine », ou : « tout ce qui est ABC est une machine », or « le monde est ABC », donc… Le lecteur excusera, je l'espère, cette remarque désobligeante : ce n'est peut-être pas dans sa soi-disant rigueur déductive que réside l'intérêt de la philosophie wolffienne. L'enchaînement des définitions wolffiennes ne suit pas le cours paisible d'un cours (comme par exemple le cours de *Métaphysique* de Baumgarten), mais il propose souvent des stipulations sémantiques au lieu de preuves proprement dites. Or ce procédé, que l'on retrouve dans l'écriture kantienne, permet d'accentuer certaines descriptions, voire d'énoncer un paradoxe, comme celui-ci :

> il y a donc de la vérité [ou « de l'ordre » dit le paragraphe suivant] dans le monde justement parce que le monde est une machine [*so ist eben deswegen in der Welt Wahrheit* (*Ordnung*, § 558), *weil sie eine Maschine ist*] (§ 557).

Sagesse et mécanisme, loin d'être opposés, se renforcent. Le mécanisme du monde wolffien ne désigne pas la contrainte matérielle du *Timée*, ou les chocs atomiques de Démocrite. Le mécanisme, c'est l'ordre. Mais alors que ce mécanisme ordonné pourrait être interprété comme l'intervention d'un mécanicien, c'est plutôt la non-intervention du mécanicien qui prouve son excellence. Le monde, dans sa totalité comme dans ses parties, n'est que machine (on notera l'emploi adjectival de machine sous la plume de Wolff) :

> Le monde est un ouvrage de la sagesse de Dieu, parce qu'il est de part en part machine [*Die Welt ist ein Werck der Weisheit Gottes, weil sie und alles was darinnen ist, Maschine ist*] [1].

Il est difficile de ne pas trouver dans la déclaration de la « Préface » de la *Théorie du ciel* un écho à ces déclarations :

> il y a un Dieu, précisément parce que la nature, même placée dans un chaos, ne peut procéder autrement que régulièrement et avec ordre [*Es ist ein Gott, eben deswegen weil die Natur selbst im Chaos nicht anders als regelmässig und ordentlich verfahren kann*] [2].

H. W. Arndt, Ch. A. Corr, J. E. Hofmann, M. Thomann, 1. Abteilung, Deutsche Schriften, Band 2, Hildesheim, Zürich, New York, Georg Olms Verlag, 1983, § 557, p. 337.

1. Wolff, *Deutsche Metaphysik*, § 1037.
2. Kant, HGN, « Vorrede », AK I, 228 (l. 9-11).

Il en va ici comme dans le *Monde* de Descartes, dont Kant se réclame, où la création de la matière dans les espaces imaginaires permet de mettre en évidence la rationalité de la nature.

Revenons à Wolff, puisque le chapitre VI de la *Deutsche Metaphysik* revient à la charge : le monde y est encore défini comme Horloge (*Uhrwerck*, § 1038) et c'est à ce titre qu'il peut être reconnu comme

> ouvrage de la sagesse de Dieu [*ein Werck der Weisheit Gottes*] [...] car s'il n'était pas Machine – dans laquelle tout est en connexion mutuelle, il ne serait plus un ouvrage de la sagesse de Dieu, mais seulement un ouvrage de la puissance divine.

La description du monde comme machine est censée exalter la sagesse divine (qui a tout fait *pondere, mensura, numero*), au détriment de sa puissance. En suggérant (§ 1039), dans l'esprit de Malebranche, que plus il y a de miracles, moins il y a de sagesse, Wolff suggère que moins il y a de miracles, moins la puissance de Dieu est requise pour expliquer le monde. C'est également un des soucis portés par l'*Allgemeine Naturgeschichte und Theorie des Himmels* : « ne pas retourner la nature en miracle, ne pas mettre un Dieu dans la machine ». Quant à l'accusation de philosophie mécanique, Kant la prend largement en compte. Mieux, il la revendique tout en la requalifiant :

> la matière qui se détermine d'après ses lois les plus universelles produit, par son cours naturel [*natürliches Betragen*], ou, si on veut lui donner ce nom, par une mécanique aveugle [*oder, wenn man es so nennen will, durch eine blinde Mechanik*] des conséquences remarquables, lesquelles semblent être le projet d'une sagesse suprême [*höchste Weisheit*] [1].

Kant agite même à plusieurs reprises le chiffon rouge de l'épicurisme [2] et se fait fort de réconcilier le naturaliste avec le défenseur de la religion, en montrant à ce dernier qu'il ne doit pas imaginer partout « la mainmise immédiate de Dieu [*die unmittelbare Hand Gottes*] » sans quoi il sera « contraint de transformer toute la nature en miracle [*die ganze Natur in Wunder zu verkehren*] », au point que « il n'y aura alors plus vraiment de nature [*es wird in der That alsdann keine Natur mehr sein*] » mais seulement « un Dieu dans la machine [*ein Gott in der Maschine*] produisant les modifications du monde » [3].

LA DOUBLE RELÈVE :
PUISSANCE DIVINE / ENTENDEMENT DIVIN / ENTENDEMENT HUMAIN

Dans la veine leibnizienne du *De originatione radicali rerum*, Wolff écrit, dans les *Pensées rationnelles sur la fin des choses naturelles* (1723) : « on ne trouve dans le monde aucune raison, pourquoi il est ainsi et pas autrement, et

1. HGN, AK I, 225 (l. 8-11).
2. HGN, AK I, 222 (l. 18) ; AK I, 226 (l. 17, 27, 31).
3. HGN, « Deuxième partie », ch. 7, AK I, 333 (l. 2-3, 13-14).

par conséquent on doit la chercher en dehors de lui » (§ 9). Le monde a un auteur (*Urheber*), il n'existe pas « de lui-même [*von sich selbst*] ». Mais en quoi consiste cette relation de dépendance entre le monde n'existant pas de lui-même et son auteur ? Le § 90 nous met sur la voie : « le monde, de par la connexion des choses qui s'y trouvent, est un miroir de la raison divine ». Cette raison suprême et insondable est définie comme « le pouvoir qu'a l'entendement de connecter les choses entre elles, avant qu'elles soient données [*die Dinge miteinander zu verknüpfen, ehe sie vorhanden sind*] ». On peut être frappé par la parenté de cette formule avec la définition que Kant donne de l'entendement, mais cette fois de l'entendement humain, en termes de « pouvoir de connecter *a priori* [*Vermögen a priori zu verknüpfen*] ». Or cette revendication d'un pouvoir de synthèse *a priori* est, semble-t-il, préparée par Wolff, dont les *Pensées rationnelles* (§ 973) définissent Dieu comme le philosophe parfait (*der vollkommene Weltweiser*), suggérant qu'entre les entendements humain (au moins celui du philosophe) et divin, la différence n'est que de degré. La définition du *Verstand* humain comme « pouvoir de représenter distinctement le possible [*Vermögen das Mögliche deutlich vorzustellen*] » (§ 277) cadre assez bien avec la définition de l'entendement divin citée plus haut : car le possible comprend bien « les choses avant qu'elles ne soient données ».

Prenez le Dieu wolffien, ôtez lui sa puissance, vous avez l'entendement pur kantien.

Bien entendu, dans le contexte des polémiques (par exemple, les *Anmerckungen* de 1724), Wolff se défend d'avoir accordé aux choses simples, que sont les éléments des corps, les âmes, la moindre indépendance ou la moindre nécessité (il s'agit de s'exonérer de tout soupçon de spinozisme). Wolff proteste que l'existence des choses simples atteste bel et bien la création, mais Wolff n'hésite pas à ajouter, on y reviendra, que cette opération est incompréhensible et inconcevable. D'ailleurs, Wolff propose un partage des tâches. Pour donner un os à ronger au parti piétiste, il affirme (§ 993) que « L'Écriture traite principalement de la réalité ». En revanche, la philosophie (la *Weltweisheit*) traite de la possibilité, *i.e.* non pas de la création-conservation, mais de l'essence mécanique des choses débarrassée de l'action immédiate de Dieu.

INCOMPRÉHENSIBLE CRÉATION

Une célèbre offensive de la « Deuxième analogie de l'expérience » exclut qu'on puisse interroger le passage de la non-existence à l'existence d'une substance, comme on fait pour le passage de la non-existence d'un état à cet état ; nous n'avons affaire dans l'expérience qu'à des modifications d'états, pas à un *Ursprung aus Nichts* ; « la création [...] ne peut être admise [*zugelassen*] comme donnée [*Begebenheit*] parmi les phénomènes, parce que sa seule possibilité suffirait à suspendre [*aufheben*] l'unité de l'expérience » et le concept de création n'est « pas adapté aux phénomènes comme objets possibles de l'expérience » [1]. D'après ce passage offensif de la « Deuxième analogie de l'expérience », la naissance d'une substance n'est pas envisageable. Là-dessus, Kant trouve en Wolff un prédécesseur. Wolff considérait déjà l'*Entstehen der Dinge* comme « inconcevable, incompréhensible et inexplicable [*unbegreiflich, nicht verständlich erklärbar*] » [2]. Or, Wolff n'est manifestement pas de ceux qui estiment, comme Pascal, que « tout ce qui est incompréhensible ne laisse pas d'être ».

Or, c'est intéressant de le noter, Kant se radoucit s'agissant de la possibilité d'une création des choses en soi.

> En revanche, si je considère toutes les choses non comme phénomènes, comme choses en soi, elles peuvent pourtant être considérées comme dépendantes d'une cause étrangère [*von fremder Ursache*] pour ce qui est de leur existence [*abhängig ihrem Dasein nach*] [3].

Si l'on se reporte maintenant à l' « Examen critique de l'analytique de la raison pure pratique » [4], on y retrouve les mêmes positions quant au problème de la création :

La création concerne l'existence intelligible des êtres agissants, et non leur existence sensible.

Elle n'est pas le principe déterminant des phénomènes.

Dieu est cause de l'existence des êtres agissants (considérés comme noumènes), mais pas cause des actions considérées comme phénomènes (ce qui pose un problème de transitivité de la causalité [5]).

Pour pouvoir affirmer la liberté sans compromettre le mécanisme naturel des actions considérées comme phénomènes, il est donc nécessaire de dissocier le créateur de la substance et l'auteur du mécanisme de la nature. Cette distinction est longuement travaillée par Wolff, notamment dans la *Theologia naturalis*.

L'ÉLABORATION DE LA *THEOLOGIA NATURALIS*

La *Theologia naturalis* de Wolff comme source de la conceptualisation kantienne du doublet créateur / auteur. Cette source wolffienne de Kant peut sembler douteuse, tant le criticisme kantien a la réputation de s'être construit sur les ruines de la psychologie, de la cosmologie, de la théologie rationnelles.

1. Kant, CRP, A 206, AK IV, 138 (l. 18-20 et l. 25-26).
2. Littéralement, il faudrait traduire : « inconcevable, et inexplicable en termes compréhensibles ». Ce ne sont assurément pas des titres élogieux sous la plume d'un *Aufklärer*. *Anmerckungen*, § 89-91, p. 45-46.
3. Kant, CRP, A 205-206 / B 251-252, AK III, 177 (l. 23-37).
4. Kant, CRPratique, AK V, 102.
5. Voir notre article, « Pas de création pour les phénomènes », *Kairos* 26, Presses Universitaires du Mirail, Toulouse, 2005, p. 47-75.

En détruisant dans leur principe toutes les preuves théoriques de l'existence d'une cause première du monde appelée Dieu, Kant n'a-t-il pas retiré au concept d'un dieu créateur toute réalité objective ? Pourtant, il n'est que de se plonger dans la *Theologia naturalis* de Wolff pour apercevoir des parentés, des collisions, voire des indices d'une véritable complicité objective.

La *Pars* II, *sect.* II, *cap.* III de la *Theologia naturalis* exonère l'idéaliste et l'idéalisme de tout soupçon de déisme, c'est-à-dire d'irréligion [1]. Or, la *creatio* qui subsiste dans l'hypothèse idéaliste n'est plus que le gouvernement (*gubernatio*) d'un *autor mundi* (§ 630) que Wolff exprime ainsi : « *mundus idealiter existit in animabus* » (§ 631).

La première partie de la *Theologia naturalis* (1736) est encore moins étrangère à la stratégie kantienne. On peut même se demander si Wolff n'y fourbit pas quelques armes conceptuelles dont Kant fera grand usage, comme par exemple cette distinction entre créateur du monde et architecte, célébrée dans la *Dissertation de 1770*, dans les *Vorlesungen über Rationaltheologie*, mais bousculée dans l' « Idéal de la raison pure ».

Le chapitre 5 (« *De Creatione et Providentia* ») de la *Theologia naturalis* (*Pars* I) définit séparément un *creator mundi* (*qui hunc mundum adspectabilem creavit*) et un *autor ordinis naturae* (§ 762).

Le *creator mundi* est défini comme celui « qui a fait passer à l'acte [*ad actum perduxit*] tels éléments des choses matérielles et non tels autres [*haec non alia elementa materialium rerum*] » (§ 764).

L'*autor ordinis naturae* est défini comme celui « qui constitue l'ordre de la nature [*qui naturae ordinem constituit*] », c'est-à-dire l'ordre que la nature observe dans ses actions ainsi que les lois du mouvement.

À peine distinguées dans leur définition, la production de ce monde visible et la constitution de l'ordre de la nature sont réunies en un seul et même acte (*uno eodemque actu*) (§ 765). Étudiant ensuite la *potentia creatrix* (§ 767), Wolff déclare que la *creatio mundi* est un miracle qui excède les forces de la nature universelle (§ 768).

Le premier état du monde (§ 769) sera donc miraculeux, et, proposition capitale, l'ordre de la nature est constitué lui aussi par miracle, son origine demeure inscrutable : il ne peut être expliqué par la seule essence et nature des choses (§ 770-771). D'après ces définitions, la création du monde et la constitution de l'ordre de la nature sont confondues dans le même acte d'un « miracle primigène » (§ 772-773, selon une expression que l'on trouve également dans la correspondance de Leibniz avec Clarke, et que Wolff traduira, dans la *Natürliche Gottesgelahrtheit*, *Anfangswunderwerk* [2]).

De ce miracle, « tout le reste ensuite dépend naturellement » (*a quo deinceps alia naturaliter pendent*).

1. *Cf.* Wolff, *Theologia naturalis*, *Pars* II, *Cap.* III, § 628, p. 621 : « Stante hypothesi Idealistarum Deo tribuenda est creatio ».

2. *Natürliche Gottesgelahrtheit*, *Gesammelte Werke*, 1. Abteilung, Deutsche Schriften, Bd. 23. 3, 1995, § 772, p. 24.

Wolff fait du zèle scripturaire, pour remonter à Joachim Lange que sa doctrine est en parfait accord avec les préceptes de la religion. Pour ce faire, Wolff va exploiter des possibilités jusque là insoupçonnées du texte révélé. Wolff s'intéresse à l'*Épître aux Hébreux* (XI, 3), qui porte que « les choses visibles ont été faites par la parole de Dieu à partir des choses invisibles [*visibilia facta verbo Dei ex invisibilibus*] ». Luther traduit *ex invisibilibus* par *aus Nichts* (*ex nihilo*, à partir de rien). Plus luthérien que Luther, Wolff se pique d'Écriture Sainte et va chercher le texte grec :

> Dans le texte grec on lit qu'elles ont été faites *mè ék phainoménôn*, pas à partir de choses apparentes, ou à partir de choses non apparentes. [*In textu graeco facta leguntur mè ék phainoménôn, non ex apparentibus, aut, ex non apparentibus*] (§ 787).

La version allemande de la *Natürliche Gottesgelahrtheit*, I. 3, est plus explicite encore :

> *In der Griechischen Urkunde lieset man, dass es mè ék phainoménôn nicht aus demjenigen, was erscheint, oder aus dem nicht erscheinenden, gemacht worden seye* [1].

La création *ex nihilo* signifie alors création à partir de rien de sensible, et rien de réel (mais pas rien de possible) :

> Avant que le monde fût créé [*ehe und bevor also die Welt erschaffen wurde*], il n'a donc existé rien de réel [*nichts wirklich*] en dehors de Dieu, par conséquent le monde n'a pas été fait à partir de quelque chose [*nicht aus etwas*] qui ait pu avoir de quelque manière une influence dans sa réalité [2].

Alors que la Vulgate nous confinait dans le registre du visible et de l'invisible, assimilé par la traduction de Luther au néant, le texte paulinien original nous introduit dans le registre de l'apparaître et du phénomène. Quelle est l'intention de Wolff ? Introduire la notion leibnizienne de phénomène bien fondé ? Désigner les *elementa rerum* comme les monades non apparentes dont le monde est l'ensemble des relations ? Pour l'heure, la conclusion de Wolff est que « le monde a été fait par Dieu, sans qu'aucune chose à part Dieu n'existe encore ». C'est donc bien une création *ex nihilo*, comme le veut la traduction de Luther ? Pas sûr ! N'est-ce pas, suggère Wolff, la *summa elementorum rerum*, la totalité des possibles existant idéalement dans l'entendement divin qui constitue le substrat de la création ?

Ex nihilo ?

En effet, Wolff exclut, *stricto sensu*, la création *ex nihilo* tout comme le fera Kant (dans une page célèbre des « Analogies de l'expérience » : en

1. § 787, p. 35.
2. § 787, p. 34.

définissant le *Nichts* comme l'impossible et en présupposant que Dieu crée toujours à partir du possible).

> Ce qui n'est pas, ni n'est possible, on le nomme *Rien* [ainsi défini, Rien est impossible, puisqu'il n'est pas ni n'est possible]. Étant donné que l'impossible ne peut exister, par conséquent ne peut devenir quelque chose ; alors de même, Rien ne peut non plus devenir quelque chose, ni quelque chose devenir Rien. [*Was weder ist, noch möglich ist, nennet man Nichts. Da nun das unmögliche nicht seyn, folgends nicht zu etwas werden kann ; so kann auch nicht Nichts zu etwas werden, oder auch Nichts etwas werden*]. Je rappelle en passant que, quand la réalité est impartie à un possible, alors qu'auparavant rien de cette réalité n'était présent, c'est autre chose que devenir quelque chose à partir de Rien, puisqu'alors ce n'est pas l'impossible qui devient quelque chose [*Ich erinnere obenhin, dass, wenn einem Möglichen die Würcklichkeit ertheilet wird, da vorher nichts von ihm würcklich vorhanden war, es etwas anders sey, als aus Nichts etwas werden, weil alsdann nicht das Unmögliche zu etwas wird*] [1].

Le § 29 définit le *Grund* (fondement, raison) comme :

> ce par quoi on peut comprendre pourquoi quelque chose existe, et la cause est une chose qui contient en elle la raison d'une autre [*der Grund ist dasjenige, wodurch man verstehen kann, warum etwas ist, und die Ursache ist ein Ding welches den Grund von einem andern in sich enthält*].

Dans l'exposé du « Principe de raison suffisante [*Satz des zureichenden Grundes*] », on trouve une remarque qui vise à nouveau la création *ex nihilo* :

> Là où se trouve quelque chose, à partir de quoi on peut concevoir, pourquoi telle chose existe, cette chose a une raison suffisante. C'est pourquoi là où il n'y a pas de raison suffisante, il n'y rien à partir de quoi on puisse concevoir pourquoi quelque chose existe, c'est-à-dire pourquoi cela peut devenir réel, et donc cela doit naître de rien [*Wo etwas vorhanden, woraus man begreifen kann, warum es ist, das hat einen zureichenden Grund. Derowegen wo keiner vorhanden ist, da ist nichts, woraus man begreifen kann, warum etwas ist, nehmlich warum es würcklich werden kann, und also muss es aus Nichts entstehen*]. [...] Et comme il est impossible que quelque chose puisse devenir à partir de rien, tout ce qui est doit avoir sa raison suffisante pour laquelle c'est, c'est-à-dire il doit toujours y avoir quelque chose, par quoi cela peut devenir réel [*Da nun unnmöglich ist, dass aus Nichts etwas werden kann ; so muss auch alles, was ist, seinen zureichenden Grund haben, warum es ist, das ist, es muss allezeit etwas seyn, warum es würcklich werden kann*] [2].

1. *Deutsche Metaphysik*, § 28, p. 15. Le § 1053, p. 647, définit la création comme suit : « Aux choses qui par son entendement étaient seulement possibles, Dieu a donné en outre la réalité [*Würcklichkeit*] ; cette action de Dieu [*Würckung*] est appelée la création : nous n'en avons aucun concept [*Begriff*] puisque nous n'avons pas la faculté [*Kraft*] de créer [*erschaffen*] quelque chose ».
2. *Deutsche Metaphysik*, § 30, p. 16-17.

La création ne peut se faire qu'à partir du possible, c'est-à-dire de l'entendement divin [1], ou plus précisément, comme y reviendra la *Theologia naturalis*, à partir des *prima possibilia* [2].

À partir de ces premiers possibles (qui sont des réalités illimitées [3]) naissent les possibles primitifs seconds par délimitation diverse des réalités qui sont en Dieu: « *Possibilia primitiva secunda sive a primis orta nascuntur realitatum, quae Deo insunt, diversa limitatione* » [4]. C'est de la combinaison de tous les possibles primitifs seconds selon le principe de raison suffisante que résultent les essences des étants limités [5], ainsi que les idées de toutes les substances simples en particulier [6], à savoir les idées des âmes des bêtes et des hommes ainsi que des éléments des choses matérielles [7]. L'entendement divin contient les idées de tous les mondes possibles, y compris celle de ce monde visible (*adspectabilis*), qui contrairement à tous les autres, a été conduit à l'actualité (*ad actum perductus*) [8]. Le chapitre IV, « *De Creatione et Potentia Dei* », introduit la notion de *productio ex nihilo* :

> Si les éléments et les âmes doivent exister, il faut qu'ils soient produits [*producenda sunt*] *ex nihilo* [9].

Wolff se contente de renvoyer à l'*Ontologie*, où il est rappelé que

> les simples contingents [*simplicia contingentia*] doivent avoir la raison de leur existence en autre chose (§ 310). Il est donc nécessaire qu'existe une entité distincte d'eux [*ens ab iis diversum*] qui leur impartit l'existence [*quod impertiatur existentiam*]. Et comme l'entité simple ne peut naître [*oriri queat*] ni d'une entité composée, ni d'une autre entité simple préexistante [*nec ex composito, nec ex alio ente simplici praeexistente*] [...] l'entité simple contingente devrait commencer d'exister alors que rien d'elle n'existe auparavant en acte, par conséquent naître *ex nihilo* [*ex nihilo oriri*] [10].

Wolff revient, à partir du § 800, sur la dépendance du monde par rapport à Dieu. Quant à son existence actuelle, le monde est contingent et dépend de la puissance et de la volonté très libre de Dieu ; quant à son essence, et à l'enchaînement universel, il dépend de la sagesse et de l'intellect divin. Wolff

1. § 975, p. 602.
2. *Theologia naturalis*, *Pars* II, *Cap.* II, *De Intellectu Dei*, § 87, p. 58 : « Realitates, quae Deo insunt, sunt prima possibilia ».
3. *Theologia naturalis*, § 88, p. 59.
4. § 91, p. 61.
5. § 94, p. 65.
6. § 96, p. 69.
7. § 99, p. 73.
8. § 101, p. 76 (l. 16-17).
9. § 335, p. 302, de même pour le monde, § 336, p. 303.
10. *Ontologia*, *Gesammelte Werke*, 2. Abteilung, Lateinische Schriften, Band 3, 1962, § 691, p. 522. On peut noter que Wolff semble considérer comme équivalentes les formules *non ex aliquo* et *ex non aliquo*, puisqu'il emploie indifféremment « materia nulla praeexistente » (§ 690, p. 522, l. 19, dans la définition de *Productio ex nihilo*) et « ex non praeexistente » (« illa enim ex nihilo, seu non praeexistente, productio creatio appellari solet », § 691, p. 523, l. 4-5).

rediscute la distinction du *creator mundi* et de l'*autor naturae* : alors que le créateur du monde fait (presque au sens de fabriquer) la nature des choses, en actualisant tels éléments (§ 823), l'auteur de la nature (§ 821-822) a fait qu'une nature soit (ou puisse être) donnée (*fecit ut natura detur*). Or cette nature des choses consiste dans la force motrice inhérente aux éléments. (« *Die bewegende Kraft ist die Sache selbst* », dira Kant.)

> Dieu, explique le § 826, prescrit des lois à la nature, étant donné qu'il a produit les éléments des choses matérielles, auxquels sont inhérentes des forces modifiables ainsi et pas autrement [*dum elementa rerum materialium produxit, quibus insunt vires hoc et non alio modo modificabiles*].

Tout en affichant une conception maximaliste de la création-conservation (§ 843-844), Wolff restreint l'action créatrice à la production des seules substances simples. C'est en définitive à une *potentia naturae* (§ 854-855) qu'échoient la production et la conservation des accidents et des modifications, selon des lois inscrites dans l'essence des éléments. On peut bien parler ici de leibnizo-wolffisme, dans la mesure où le décret par lequel Dieu admet à l'existence le monde actuel, selon Leibniz, « ne change rien dans la constitution des choses, les laisse telles qu'elles étaient dans l'état de pure possibilité » [1]. Or, cette « nature idéale de la créature [...] est renfermée dans les vérités éternelles qui sont dans l'entendement de Dieu indépendamment de sa volonté » [2]. Ce mélange de dépendance et d'indépendance du monde par rapport à la volonté de Dieu frappera Kant :

> Toute l'erreur repose sur ce que Leibniz place le plan du meilleur monde d'une part dans une sorte d'indépendance, d'autre part dans une dépendance par rapport à la volonté de Dieu [3].

Inspiré par Wolff, Kant se proposera de solder définitivement la dépendance des êtres vis-à-vis de Dieu, en la confinant dans la sphère des choses en soi. L'hypothèse que nous faisons, c'est que la *Theologia naturalis* de Wolff, et notamment son interprétation selon laquelle les *phainomena* ont été faits à partir de non-phénomènes (or nous n'avons accès qu'aux premiers) ont pu suggérer à Kant cette stratégie d'épuisement de la question de la création.

On voit quel parti Kant a pu tirer de ce dispositif conceptuel. On est même tenté de dire que sur le sujet de la création, Kant est devenu critique quand il est enfin entré dans les vues de Wolff, en dissociant les rôles de créateur du monde et d'auteur de l'ordre de la nature, en particulier dans la « Dialectique transcendantale » où Kant, après avoir décrit le théisme comme un supplément au déisme, évacue l'idée d'une *Weltursache* (le principe de causalité n'étant légitime qu'appliqué à l'intérieur du monde des phénomènes, et non à la totalité inconditionnée des phénomènes puisqu'elle n'est pas un phénomène [4]).

1. Leibniz, *Théodicée*, I, § 52.
2. *Théodicée*, § 20.
3. *Réflexion* n° 3705 sur les défauts (*Mängel*) de l'optimisme, AK XVIII, 237 (l. 20-23).

phénomène [1]). Kant ne retient que l'idée d'un *Welturheber* : « seul ce concept nous intéresse [*dieser Begriff allein uns interessiert*] » [2].

La distinction wolffienne entre le créateur du monde (*Schöpfer der Welt*) et l'auteur de l'ordre de la nature (*Urheber der Ordnung der Natur*) [3] joue chez Kant un rôle architectonique : on a vu qu'on la retrouve sous la forme de l'opposition entre *Schöpfer der Dinge an sich* et *Urheber der Erfahrung*.

Une bonne raison d'affirmer que cette opposition kantienne redouble la distinction proposée par Wolff, c'est que ce que Kant appelle expérience est précisément la mise en ordre des données du cours du monde selon les principes de l'entendement. L'auteur de l'expérience (ou de l'ordre de la nature) n'a affaire qu'à la possibilité de l'expérience, aux objets d'une expérience possible, et donc est en mesure de décrire les connexions entre les choses avant qu'elles soient données dans la réalité.

Dans ce qui précède, je n'ai pas proposé de véritable généalogie intertextuelle (excepté quelques résonances de syntagmes) mais seulement une analogie structurelle entre les conceptions wolffienne et kantienne de la création (au sens cosmogonique du terme). Récapitulons cette analogie : de même que pour Wolff, la relation *Möglich / Würcklich* a remplacé l'inconcevable *Entstehen aus Nichts*, de même chez Kant, la possibilité de l'expérience sera le substrat à partir duquel l'entendement sera, selon la formule programmatique du § 14 de l' « Analytique transcendantale », *Urheber der Erfahrung*.

Paul CLAVIER
(ENS Ulm)

1. *Cf.* Kant, CRP, A 637-638 / B 665-666, AK III, 424 (l. 6-9).
2. CRP, A 631-633 / 659-661, AK III, 420-421 (notamment l. 8).
3. Wolff, *Natürliche Gottesgelahrtheit*, Fünftes Hauptstück, § 763, p. 17.

ANTHROPOLOGIE

LE CHAMP DE BATAILLE DE L'ANTHROPOLOGIE. KANT ENTRE L'HÉRITAGE WOLFFIEN ET LE DÉFI DE LA PHILOSOPHIE POPULAIRE

L'*Anthropologie du point de vue pragmatique* n'a pas très bonne presse au sein des études kantiennes. Elle semble présenter une collection de remarques empiriques bien éloignée du projet transcendantal. Le compte rendu qu'en publie Schleiermacher en 1799 dans la revue *Athenaeum* en témoigne. Il y explique en effet l'absence d'écho du livre dans les revues savantes de l'époque par le fait qu'il ne serait qu'une « collection de trivialités » [1].

Toutefois, hors du monde des philosophes, ce texte intrigue. Son titre paraît manifester une grande modernité, celle de la réflexion sur la spécificité des sciences humaines. Il y a de bonnes chances pour qu'une telle lecture soit le fruit d'une illusion rétrospective, mais elle offre l'occasion de revenir sur ce texte en tentant d'approfondir la compréhension de son sens historique et ainsi de jeter un nouvel éclairage sur la genèse complexe des sciences de l'homme à partir de la métaphysique.

Cette perspective génétique devrait permettre de mieux comprendre les raisons de l'écriture de l'*Anthropologie* qui avant d'être un ouvrage fut un cours donné pendant près de vingt-quatre années, du semestre d'hiver 1772/73 à celui de 1795/96.

Reconstituer la genèse de l'*Anthropologie* conduit à interroger le développement de cette science fondée par Christian Wolff, la psychologie empirique. C'est en effet en s'appuyant sur la « psychologie empirique » de Baumgarten érigée en manuel que Kant développa son enseignement d'anthropologie. La question sera de savoir ce que signifie ce changement terminologique. La rupture kantienne se limite-t-elle à avoir renommé « anthropologie d'un point de vue pragmatique » ce que depuis Wolff on appelait « psychologie empirique » ? Cette question est d'autant plus importante que Kant a continué d'enseigner la psychologie empirique également sur la base de la *Métaphysique* de Baumgarten et parallèlement à ses cours d'anthropologie.

1. F. D. E. Schleiermacher, *Schriften aus der Berliner Zeit 1796-1799*, hrsg. von G. Meckenstock, Berlin, New York, Walter de Gruyter, 1984, p. 365.

Prétendre offrir une reconstitution exhaustive de l'évolution de la psychologie empirique au cours d'une période aussi riche que celle qui sépare la première édition de la *Métaphysique allemande* de Wolff (1719) de la publication de l'*Anthropologie* de Kant (1798) serait illusoire. Je partirai donc du point de vue de Kant comme m'y invite la perspective proposée dans ce volume.

Pour ce faire, la recherche kantienne dispose, depuis 1997, d'un fabuleux outil, les notes des cours d'anthropologie de Kant éditées par Reinhard Brandt et Werner Stark [1]. Cette publication permet de suivre comment Kant, de 1772 à 1798, a peu à peu esquissé, affiné et précisé son projet d'anthropologie pragmatique dans le cadre d'un dialogue – implicite ou explicite – avec ce qui, à l'époque, se nomme « psychologie empirique » ou « anthropologie ».

LA PSYCHOLOGIE EMPIRIQUE : UNE DISCIPLINE RÉCENTE MAIS STRUCTURANTE

Pour faire front dans leur lutte contre les piétistes, Christian Wolff et ses disciples ont cherché à imposer leur pratique de la philosophie en institutionnalisant l'enseignement de cette discipline par le biais de cursus et surtout de manuels répétant une même structure et organisés en paragraphes et remarques. Ainsi offraient-ils clé en main aux universités et en particulier aux facultés de philosophie un cadre d'enseignement dont ils espéraient qu'en se répandant il permettrait à la doctrine wolffienne de s'implanter durablement dans les têtes. L'école wolffienne a ainsi, sinon créé, du moins fortement accentué ce qui sera l'une des spécificités de la philosophie allemande du XVIIIe siècle : son caractère universitaire. Lorsque Kant achève ses études, il semble alors évident que la philosophie est une carrière universitaire. Il hérite ainsi de cette structuration universitaire de la philosophie et de l'enseignement sur la base de manuels érigés en normes par les wolffiens. En témoigne une lettre très élogieuse et qui ne se veut nullement ironique en date du 8 février 1774, de Johann Caspar Lavater à Kant, dans laquelle le premier décrit le second comme un « philosophe à la Wolff » [2].

En « maître des Allemands » [3], Wolff a proposé, dans son *Discours préliminaire sur la philosophie en général*, une organisation des sciences au sein de la métaphysique qui a eu un impact au long cours. Deux ordres s'y affrontent : l'*ordo studendi* et l'*ordo demonstrandi*. À suivre l'ordre démonstratif qui devrait régir la succession des parties de la philosophie, puisque la

1. I. Kant, *Gesammelte Schriften*, Band XXV : *Vorlesungen über Anthropologie*, bearbeitet von R. Brandt und W. Stark, Berlin, Walter de Gruyter & Co, 1997, 2 Hälfte. Désormais cité AK XXV.1 ou XXV.2.

2. [*Philosophen à la Wolff*] Lettre 49 [81] de J. C. Lavater à Kant (8 février 1774), dans Kant, *Correspondance*, Paris, Gallimard, 1991, p. 109 ; original allemand dans I. Kant, *Briefwechsel*, Meiner, Hamburg, 1986, Brief Nr 50 [81], p. 116.

3. G. W. F. Hegel, *Leçons sur l'histoire de la philosophie*, t. 6, trad. P. Garniron, Paris, Vrin, 1985, p. 1645.

philosophie doit épouser le modèle du syllogisme démonstratif, devraient venir en premier les parties auxquelles d'autres empruntent leurs principes. Si tel était le cas, la logique devrait succéder à l'ontologie et à la psychologie dont elle tire ses principes. Dans l'opposition entre ordre scientifique et ordre pédagogique, Wolff opte pourtant au § 91 du *Discursus* pour le second. Cet ouvrage se veut d'abord un manuel à destination des étudiants. Au sein de la *Métaphysique* par contre, Wolff propose un ordre de succession qui correspond à l'ordre démonstratif : de la science la plus fondamentale à la moins fondamentale. Le canon wolffien sera désormais le suivant : ontologie, cosmologie, psychologie, théologie rationnelle ; ordre qui relègue la théologie au dernier rang et donc les piétistes dans une position marginale en philosophie. On retrouvera cet ordre canonique dans la *Métaphysique* de Baumgarten ainsi que, par exemple, dans les *Leçons de métaphysique L1* et *L2* de Kant.

Dans le détail, Wolff innove également en distinguant deux psychologies : l'une empirique, l'autre rationnelle. Il peut paraître paradoxal qu'il ait donné à cette première une place centrale dès sa *Métaphysique allemande* de 1719. Quantitativement, elle est de loin la partie la plus importante et occupe près du tiers du volume, bien plus que l'ontologie, la cosmologie, la théologie et surtout la psychologie rationnelle. L'importance accordée à la psychologie empirique surprend d'autant plus au regard de la modestie affichée de son contenu : Wolff ne prétend pas définir la nature et l'essence de l'âme, un travail qui relève pour le coup de la psychologie rationnelle, il se contente d'y noter ce que nous percevons de l'âme à travers l'expérience quotidienne. Aucune compétence spécifique ne semble requise ; toute personne qui porte attention à elle-même devrait dégager les mêmes observations. Toutefois, le travail ne s'arrête pas là ; il est une tâche que n'importe qui ne saurait mener à bien : celle qui consiste à former des concepts distincts pour désigner ces expériences communes et d'en tirer des vérités qui, elles-mêmes, seront la raison des règles qui régissent les facultés de l'âme. Or comme Wolff considère qu'on « tire de la Psychologie les principes des démonstrations tant pour la Logique (§ 89) et l'art d'inventer (§ 74) que, également, pour la philosophie pratique (§ 92) » [1] et puisqu'en philosophie il faut dériver les principes de l'expérience car celle-ci leur apporte la certitude [2], la psychologie empirique aura pour objectif « d'établir par l'expérience les principes à partir desquels on rend raison des [choses] qui se produisent dans l'âme humaine » [3]. Wolff institue de ce fait la priorité chronologique de la psychologie empirique sur la psychologie rationnelle qui établit dans un second temps l'essence de l'âme.

La structure de la psychologie empirique elle-même sera reprise dans l'ensemble par Baumgarten : la division successive en faculté de connaître inférieure puis supérieure, puis de désirer inférieure, puis supérieure, constitue une trame qui prend la forme d'un inconscient d'école au sein de la

1. *Discours préliminaire*, § 111.
2. *Discours préliminaire*, § 34.
3. *Discours préliminaire*, § 111.

philosophie allemande. Le rapport de Kant à ce qui forme donc dès les années 1750 une tradition scolaire est ambigu. Philosophe à la Wolff il l'est bien en ce qu'il enseigne en utilisant comme manuel la *Métaphysique* de Baumgarten, la division en cinq de la métaphysique – ontologie, cosmologie, psychologie empirique puis rationnelle et enfin théologie rationnelle. On pourrait même dire qu'il est de la sorte plus wolffien que Baumgarten qui, lui, regroupait psychologies empirique et rationnelle dans une même partie. Son innovation principale sera de substituer à la dualité des facultés leur tripartition en faculté de connaître, faculté de plaisir et de déplaisir et faculté de désirer ; tripartition qui lui permet d'accorder une autonomie aux questions de jugement de goût.

La prégnance de l'organisation wolffienne de la métaphysique se lit également dans la constance de Kant dans ses enseignements. Préoccuppé comme Wolff de l'acquisition des connaissances par ses étudiants, il s'interroge dans son *Annonce sur le programme de ses leçons pour le semestre d'hiver 1765/66* sur l'ordre à adopter dans ses enseignements. Pour lui, l'érudition doit être subordonnée à la formation de l'entendement, l'étudiant « ne [devant] pas apprendre des *pensées*, mais apprendre à penser » [1] et la méthode devant être zététique et non dogmatique [2]. Bien qu'il ait choisi comme manuel la *Metaphysica* de Baumgarten (édition de 1757), il précise que c'est essentiellement « à cause de la richesse et de la précision de sa manière d'enseigner » [3] et que de toutes façons

> l'auteur philosophique qui, le cas échéant, sert de base à l'enseignement, doit [...] être considéré, non pas comme le modèle du jugement, mais simplement comme une occasion de porter soi-même un jugement sur lui ou même contre lui [4].

L'ordre d'enseignement ensuite programmé témoigne en effet d'une autonomie par rapport à Baumgarten, puisque Kant souhaite commencer par la psychologie empirique qu'il désigne par l'expression de « science de l'expérience métaphysique de l'homme » et non de l'âme car, à ce moment là, il n'est pas encore permis d'affirmer qu'il en a une [5]. À dire vrai, Kant envisage d'y traiter de toute forme de vie en général avant de traiter de l'inanimé dans ce qui correspond à la cosmologie de Baumgarten. De là l'étudiant pourra aborder l'ontologie comprise comme « science des propriétés générales de toutes les choses ». Ontologie qui permet ensuite d'amener la distinction entre les réalités spirituelle et matérielle et donc d'accéder à la psychologie rationnelle. Viendrait enfin couronner cet ordre de l'étude, la théologie, science de Dieu et du monde. Kant voit dans cette procédure analytique le moyen d'éviter ce qu'impose la méthode synthétique : donner à titre d'explication ce qui ne sera découvert que par la suite. Elle permet surtout de s'appuyer sur les

1. *Annonce-leçons*, AK II, 306 ; OP I, 514.
2. AK II, 307 ; OP I, 516.
3. AK II, 308 ; OP I, 517.
4. AK II, 307 ; OP I, 516.
5. AK II, 309 ; OP I, 517-518.

éléments concrets fournis par la psychologie empirique et la cosmologie lorsque sont ensuite abordées les matières beaucoup plus abstraites. Enfin, *last but not least*, elle permet d'espérer que même si les amphithéâtres ont une fâcheuse tendance à se vider au fil du semestre, les étudiants qui auront abandonné la philosophie auront acquis, grâce à la psychologie empirique, une science qui leur sera beaucoup plus utile pour la vie que l'ontologie [1].

POURQUOI PROPOSER UN COURS D'ANTHROPOLOGIE ?

Dans les faits, cette modification n'aura pas lieu ou tout du moins ne durera pas puisque les *Métaphysiques L1* et *L2* postérieures à 1775 reprennent l'ordre wolffien [2].

La prégnance des habitudes universitaires initiées par Wolff se fait particulièrement sentir en matière de psychologie empirique. S'y manifeste une complexe dialectique entre l'héritage wolffien et la rupture que tente d'introduire Kant. À compter de 1770, où il obtient une chaire de professeur ordinaire, Kant enseigne la métaphysique lors des semestres d'hiver. À partir du semestre d'hiver 1772/73, il ouvre parallèlement un cours privé d'anthropologie qu'il reprendra pendant vingt-quatre ans à cette même période de l'année. Tant la psychologie empirique de la métaphysique que l'anthropologie sont enseignées sur la base de la « psychologie empirique » de Baumgarten. Comment expliquer ce doublon quand, dans ses cours de métaphysique, Kant insiste lui-même sur le fait que la psychologie empirique « comme connaissance des objets du sens interne en tant qu'elle est tirée de l'expérience [...] n'est [pas] du ressort de la métaphysique » [3] ? Car sur ce point il y a une véritable rupture avec Wolff : en tant que « théorie de l'expérience » [4], la psychologie empirique se distingue en effet, pour Kant, tout comme la physique empirique, de la métaphysique définie comme « science de la pure raison » [5]. L'une des caractéristiques de la réflexion kantienne semble tenir à sa défense de la pureté de la raison là où Wolff incluait une « raison non pure » au sein de

1. *Annonce-leçons*, AK II, 309-310 ; OP I, 518-519.

2. Le manque de manuscrits intermédiaires ne permet ni de dénombrer le nombre de cours qui ont suivi l'ordre proposé dans l'annonce, ni d'expliquer ce « retour à la structure traditionnelle ». Le tournant critique ne changera en tous les cas rien non plus à cette reprise de l'ordre wolffien puisque Kant continuera à enseigner la métaphysique dans le cadre de la métaphysique de Baumgarten. Günther Lehmann rappelle même dans son édition des cours de métaphysique de l'*Akademie Ausgabe* que lorsque son étudiant L. H. Jakob lui demanda en 1787 conseil pour la structuration de son propre manuel de métaphysique, Kant lui recommanda de suivre l'ordre de Baumgarten qu'il présente alors comme « analytique » (AK XXVIII.2.2, 1351 et AK X, 484).

3. *Métaphysique L1*, AK XXVIII.1, 222-223 ; *Leçons de métaphysique*, prés., trad. et notes par M. Castillo, Librairie Générale Française, Paris, 1993, p. 240.

4. *Métaphysique L1*, AK XXVIII.1, 223 ; trad. fr., p. 241.

5. *Ibid.*

la métaphysique [1]. L'opposition communément acceptée entre le rationaliste dogmatique que serait Wolff et Kant que Hume aurait réveillé de son sommeil dogmatique devrait sur ce point être remise en cause. C'est Kant qui – beaucoup plus puriste pourrait-on dire que le dogmatique Wolff – exclut la psychologie empirique de la métaphysique sous prétexte que ses principes ne proviennent que de l'expérience [2].

Faut-il dès lors en conclure que l'anthropologie, cours privé coûtant 4 Thalers et particulièrement couru [3], serait simplement l'occasion pour le philosophe de se garantir des revenus complémentaires ? Kant avait certes affirmé dans son annonce pour le semestre d'hiver 1765/66 « qu'il est tout à fait contraire à la nature de la philosophie d'être un gagne-pain » sous peine de soumettre son entendement à l'arbitraire de la mode [4], mais dans les faits le système universitaire allemand faisait bien des cours privés un « gagne-pain ». L'explication me semble malgré tout insuffisante car ouvrir un cours d'anthropologie c'était affirmer son autonomie par rapport à la métaphysique et par là même être cohérent avec l'idée selon laquelle la psychologie empirique ne ferait pas partie de la métaphysique.

Toutefois, comment alors expliquer que Kant reprenne pour enseigner ses cours d'anthropologie la psychologie empirique de Baumgarten inscrite, quant à elle, dans le cadre métaphysique ? Et ce d'autant plus que la reprise n'est pas uniquement anecdotique. M. Foucault et N. Hinske, plus récemment, ont montré combien la psychologie empirique de Baumgarten n'a pas seulement servi de support au cours d'anthropologie de Kant, mais qu'elle a profondément déterminé la structure et le contenu de ce qui deviendra dès 1775/76 sa première partie, et ne sera nommé qu'en 1798 la « didactique » [5]. Dans les notes du cours d'anthropologie de 1781/82, Kant présente pourtant le recours au manuel de Baumgarten comme un pis-aller :

> Étant donné qu'il n'existe aucun autre livre sur l'anthropologie, nous choisirons comme fil conducteur la psychologie métaphysique de Baumgarten, un

1. Je renvoie ici à l'article de Jean-Paul Paccioni dans ce même volume qui montre très bien que, pour Wolff, la raison humaine ne saurait être pure, mais bien mélangée (« *vermischt* », *Deutsche Metaphysik*, § 382) ce qui, pour lui, est loin d'être l'indice d'un défaut.

2. *Metaphysik Mrongovius* (1783), AK XXIX.1.2, 875-876 : « la physique empirique et la psychologie [...] qui tirent leurs principes de la seule expérience et non *a priori*. Celles-ci n'appartiennent pour cette raison absolument pas à la métaphysique [die empirische Physic und Psychologie [...], die ihre Principien bloss aus der Erfahrung, und nicht a priori schöpfen. Diese gehören deswegen aber gar nicht in die Metaphysic] ».

3. Kant aura une année jusqu'à 70 auditeurs et rarement moins de 30 (*cf.* AK XXV.1, C).

4. *Annonce-leçons*, AK II, 308 ; OP I, 516-517.

5. Kant, *Anthropologie d'un point de vue pragmatique*, précédée de M. Foucault, « Introduction à l'*Anthropologie* », Paris, Vrin, 2008, p. 70 ; N. Hinske, « Kant und Alexander Gottlieb Baumgarten. Ein leider unerledigtes Thema der Anthropologie Kants », *Aufklärung*, Bd. 14, 2002, p. 261-274.

> homme dont la matière est très riche, mais qui est un peu court dans sa réalisation [1].

Le fait que Kant parle lui-même de « psychologie métaphysique » semble témoigner de son embarras, lequel est pour une bonne part lié à des contraintes politiques. L'utilisation de manuels de cours ne relevait pas, à vrai dire, du choix des professeurs. Frédéric le Grand avait ainsi rappelé à l'ordre les enseignants de l'université de Königsberg en émettant en 1778 un décret qui rappelait qu'il leur était interdit d'organiser leurs enseignements à leur guise et qu'ils devaient se tenir à un manuel [2]. Dans l' « Architectonique » de la *Critique de la raison pure*, il suggère que la conservation de la psychologie empirique au sein de la métaphysique n'est que transitoire, qu'elle devra en être « entièrement bannie » ; et que si on lui conserve une place ce n'est que pour des « motifs économiques » en attendant de constituer une « anthropologie détaillée » [3].

ANTHROPOLOGIE SCOLASTIQUE OU ANTHROPOLOGIE PRAGMATIQUE ?

Les deux manuscrits du premier cours d'anthropologie de Kant dont nous disposons témoignent, l'un comme l'autre, que son objectif était d'emblée d'affirmer l'autonomie de cette science [4]. Ainsi cherche-t-il à comprendre dans un premier temps pourquoi une science de l'homme qui devrait tant aiguiser notre intérêt est restée à l'état embryonnaire, pourquoi elle n'est pas devenue « une science de l'homme systématique [*zusammenhängend*] » [5]. La raison en est précisément, selon lui, qu'elle est restée dépendante de la métaphysique et cela parce que, consistant à tout tirer de soi-même, la métaphysique est apparue comme une conséquence de la psychologie (*Seelenlehre*) [6].

Le projet de scientifisation de la psychologie suppose donc son autonomisation par rapport à la métaphysique qui serait ainsi bénéfique tant à la métaphysique ainsi « purifiée » qu'à la psychologie pouvant de la sorte accéder au rang de science et au passage changeant de nom. Pour Kant, une telle autonomie ne serait véritablement aboutie que si elle était entérinée dans le

1. *Vorlesungen über Anthropologie*, 1781/82 [?] : Menschenkunde, AK XXV.2, 859 : « Da es kein andres Buch über die Anthropologie giebt, so werden wir die metaphysische Psychologie Baumgartens, eines Mannes, der sehr reich in der Materie, und sehr kurz in der Ausführung ist, zum Leitfaden wählen ».

2. E. Cassirer, *Gesammelte Werke Hamburger Ausgabe. Band 8 : Kants Leben und Lehre*, Hamburg, Felix Meiner Verlag, 2001, p. 15.

3. Kant, CRP, A 849 / B 877, AK III, 548 ; trad. fr. Tremesaygues & Pacaud, Paris, PUF, [11]1986, p. 567. C'est sans doute pourquoi il affirme par ailleurs que la psychologie empirique ne fait pas partie de la métaphysique (*Metaphysik Mrongovius*, AK XXIX.2.1, 875-876).

4. Kant parle bien de « *Wissenschaft* » (*Vorlesungen über Anthropologie*, 1772/73 : Collins, AK XXV.1, 7).

5. *Vorlesungen über Anthropologie*, 1772/73 : Collins, AK XXV.1, 7.

6. *Vorlesungen über Anthropologie*, 1772/73, AK XXV.1, 8.

fonctionnement académique lui-même [1]. À lire ces passages on pourrait s'attendre à ce que la création du cours d'anthropologie ait impliqué une réorganisation du cours de métaphysique excluant la psychologie empirique de son domaine et que Kant ait cessé de recourir à ce qu'il nomme lui-même la « psychologie métaphysique » de Baumgarten pour enseigner l'anthropologie. Pourtant ni l'un ni l'autre ne se produiront.

Un processus de différenciation des objectifs de la psychologie empirique et de l'anthropologie s'opère malgré tout après ce premier semestre de cours. Le troisième manuscrit de notes d'étudiants dont nous disposons date du semestre d'hiver 1775/76 et Kant y justifie la spécificité de l'anthropologie non plus simplement de façon négative, en insistant sur son extériorité par rapport à la métaphysique ou en marquant la différence quant à l'origine de leurs principes – pure raison pour la métaphysique, expérience pour la psychologie empirique –, mais de manière positive en distinguant deux types de connaissances qui se caractérisent moins par leurs objets respectifs que par leurs objectifs propres : la *Schulkenntnis* ou « connaissance scolaire » d'un côté ; la *Weltkenntnis* ou *Kenntnis der Welt* ou « connaissance du monde » de l'autre [2].

Dès 1775/76, Kant ouvre son cours sur la distinction entre deux types de connaissances, théorique et pragmatique, distinction qui recouvre celle entre « connaissance scolaire » et « connaissance du monde ». La première relève de l'entendement, la deuxième de la faculté de juger. Est « pragmatique » la faculté de juger permettant à l'homme de se servir de toute son habileté. C'est un savoir orienté en vue de l'action dans le monde, là où le premier se contente de connaître le monde. La distinction est porteuse d'un enjeu de taille pour Kant, puisqu'elle décide de l'inscription de son projet philosophique dans son temps. Se référant en effet dans son cours de 1781/82 aux scolastiques, il souligne que la pénétration de leur science était « une science pour l'école dont on ne pouvait pourtant tirer aucune lumière [*Aufklärung*] pour la vie commune » [3]. Et celui qui tentera maladroitement de le faire restera toujours un « pédant » qui risque à tout instant de récolter la moquerie [4].

Kant distingue ensuite au sein de la « connaissance du monde » entre « l'étude de la nature » et « celle de l'homme ». La première correspond au cours privé de géographie physique qu'il enseigne depuis 1756 ou 1757 [5], il alternera à partir de 1772 avec celui d'anthropologie qui désigne « l'étude de

1. *Vorlesungen über Anthropologie*, 1772/73, AK XXV.1, 8.

2. On trouve certes une mention de la distinction entre « *Weltkenntniss* » et « *Pedanterey* » dès 1772/73, mais non seulement elle ne se situe que dans un des deux manuscrits (Collins) et encore elle est rejetée à la fin du paragraphe introductif et non placée au début comme ce sera le cas à partir de 1775/76 ; en outre on n'y trouve pas encore la qualification de « pragmatique » qui jouera ensuite un rôle central dans la définition de la spécificité de la perspective de l'anthropologie pour Kant.

3. *Vorlesungen über Anthropologie*, 1781/82 [?] : Menschenkunde, AK XXV.2, 853.

4. *Ibid.*

5. *Anthropologie*, AK VII, 122 ; Hamburg, Meiner, 2000, p. 6, note 20.

l'homme » ; le premier ayant lieu lors du semestre d'été ; le second lors du semestre d'hiver jusqu'en 1796. Mais ces deux savoirs n'ont toutefois pas la même importance aux yeux de Kant. Il rejoint le sens commun qui, spontanément, considère que c'est la connaissance de l'homme qui résume le mieux la connaissance du monde [1]. La conclusion des cours à partir de 1781/82 sur « le caractère de l'espèce humaine » et l'esquisse de son devenir cosmopolitique permet de comprendre cette priorité accordée à l'anthropologie sur la géographie [2].

Le fait d'inscrire l'anthropologie dans le cadre de la « connaissance du monde » était une prise de distance claire avec la tradition wolffienne de la psychologie empirique. En témoigne un passage des notes du cours du semestre d'hiver 1784/85 :

> En raison de son ordonnancement, la psychologie empirique de Baumgarten est le meilleur fil conducteur ; seul l'ordre des matières et des chapitres sera conservé dans cette anthropologie même si de nombreuses autres considérations seront intégrées puisque son livre n'entre que dans le domaine scolastique [3].

La différence entre la psychologie empirique à la Wolff et l'anthropologie pragmatique qu'affine alors Kant réside donc moins dans son contenu que dans sa perspective [4].

L'IMPACT DE LA PHILOSOPHIE POPULAIRE ET LE REJET DE L'ANTHROPOLOGIE DE PLATNER

Restent toutefois à dégager les raisons qui ont conduit Kant à remettre en cause la perspective scolastique au profit de la perspective pragmatique.

Depuis le milieu du XVIIIe siècle, la philosophie populaire est venue concurrencer la philosophie scolaire dénigrée comme « sectaire ». Wolff qui prétendait pourtant que sa philosophie scientifique n'était pas élitiste a été l'une des cibles favorites des promoteurs de la philosophie populaire après

1. *Vorlesungen über Anthropologie*, 1781/82 [?] : Menschenkunde, AK XXV.2, 854.

2. Je laisserai ici de côté la question débattue depuis les travaux de Benno Erdmann au moins du rôle qu'ont pu avoir les cours de géographie physique dans la genèse de ceux d'anthropologie. *Cf.* J. H. Zammito, *Kant, Herder and the Birth of Anthropology*, Chicago, Chicago University Press, 2002, p. 293-294.

3. « Baumgartens empirische Psychologie ist wegen ihrer Ordnung der beste Leitfaden und bloss die Ordnung der Materien und Capitel wird in dieser Anthropologie beibehalten werden obgleich viele andre Betrachtungen einlaufen werden indem sein Buch *nur aufs scholastische geht* » (AK XXV.2, 1214, je souligne).

4. Manifestement la perspective développée dans ses cours d'anthropologie l'intéresse davantage puisque pour éviter les doublons il sacrifie le cours de métaphysique au cours d'anthropologie : voir la lettre à M. Herz du 20 octobre 1778 : « Je passe en ce moment plus rapidement sur la psychologie empirique après avoir fait cours sur l'anthropologie » (Lettre 84 [141] de Kant à M. Herz (20 octobre 1778) dans Kant, *Correspondance*, *op. cit.*, p. 167 ; *Briefwechsel*, *op. cit.*, Brief Nr 85 [141], 181).

avoir été celle de Ch. Thomasius [1]. La *Critique de la raison pure* a, elle aussi, fait l'objet de vives critiques de la part de philosophes qui, comme C. Garve et J. G. H. Feder, prétendaient que toute philosophie devait pouvoir être comprise par tous [2]. Il me semble que le développement d'un cours d'anthropologie est une réponse au défi lancé par les philosophes populaires. L'anthropologie dont Kant dit lui-même qu'elle ne requiert pas une connaissance de la métaphysique [3] lui offre la possibilité de ne pas passer uniquement pour un « philosophe à la Wolff ». Contre le pédant dont il raille l'incapacité à voir qu'en matière de connaissance du monde, il ne faut pas faire un usage de connaissances uniquement scolastiques, Kant affirme qu'en ce cas

> il faut toujours savoir faire un usage uniquement populaire de ses connaissances afin que d'autres [personnes] et pas seulement des savants de profession puissent nous comprendre [4].

Il y a donc une irréductibilité de la connaissance du monde et plus encore de l'action dans le monde à la connaissance scolaire et l'anthropologie pragmatique est là pour la rappeler. Le succès de ces cours est sans doute un signe que l'image d'un Kant populaire apparut, à l'époque, crédible [5].

L'insistance de Kant à parler après 1772/73 d'anthropologie pragmatique s'explique par un deuxième élément très lié au défi lancé par les philosophes populaires. Dans sa périodisation de l'*Aufklärung* allemande, Max Wundt considère que ce n'est plus « la science de l'être », mais « la science de l'homme » qui caractérise la troisième génération philosophique qui couvre les

1. Sur le conflit entre Wolff et Thomasius, *cf.* W. Feuerhahn, « La liberté de philosopher : de Halle à Marbourg », *Lumières* 12, 2008, p. 207-222.

2. Sur la genèse du compte rendu de la *Critique de la raison pure* signé par Garve, mais réécrit par Feder, *cf.* Lettres 112 [201] de C. Garve à Kant (13 juillet 1783) et 113 [205] de Kant à C. Garve (7 août 1783), *Correspondance*, *op. cit.*, p. 203-214 ; *Briefwechsel*, *op. cit.*, Briefe Nr 113 [201] et 114 [205], p. 219-232 ; E. Arnoldt, « Vergleichung der Garve'schen und der Feder'schen Rezension über die Kritik der reinen Vernunft », *Gesammelte Schriften*, Band IV : *Kritische Exkurse im Gebiete der Kantforschung*, Teil 1, Berlin, B. Cassirer, 1908, p. 9-76 ; E. Cassirer, *Gesammelte Werke Hamburger Ausgabe. Band 8 : Kants Leben und Lehre*, Hamburg, Felix Meiner Verlag, 2001, p. 211-213.

3. *Vorlesungen über Anthropologie*, 1772/73 : Collins, AK XXV.1, 8 : « aus Liebe zu ihr nicht die ganze Methaphysic lernen ».

4. AK XXV.2, 853 (cours de 1781/82).

5. Elle devait d'autant plus apparaître crédible que, comme le montre J. Zammito, Kant a, dès les années 1760, publié plusieurs textes rédigés dans l'esprit de la philosophie populaire (*cf.* J. H. Zammito, *Kant, Herder…*, *op. cit.*, p. 83-135). En est la preuve la remarque suivante de Marcus Herz à Kant : « Ce qui me surprend n'est pas votre habileté ni votre intelligence, auxquelles j'ai, sans cela, des raisons de faire toute confiance, mais votre popularité [*Popularität*], ce qui, à moi, m'aurait fait peur en pareille entreprise. Depuis quelque temps, je songe, à certains moments d'oisiveté, aux principes qui règlent la popularité [*Popularität*] dans les sciences en général (j'entends par là celles qui en sont susceptibles, car ce n'est pas le cas des mathématiques), principalement en philosophie, et je ne crois pas seulement, de ce point de vue, pouvoir déterminer un autre choix, mais encore un tout autre ordre que ceux que requiert la méthode conforme aux règles de l'école et qui reste pourtant toujours la base. Cependant, votre succès montre que vous y parvenez, et, qui plus est, du premier coup. » (Lettre 87 [145] de M. Herz à Kant (janvier 1779), *Correspondance*, *op. cit.*, p. 171-172 ; *Briefwechsel*, *op. cit.*, Brief Nr 88 [145], p. 185).

années 1750-1780 [1]. Le développement d'un savoir anthropologique se fait alors en effet très nettement sentir. L'une de ses spécificités est qu'il aborde les questions traditionnelles de la philosophie notamment celle relative au problème de l'union de l'âme et du corps de façon empirique [2]. C'est très net dans le milieu de ceux que l'on nomme les « médecins philosophes » [3]. Or en 1772, quelques mois avant le premier cours d'anthropologie de Kant, Ernst Platner (1744-1818), alors professeur extraordinaire de médecine à Leipzig, a fait paraître une anthropologie pour les médecins et les philosophes (*Anthropologie für Ärzte und Weltweise*).

Si Platner préfère le terme d' « anthropologie » – qu'il introduit dans la langue allemande [4] – à celui de « psychologie », c'est parce que ce dernier ne rend pas compte de « l'homme tout entier » – du « *ganzer Mensch* » pour reprendre une expression que les *philosophische Ärzte* comme J. A. Unzer (1727-1799), J. G. Krüger (1715-1759) ou Platner affectionnent tout particulièrement dans leur approche complexe de l'homme. Seule l'anthropologie prend en charge l'interaction entre le corps et l'âme, là où d'un côté « l'anatomie » et « la physiologie » se focalisent sur le corps compris comme simple machine et de l'autre « la psychologie » a la seule âme pour objet :

> L'on peut enfin considérer ensemble les corps et les âmes dans leurs rapports réciproques, dans leurs limitations et leurs relations et tel est ce que je nomme anthropologie [5].

Cet ouvrage connaît dès sa parution une forte réception [6]. Kant le lit tout de de suite puisqu'il le cite dès son premier cours d'anthropologie (1772/73). Il

1. M. Wundt, *Die deutsche Schulphilosophie im Zeitalter der Aufklärung*, Tübingen, Mohr-Siebeck, p. 265-286 ; *cf.* aussi J. H. Zammito, *Kant, Herder*..., *op. cit.*, p. 237-242.

2. Les "positions" des médecins philosophes sont complexes : d'un côté ils raillent l'approche métaphysique qui prétend résoudre des problèmes insolubles. Mais en critiquant également l'approche abstraite des philosophes qui isolent l'âme du corps, ils adoptent d'un autre, plus ou moins explicitement, l'hypothèse de l'influx physique et cherchent à dévoiler empiriquement les liens – dans les faits indissociables – de l'âme et du corps. *Cf.* J. H. Zammito, *Kant, Herder and the Birth of Anthropology*, *op. cit.*, p. 243 ; M. Linden, *Untersuchungen zum Anthropologiebegriff des 18. Jahrhunderts*, Frankfurt am Main, Peter Lang, 1976, p. 36-61.

3. « *vernünftige / philosophische Ärzte* », *cf.* C. Zelle (Hg.), *« Vernünftige Ärzte » : Hallesche Psychomediziner und die Anfänge der Anthropologie in der deutschsprachigen Frühaufklärung*, Niemeyer, Tübingen, 2001 ; J. H. Zammito, *op. cit.*, chapter 6 : « Constituting the Discourse of Anthropology : The "Philosophical Physicians" », p. 221-253. *Cf.* aussi J.-F. Goubet, « Von der medizinischen zur philosophischen Anthropologie : Platner und Fichte », dans K. Regenspurger & T. Van Zantwijk (Hg.), *Wissenschaftliche Anthropologie um 1800 ?*, Stuttgart, Franz Steiner Verlag, 2005, p. 70-85.

4. M. Linden, *Untersuchungen zum Anthropologiebegriff*..., *op. cit.*, p. 42.

5. « Endlich kann man Körper und Seele in ihren gegenseitigen Verhältnissen, Einschränkungen und Beziehungen zusammen betrachten, und das ist es, was ich Anthropologie nenne » (E. Platner, *Anthropologie für Ärzte und Weltweise*, Hildesheim, Olms, 1998 (*reprint*) ; [1]1772, p. XV).

6. Hans-Peter Nowitzki précise d'ailleurs que si Platner connaît un grand succès auprès des étudiants de l'université de Leipzig c'est précisément à cause de ses cours d'anthropologie : Hans-Peter Nowitzki, « Curriculum Vitae. Fundstücke und Nachträge zur Biographie Ernst Platners », *Aufklärung*, Bd. 19, 2007, p. 358.

l'utilise sur un point précis et ne s'en distancie nullement. Nous ne possédons malheureusement pas de notes des cours de Kant des semestres d'hiver 1773/74 et 1774/75. Les notes du semestre d'hiver 1775/76 sont là beaucoup plus critiques. Kant y définit très explicitement dès l'« Introduction » son projet par distinction d'avec celui de Platner :

> Aucune des anthropologies dont on dispose encore actuellement n'a encore eu l'idée que nous avons ici de [devant] nous. Tout ce qui n'a pas de relation au comportement prudent n'appartient pas à l'anthropologie. N'appartient à l'anthropologie que ce dont on peut faire immédiatement un usage prudent dans la vie. Tout ce qui concerne la source des idées appartient à la spéculation et non à l'anthropologie, comme l'a fait Platner [1].

Kant souligne la nouveauté de son propos au point d'exclure de la catégorie d'anthropologie ce qui jusque là s'est présenté comme tel et de restreindre son sens à l'étude du comportement prudent de l'homme. Platner en considérant la sensation comme l'indice de l'existence d'une interaction entre le corps et l'âme est amené à s'interroger sur l'origine des idées et donc à retrouver des questions gnoséologiques traditionnelles et conduit Kant à classer son anthropologie dans le domaine métaphysique de la spéculation comme la psychologie empirique de Baumgarten. Les cours des années suivantes confirment cet avis. Dans les notes qui datent de 1781/82, Platner apparaît comme le représentant de « l'anthropologie scolastique » [2]. Par rapport au cours du semestre d'hiver 1775/76, l'opposition ne se situe plus entre anthropologie et spéculation scolastique, ce qui revenait à contester aux médecins philosophes comme Platner le droit de revendiquer la notion même d'anthropologie ; elle est entre deux approches distinctes de l'anthropologie : anthropologie pragmatique et anthropologie scolastique. En 1784/85, il en va de même, l'anthropologie scolastique « étudiant les causes de la nature humaine », là où l'anthropologie pragmatique se contente de constater sa « composition » et cherche surtout à en faire usage. L'une relève de l'érudition, là où l'autre est de l'ordre de la prudence [3]. L'anthropologie médicale ne trouve pas plus grâce à ses yeux que la psychologie des facultés [4].

Qui connaît les efforts déployés par Kant dans les *Fondements de la métaphysique des mœurs* (1785) pour reléguer la morale aristotélicienne de la

1. « Alle Anthropologien, die man noch zur Zeit hat, haben noch die Idee nicht gehabt, die wir hier von [vor ?] uns haben. Alles was kein Verhältnis zum klugen Verhalten der Menschen hat, gehört nicht zur Anthropologie. Dasjenige gehört nur in die Anthropologie, wovon auf der Stelle ein kluger Gebrauch im Leben genommen werden kann. Alles wo die Ideen entspringen, gehört zur Speculation und nicht in die Anthropologie, so wie Platner es gemacht hat. » (1775/76 : *Vorlesungen über Anthropologie*, Friedländer, Ms 399/400, AK XXV.1, 472).

2. *Vorlesungen über Anthropologie*, 1781/82 [?] : Menschenkunde, AK XXV.2, 856.

3. AK XXV.2, 1211.

4. « L'anthropologie pragmatique ne doit pas être une psychologie : [...] ni même une physiologie de médecin servant à expliquer la mémoire à partir du cerveau, mais une connaissance des hommes. [Die pragmatische Anthropologie soll nicht psychologie seyn : [...] auch nicht physiologie des Artztes : um das Gedächtnis aus dem Gehirn zu erklären, sondern Menschenkenntnis.] » (*Anthropologie*, Collegentwürfe aus den 80er Jahren, AK XV.2, 801).

prudence au rang de simple « impératif pragmatique » au profit de purs commandements moraux ne peut que s'étonner de sa réévaluation dans l'anthropologie. Il semble que la purification de la philosophie morale qui suppose de l' « expurg[er] de tout ce qui ne peut être empirique et qui appartient à l'anthropologie » [1] nécessite précisément de faire droit à cette dernière. Elle offre à Kant le moyen de répondre aux critiques d'intellectualisme abstrait que n'ont pas manqué de lui opposer les philosophes populaires sans renoncer à l'autonomie de la morale. Les conseils prônés dans l'anthropologie pragmatique ne sauraient remplacer les commandements moraux, mais ils font droit à l'aspiration au bonheur qui est légitime tant qu'elle ne se substitue pas aux principes de la moralité et permettent indirectement la moralité [2].

La confrontation de Kant avec l'œuvre de Platner a été l'occasion de définir son projet anthropologique comme pragmatique. En faisant de Platner le représentant typique de l'anthropologie scolastique, Kant ramène implicitement sa position à celle de Baumgarten qu'il critique aussi pour son approche scolastique de la psychologie empirique [3] et en gomme ainsi l'attrait à une époque où la *Schulphilosophie* ne fait plus autant recette [4]. Alors que les discours anthropologiques se multiplient et tendent à répondre à la demande de popularisation de la philosophie, Kant cherche manifestement à souligner la spécificité de sa proposition en banalisant celle de Platner. En fixant non pas un objectif d'érudition, mais d'action dans le monde, il espère répondre à la demande extérieure.

Une lettre à Marcus Herz datant de la fin de l'année 1773 témoigne du fait que cette définition relative de l'anthropologie pragmatique est antérieure au semestre d'hiver 1775/76. Kant qui avait manifestement été informé par Herz que son compte rendu de l'*Anthropologie* de Platner publié de manière anonyme dans l'*Allgemeine Deutsche Bibliothek* venait de paraître [5] lui répondit :

1. Kant, FMM, AK IV, 389 ; trad. V. Delbos, Delagrave, Paris, 1989, p. 77-78, cité dans M. Lequan, *La philosophie morale de Kant*, Paris, Seuil, 2001, p. 133. Voir plus généralement les pages 132 à 141 sur la critique kantienne de la *Popularphilosophie* et la vraie vulgarisation philosophique. La violence des diatribes kantiennes contre la *Popularphilosophie* témoigne de l'importance de cette dernière dans l'*Aufklärung* tardive. Kant a même contraint son ancien élève et collègue C. J. Kraus, professeur de philosophie pratique et science de l'État à Königsberg à rédiger le compte rendu du *Grundriss der Geschichte der Weltweisheit* du philosophe populaire Meiners dans l'*Allgemeine Literatur-Zeitung* (avril 1887). *Cf.* Kant, *Correspondance*, *op. cit.*, p. 817 : « Kant m'y a incité ou plutôt contraint, car j'ai tenté plusieurs fois de refuser » ; *Briefwechsel*, *op. cit.*, p. 848.

2. *Cf.* M. Lequan, *La philosophie morale de Kant*, *op. cit.*, p. 412-417.

3. *Vorlesungen über Anthropologie*, 1784/85 : Mrongovius, AK XXV.2, 1214.

4. La critique fut sans doute d'autant moins acceptée par Platner qu'il avait explicitement opté pour un style aphoristique grâce auquel il souhaitait fournir aux professeurs d'université des « *compendia* [..., et non pas] des constructions dogmatiques achevées [*vollendete Lehrgebäude*] » (E. Platner, *op. cit.*, p. XX). Sur l'aphoristique de Platner : *cf.* H.-P. Nowitzki, « Platner und die Wolffsche Philosophietradition », *Aufklärung*, Bd. 19, 2007, p. 88-91.

5. M. Herz, « D. Ernst Platner, der Arzneykunst Professors in Leipzig, *Anthropologie für Aerzte und Weltweise* », *Allgemeine deutsche Bibliothek*, Bd. 20 (1773), 1. Stück, p. 25-51, reproduit dans M. Herz, *Philosophisch-medizinische Aufsätze*, St. Ingbert, Röhrig Verlag, 1997, p. 7-23.

> J'ai lu la recension de l'Anthropologie de Platner. Je n'eusse pas moi-même deviné qui avait écrit le compte rendu, mais maintenant j'ai plaisir à voir percer dans ce texte les progrès de son habileté. Cet hiver, et pour la deuxième fois, je donnerai un séminaire d'anthropologie, dont j'aimerais désormais qu'elle devienne une discipline universitaire normale. Mais mon projet est tout différent. Mon intention est, grâce à l'anthropologie, de révéler les sources de toutes les disciplines pratiques, la science des mœurs, celle du savoir-faire, du commerce humain, la méthode qui permet de former des hommes et de les gouverner. Je cherche plutôt des phénomènes et leurs lois que les premières causes d'une possibilité de transformer la nature humaine en général. C'est aussi pourquoi je n'aborde absolument pas la question subtile, mais à tout jamais vaine, selon moi, de la manière dont les organes du corps sont en relation avec la pensée. Je m'en tiens constamment à l'observation, et même dans la vie courante, de sorte que mes auditeurs, du tout début jusqu'à la fin, n'auront jamais une matière sèche, mais toujours distrayante, grâce à l'occasion qui leur est ainsi donnée de comparer sans cesse leurs expériences habituelles à mes réflexions. Entre-temps, je travaille à tirer de cette théorie de l'observation, fort agréable à mes yeux, un exercice formateur de l'intelligence, du discernement, et qui serait même une propédeutique philosophique, pour les jeunes étudiants ; cette propédeutique serait différente de la géographie physique et de tous les autres enseignements, et on pourrait l'appeler connaissance du monde en général [1].

Kant confère une fonction certaine à l'*Anthropologie* puisqu'elle doit permettre de façonner les dispositions humaines afin de préparer l'homme à la vertu ; une fonction qui ferait son originalité par rapport au projet de Platner.

Il est probable que le compte rendu de Herz qui – malgré des nuances – réaffirme les thèses de Platner de façon condensée ait amené Kant à prendre ses distances avec l'*Anthropologie pour les médecins et les philosophes* [2]. Mais bien plus décisive fut, selon moi, la proximité de Platner aux *Popularphilosophen* [3]. Son lien avec ce courant est ancien : orphelin, Platner avait été éduqué par Johann August Ernesti, professeur d'éloquence et de théologie à l'université de Leipzig, et initiateur en Allemagne de la philosophie populaire [4]. Surtout, en citant la *Revision der Philosophie* (1772) dans la préface à

1. Lettre 48 [79] de Kant à M. Herz (fin 1773) dans *Correspondance*, *op. cit.*, p. 108 (trad. mod.) ; *Briefwechsel*, *op. cit.*, Brief Nr 49 [79], p. 115.

2. *Cf.* W. Euler, « Commercium mentis et corporis ? Ernst Platners medizinische Anthropologie in der Kritik von Markus Herz und Immanuel Kant », *Aufklärung*, Bd. 19, 2007, surtout les pages 41-54.

3. Sur Platner et la *Popularphilosophie* : *cf.* M. Ansel, « Ernst Platner und die Popularphilosophie », *Aufklärung*, Bd. 19, 2007, p. 221-242.

4. H.-P. Nowitzki, « Curriculum Vitae. Fundstücke und Nachträge zur Biographie Ernst Platners », *Aufklärung*, Bd. 19, 2007, p. 344. Le discours de J. A. Ernesti « *De philosophia populari* » (1754) empruntait et étendait l'appel adressé par Diderot aux naturalistes : « Hâtons-nous de rendre la philosophie populaire ! » (Diderot, *Pensées sur l'interprétation de la nature*, 1753-54, XL ; éd. C. Duflo, Paris, Garnier Flammarion, 2005, p. 93). Pour le texte original et une traduction française, *cf.* R. Mortier, « Diderot, Ernesti et la "philosophie populaire" », dans J. Pappas (ed.), *Essays on Diderot and Enlightenment in honor of Otis Fellows*, Genève, Droz, 1974, p. 207-230. *Cf.* aussi : D. Thouard, « Avec condescendance : Philosophie populaire et tradition rhétorique (J. A. Ernesti & Chr. Garve) », dans P. Beck & D. Thouard (éd.), *Popularité de la*

son *Anthropologie*, Platner se rangeait délibérément du côté des philosophes populaires de Göttingen. J. G. H. Feder (1740-1821), Ch. Meiners (1747-1810), auteur anonyme de la *Revision*, et M. Hissmann (1752-1784) ne se contentaient pas d'une rénovation de la forme de la philosophie, mais revendiquaient un renouvellement de sa matière : ils ne se satisfaisaient pas d'une philosophie accessible à tous, mais cherchaient à fonder la logique et la philosophie pratique sur une psychologie empirique [1]. Et c'est justement ce qu'approuve Platner : « la logique [...] que l'on tient pour quelque chose de tout à fait différent de la psychologie, même si elle n'est absolument rien d'autre comme je le crois avec l'auteur de la Révision » [2]. Ceci a accéléré selon moi l'affirmation kantienne de l'autonomie de la logique par rapport à la psychologie [3].

Cet enjeu polémique est d'autant plus manifeste qu'on prête attention à ce qui, dans les cours d'anthropologie de Kant, se distingue de la psychologie empirique de Baumgarten : la « caractéristique ». Si la partie qui sera nommée « didactique » en 1798 suit la structure du manuel de Baumgarten, on n'y trouve pas d'équivalent de la « caractéristique », qui, elle, renvoie à une tradition issue de Théophraste qui a connu une reviviscence *via* La Bruyère, mais aussi Shaftesbury ou Addison dans l'Allemagne de la seconde moitié du XVIIIe siècle [4].

En proposant une « caractéristique » et en affirmant qu' « à dire vrai, l'anthropologie est une *caractéristique* » [5], Kant se plaçait délibérément sur le terrain des philosophes populaires. Mais c'était pour lui le meilleur moyen

philosophie, Fontenay-aux-roses, ENS Editions, 1995, p. 95-123 (cet ouvrage reproduit également la traduction du texte d'Ernesti par R. Mortier, p. 371-379).

1. Sur la radicalité du « programme de Göttingen », *cf.* Zammito, *op. cit.*, p. 245-250, ainsi que M. Puech, *Kant et la causalité*, Paris, Vrin, 1990, p. 188. Sur Göttingen comme lieu de développement de la science de l'homme, voir aussi : H. E. Bödeker, P. Büttgen, M. Espagne (Hg.), *Die Wissenschaft vom Menschen in Göttingen um 1800*, Göttingen, Vandenhoeck & Ruprecht, 2008.

2. E. Platner, *Anthropologie für Ärzte und Weltweise*, *op. cit.*, p. V : « die Logik [...] welche man für etwas ganz anders hält, als die Psychologie, ob sie gleich, wie ich mit dem Verfasser der Revision glaube, ganz und gar nichts anders ist. » Feder lui rendra bien ce soutien. Il publiera un compte rendu élogieux de son *Anthropologie* dans lequel il soulignait ses affinités avec le « programme de Göttingen » (J. Feder, « Ernst Platner, *Anthropologie für Ärzte und Weltweise* », *Göttingische Anzeigen*, 4 Juin 1772, p. 571-574). Garve, autre fameux philosophe populaire, loua également l'ouvrage et entama une correspondance avec son auteur (C. Garve, « Dr. Ernst Platners, der Arzneykunst Professors in Leipzig, *Anthropologie für Ärzte und Weltweise* », *Neue Bibliothek der schönen Wissenschaften* 14 : 2, 1773, p. 214-247 ; *cf.* Zammito, *op. cit.*, p. 252).

3. J.-F. Goubet me confirme que Kant durcit l'opposition entre logique et psychologie au cours des années 1770.

4. Notamment avec les *Moralische Vorlesungen* de Gellert (1770). *Cf.* J. Heinz, « "Eben so viel feine Beobachtungsgabe, als philosophischen Scharfsinn". Anthropologische Charakteristik in Platners *Philosophischen Aphorismen* », *Aufklärung*, Bd. 19, 2007, p. 197-220. Sur le transfert en Allemagne des *Characteristicks* de Shaftesbury et du *Spectator* d'Addison, *cf.* M. Puech, *Kant et la causalité*, *op. cit.*, p. 183.

5. *Vorlesungen über Anthropologie*, 1788/89 [?] : Busolt, AK XXV.2, 1437 : « denn die Anthropologie ist eigentlich eine *Charakteristik* » (cours de 1788/89).

d'affirmer l'originalité de son projet tout en répondant aux attentes sociales suscitées par la philosophie populaire. Car si les *Observations sur le sentiment du beau et du sublime* de 1764 mobilisaient la notion de « caractère » pour souligner la diversité empirique (en fonction des sexes ou des nations notamment) des dispositions humaines [1], l'*Anthropologie* – tout en satisfaisant la curiosité mondaine pour la variété sexuelle, nationale ou raciale des habitus – en limitait considérablement l'importance. En distinguant le tempérament et le naturel du caractère proprement dit [2], Kant gommait la dimension empirique de ce dernier et en faisait le signe distinctif de l'homme raisonnable et doué de liberté. Couronnement de la caractéristique, « le caractère de l'espèce » érigeait enfin en idéal régulateur de l'humanité un cosmopolitisme cherchant à dépasser les entraves nationales existantes [3].

Le passage de la psychologie empirique de Wolff puis Baumgarten à l'anthropologie pragmatique de Kant s'explique sur le fond du devenir de la philosophie scolaire dans l'Allemagne de la seconde moitié du XVIIIe siècle. Sa profonde remise en cause par les philosophes populaires engage de la part de celui que Lavater nommait un « philosophe à la Wolff » une longue réflexion qui s'amorce dès les années 1760 avec les *Observations sur le sentiment du beau et du sublime* et qui se poursuit avec ses cours d'anthropologie. Comment faire droit à la revendication de diffusion et d'usage de la philosophie sans renoncer à la rigueur apprise à l'école de Wolff, « cet esprit de profondeur » [4]. La solution kantienne consiste certes en une purification de la métaphysique comme de la philosophie pratique qui suppose l'exclusion de la psychologie empirique, mais elle répond également au défi des philosophes populaires. Par l'anthropologie pragmatique, Kant réinvestit le domaine de la prudence exclu de la morale et évite de laisser penser que, hors de l'action morale pure dont rien ne garantit qu'elle soit à notre portée, il ne saurait être possible d'agir dans le monde. Mais, lorsque l'*Anthropologie* paraît en 1798, les philosophes populaires n'occupent plus le champ de bataille de la philosophie et – à en croire la réaction de Schleiermacher – les raisons de sa publication apparaissent obscures.

Wolf FEUERHAHN
(CNRS UMR 8560 – Centre Alexandre Koyré)

1. J. Zammito a montré combien ce texte s'inscrivait dans le développement de la philosophie populaire. *Cf.* Zammito, *op. cit.*, p. 104-113.

2. Kant, *Anthropologie*, AK VII, 285 ; trad. fr., p. 211.

3. Mais, comme l'a montré R. Lagier, il paraît difficile de conjurer pour toujours le spectre de la limitation empirique du caractère : l'incapacité des peuples périphériques à se forger un caractère semble réduire chez Kant l'humanité aux Européens. Voir R. Lagier, *Les races humaines selon Kant*, Paris, PUF, 2004, p. 184-193.

4. Kant, CRP, B XXXVI, AK III, 22 ; trad. fr., p. 26-27. J.-P. Paccioni, *Cet esprit de profondeur. Christian Wolff, l'ontologie et la métaphysique*, Paris, Vrin, 2006.

TABLE DES MATIÈRES

KANT ET WOLFF : HÉRITAGES ET RUPTURES

Sous la direction de Sophie GRAPOTTE et Tinca PRUNEA-BRETONNET

TÉLÉOLOGIE

ANTHROPOLOGIE

ACHEVÉ D'IMPRIMER
EN AOÛT 2011
PAR L'IMPRIMERIE
DE LA MANUTENTION
A MAYENNE
FRANCE
N° 727884M

Dépôt légal : 3e trimestre 2011